私募生涯 20 年

龙昌　著

光明日报出版社

图书在版编目（CIP）数据

私募生涯 20 年 / 龙昌著．—北京：光明日报出版社，2016.11

ISBN 978-7-5194-2434-3

Ⅰ．①私… Ⅱ．①龙… Ⅲ．①股权 – 投资基金 – 研究 Ⅳ．①F830.59

中国版本图书馆 CIP 数据核字（2016）第 268968 号

私募生涯 20 年

著　　者：龙　昌

责任编辑：谢　香　　　　　　　　　　责任校对：傅泉泽
封面设计：李尘工作室　　　　　　　　责任印制：曹　净

出版发行：光明日报出版社

地　　址：北京市东城区珠市口东大街 5 号，100062

电　　话：010-67078248（咨询），67078870（发行），67019571（邮购）

传　　真：010-67078227，67078255

网　　址：http://book.gmw.cn

　E-mail：gmcbs@ gmw.cn

法律顾问：北京德恒律师事务所龚柳方律师

印　　刷：深圳市生隆达印刷有限公司

装　　订：深圳市生隆达印刷有限公司

本书如有破损、缺页、装订错误，请与本社联系调换

开　　本：787×1092　1/16

字　　数：220 千字　　　　　　　　　印　　张：19.5

版　　次：2016 年 12 月第 1 版　　　　印　　次：2016 年 12 月第 1 次印刷

书　　号：ISBN 978-7-5194-2434-3

定　　价：48.00 元

谨以此书向中国资本市场致敬！

在美国纽约曼哈顿世贸中心 7 号楼丰之银办公室的落地玻璃前，清晰的思绪穿越太平洋。我坚信：随着新三板的爆发，中国资本时代正在拉开帷幕。

丰之银投资哲学精髓

· 当一个优秀的好企业碰到暂时的困难，并导致公司股价巨大的跌幅，那么好机会来了。例如三聚氰胺事件后的伊利。

· 赚钱的最好方式，就是把钱投到快速成长中的小企业，伴随优质小企业成长是获得巨大利润的唯一通路。目前只有新三板提供了这个机会。

· 投资需要独立思考，切忌跟随大众狂潮。人声鼎沸的餐厅绝对是一个好餐厅，但鼎沸的大盘和鼎沸的热门股票则需避之大吉。

· 注册制下，中国资本时代拉开帷幕，普通人成为中产阶级的机会就是参与其中。困惑的人可以买入注册制下的指数基金，自信的人自己投身其中，其他人选择专业股权基金。

· 人生 70% 的烦恼来自于金钱，我们要遵循台阶法则：每赚一笔钱都需构筑财富台阶。你赚到 100 万，要拿出 20 万放在安全的地方作为台阶，然后再往上走；赚到 1000 万，就拿出 200 万作为台阶，步步为营，一定越走越高，这才是金钱积累的不二法则。切忌从头来过。

自　序

理想是人生的太阳。

——德莱塞

从 1996 年我在中期国际期货创建大象期货私募基金，到 1999 年在君安证券创建大象股票基金，到 2004 年创建丰银港股美股私募基金，到 2015 年创建丰之银私募股权基金，整整 20 年私募生涯，令人有太多感慨。

我在商校学会计，到银行储蓄、外汇单位工作，再到期货、股票、股权，都是在和虚虚实实的金钱打交道，不曾停歇。初期我总是赚钱迅速，金钱引发的贪婪欲望，促使我经常用刚赚到的 200 万，甚至在我手里还没焐热，马上又想去博取 2000 万，但是最后我却把这必需的 200 万搞没了，这真应了巴菲特那句话："他们为了挣那些不属于他们，他们也不需要的钱，他们竟然用属于他们，他们也需要的钱来冒险。这就太愚蠢了。"在 1999 年底的"519 行情"中，我已经确定赚到了 200 万，那时候 200 万是相当多了，要知道当时马化腾为了腾讯的 QQ 到处借钱 50 万都借不到。那 200 万是我必需的第一桶金，可是我却贪婪地继续投入妄图赚取 2000 万。其实那个时候，哪怕我留下 100 万也是好的，可是最终我却失去了那必需的 200 万。所以自 2004 年开始，我就严格执行我在 1996 年所创建的《冷氏台阶法则》，每赚一笔钱，必定留下一部分，做到步步为营，一步一个台阶，我真正理解了曾国藩湘军制胜术的"结硬寨，打呆仗"的战术精髓。

1

我看到太多赚了钱后去赌博，最后倾家荡产的个案。有的人稀里糊涂的，拿着身家性命去投机炒卖股票，有的因为贪图高利息把养老的钱投入到虚假的理财项目，或者为了赚更多的钱借了高利贷，太多的悲剧都是因为我们没有珍惜眼前必需的钱，没有形成正确的投资理念。

但是，通货在膨胀，金钱永不眠，即使放在银行，金钱也会贬值，我们要怎么做？我想最基本的是要耐得住寂寞，看好自己必需的钱，把空闲的钱拿出来投资到真实的优质的项目中去。就像彼得·林奇所说的："想赚钱的最好方法，就是将钱投到成长中的小公司。"

星河灿烂，时空交错，幸运的是，此时此刻，伴随着35年工业化的进程，中国进入了资本时代。伴随着注册制的实施，8933家中小公司在北京新三板挂牌了，价值型的投资人应该感受到了时代的召唤，资本时代的序幕已经在2015年的北京新三板缓缓拉开。

当然，资本时代是一个宏大的历史潮流，里面裹挟的泥沙俱下，时不时也会沉渣泛滥，投资人必须擦亮眼睛瞪大双眼才能挖到真正的金矿，淘得真正的白银黄金。只有精心构筑属于自己的价值之船，才能在到达汪洋股海里笑看沉舟侧畔千帆过。如果你无法确认自己登上的价值之船是未来永不沉没的航空母舰，还是遇到风浪就可能被打翻的小舢板，那么你最好和富有经验的基金经理人同行，他们会帮你挑选到未来的航空母舰。当然，你也可以在未来注册制下的指数基金中获得相对理想的收益。

20年，人生最青春的年华，王安写下了20年的《股爷您上坐》，书中大话中国证券市场十年，只砍鼻子上的白粉，不砍鼻子，来不及被他的幽默方言逗乐，这边阚治东写下了我的股市人生《荣辱20年》，来不及被阚先生在拘留所里的遭遇感叹，那边处于巅峰20年的私募一哥徐翔折戟杭州湾，有人已经预测会领刑20年，令人惋惜和伤感。

我们在资本市场里能活到现在，不可能是因为傲慢和偏见，而是因为我们敬畏资本市场，敬畏这个世界。有时候我们不思身后事，只想往前冲，冲到最前面，已是峭壁悬崖，回头更无归路。如果人生能再来一次该有多好。所以说，时不时停下来反思一下总是有益。我办公室里自 2004 年就挂着一副字：谋定而后动，知止方有得。就是要时刻提醒自己，巅峰前注意收手。

"苍天如圆盖，陆地似棋局；世人黑白分，往来争荣辱；荣者自安安，辱者定碌碌；南阳有隐居，高眠卧不足。"刘备初访茅庐时，听到耕田农夫唱诸葛亮所作之歌，感叹其体悟人生之深刻，遂有三顾茅庐之举。

卡耐基说过：人生 70% 的烦恼来自于金钱。尽管我在最近 12 年里步步为营侥幸取得持续胜利，但 20 年的私募生涯我还是感慨良多，悲苦自知，金钱的世界给无数人以大喜大悲，我每时每刻不在感叹股市人生之深刻，选择股票、股权难度之高，遂有写作此书之举。

山下的人羡慕半山上的人在花丛树影中漫步，半山上的人羡慕山顶上的人站在巅峰，巅峰上的人此刻正在感受风寒，而下面已是峭壁悬崖。如果读者诸君能在本书领悟一二，则心愿已成。

是为序。

目 录

前　言

注册制下才有真正的长牛

很多朋友问我对 A 股怎么看？我就举例说：暴风集团（300431. SZ）2015年 3 月 11 日发行价 7. 14 元/股，市盈率 22 倍，市值 8. 56 亿元，3 月 24 日上市后连续惊人的 34 个涨停板，一口气上涨到 5 月 21 日最高 327 元/股，最高市值 392 亿元，姑且不说其发行价的市值高低，2 个月的时间上涨 45倍，恐怕把 10 年的涨幅都涨完了，至于 10 年后暴风集团还是否存在于股市都很难说。其实暴风科技虽然面临移动端的严峻挑战，其在 PC 视频端还是很多用户的，可惜经过疯狂地炒作后一切都结束了。

这说明了在审批制下，企业上市数量供不应求，而且选择的企业大都是进入成熟期的企业，企业的上市是博彩的结果。僧多粥少，所有企业都存在一个上市低估的人为假设，经过炒作后市值一步到位。如果现有的 2800 家上市企业中，一个壳都值 30 亿，我们很难相信还能找到什么真正低估的企业。因此审批制下很难有一个系统性真正的长牛。

如果注册制全面实施，供应问题就可解决，而且优质小企业上市更能带给投资人长期的增长回报。如果证券公司牌照全面放开，比如说像香港那样1000 万一个牌照，那么中国的金融业将空前繁荣，中国的企业将彻底摆脱融资难融资贵的老大难问题，中国经济将焕发空前活力。大量的证券公司将形成真实的企业融资股权引导，有了投资参与方向后，老百姓也会主动放弃那些虚头巴脑的 P2P、高息虚假项目、虚拟货币、邮币卡、原油贵金属的小平台对赌等明显有点不太实在的项目。

令人欣喜的是，注册制率先在北京全国中小企业股份转让系统实施了，这极大地激发了市场的热情。短短两年多，新三板挂牌数量8933家，以惊人速度大幅超越过去20年沪深交易所上市2800家的历史。注册制下，企业上市是市场的选择，小企业可以自主上市，而且市值都很低。由于起点很低，这个新三板指数就具备了长期的牛市基础，我们所说的牛市，那是至少10年级别的超级牛市，特别是新三板指数可以随时吸纳任何业绩向好的公司及剔除有瑕疵的公司后，类似出现标普500指数，及罗素2000指数等美国超级牛市指数的日子指日可待。

美国拥有三大证券交易所，分别是纽约证券交易所（NYSE）、美交所（AMEX）、纳斯达克（NASDAQ），上市总数9000家，三个全国性市场上市条件依次递减。而其中纳斯达克实质管理的板块包括全国市场（National Market）、小型二板市场（Small cap）、柜台市场（OTCBB）、粉单市场（Pink Sheets），四个板块之间上市条件具有升降的互动关系：小型二板市场企业公司股票连续30日交易价格低于1美元，警告3个月后未能使该股价升至1美元以上，则将其摘牌，退至OTCBB报价交易，在OTCBB摘牌的公司将退至Pink Sheets进行报价交易。

纳斯达克是由美国全国证券交易商协会为了规范混乱的场外交易和为小企业提供融资平台，于1971年2月8日创建。因为任何小企业都可以申请在纳斯达克上市，而纽交所只有成熟大型企业才可以申请上市，因此类似于微软、英特尔、谷歌、脸书、苹果等公司早期因为规模小或处于初创期而不得不选择在纳斯达克上市，但是正因为如此，很多投资人在纳斯达克的上市公司中赚到了随着企业成长而带来的股票涨幅。纳斯达克因为独特灵活的交易制度，仅仅用了20年就全面超越200年历史的纽交所。

与纳斯达克类似，现在的北京新三板正在注册制下突飞猛进，仅仅2年多挂牌8933家企业，数量上全面超越20年历史的沪深交易所，僵化的A股有 2 亿股民可以自由投身其中,而新三板却必须要 500 万才可以开户,这很不公平,这是新三板交易不活跃的客观原因。然而 A 股发展 20 年,仅仅服务了 2800 家上市公司,这 2800 家公司享受了 20 年的政策红利,是时候知足了,对应 1600 万家中国中小民营企业来讲,它们天生的上市融资的权利过去被无情地剥夺了,直到 2015 年,北京新三板才对它们敞开了政策的怀抱,任何小企业满足基本条件都可以进入新三板挂牌融资,这是一次全国中小企业对接中国资本市场的时代浪潮,中国全面进入资本时代的帷幕正在拉开。

相信随着政策的推进,新三板开户门槛会最终取消,成交也会越来越活跃,而普通投资人通过投资其中的优质小企业与其共同成长,将产生更大的财富机会。几万家中小企业在新三板挂牌的过程中将逐步规范化,其内控制度、财税制度会明显规范,通过直接融资降低成本,扩大生产,生产更多创新产品丰富人民生活,带来更多财政税收,从而实现真正的国富民强。几万家优质中小企业的能量是巨大的,这批企业的股东和相关人群将会补充成为中国新一代的中产阶级,从而有效增加中国社会的稳定性。

当然,二八定律是有效的,未来必然只有 20% 最优质的企业才可以越来越大,给投资人最丰厚的回报。大多数企业的股价会经常有波动,从而造成资本市场的动荡。但无论如何,资本市场的魅力是无穷的,只要给一点政策土壤,人民的创造性就会被激发出来,呈现出惊人的爆发力。经过 35 年的改革开放,中国的中小企业已雨后春笋般出现,呈现燎原之势,他们对资金是如此渴求,对上市是如此渴望,早日将新三板打造成中国的纳斯达克应该引起监管层的高度重视。一旦中国的纳斯达克真正兑现,中国的苹果,中国的特斯拉,中国的摩根士丹利,中国的伯克希尔,中国的可口可乐,中国的微软等等将会更快地浮现,中国人民的生活将会更加丰富多彩,中国的中产阶级将会显著增加和稳定,中国梦也就会梦想成真。

那未来沪深股市是什么样子的呢?我认为未来沪深主板及创业板、中小板指数将会呈现长期的箱体震荡,沪深股市 2800 家企业已经享受了 20 年的政策红利，由于历史原因大多企业估值始终在高估状态，因此未来的 A 股策略就是高抛低吸，大波段操作。当然极少数优质的企业随着企业的长期盈利增长，在填充完高估值状态后，还是会不断挑战市值新高，例如伊利股份、海天味业、上海家化、贵州茅台、东阿阿胶、老板电器、美的集团、片仔癀、青岛啤酒等等。如果，未来京沪深三地股市全面实施完全市场化的注册制，那么中国股市将全面启动进入到真正的超级牛市。

我们的判断是北京新三板将重组成北京证券交易所，鉴于人大已经立法沪深交易所将在两年内实施注册制，留给北京新三板的时间已经不多了。它必须尽快改革 500 万开户额度的限制，放开竞价交易，实施广泛的机构做市商制度，来迅速落实完全市场化的交易机制，股票交易真正施行市场化，而不是注册制下人为设置 500 万的准入门槛限制。值得欣喜的是，创新层的设立已经体现出新三板的改革主动性。因为一旦沪深交易所完全实施注册制，那么很多符合条件的企业会立马从新三板退市转板到深圳上海上市，这恐怕是新三板不愿意见到的结果，这也是上海战略新兴板无法兑现的原因，因此北京新三板会尽快地提前进入到取消开户门槛及实施竞价交易，来挽留这 7700 家企业不要转板。因为，一旦转板开始成为习惯，就像香港创业板企业允许转去主板一样，成为鸡肋板。

如果政策开明，最终，中国将形成类似于美国股市早已经形成的纽约交易所、美国交易所、纳斯达克交易所三所竞争的态势。中国资本市场将会形成北京、上海、深圳三个证券交易所相互良性竞争，并驾齐驱的繁荣局面。如此，中国的中小企业可以不必为融资难，难于上青天而发愁了，广大中小企业的活力将被全面激发，大众创业、万众创新的局面将会使中国的经济展现蓬勃生机。顺带说一句题外话，在教育方面，如果再从小学、中学、大学开始持续严格重视儒家礼仪品德教育，中华民族的伟大复兴指日可待！

但是，说到投资哲学，任何企业都有市值极限。因为地球就这么大，任何一个好的企业都有它的市值抛物线，到达市值极限后，企业市值将增长缓慢，甚至倒退。就算是巴菲特的箱底货（永不卖出）可口可乐（KO. NYSE）最近12年涨幅也只有一倍不到，现在市值2000亿美元也已成为一道难以逾越的天堑。2015年2月11日，苹果公司（AAPL. NASDAQ）股价突破122美元/股，成为全球第一家收盘市值突破7000亿美元的公司，相信随着华为、三星、小米、OPPO、VIVO、联想等的跟进，7000亿已经成为极限，2016年6月21日苹果市值缩水至5200亿美元。可以看出，即使像苹果，可口可乐这样的好公司，随着极限市值的到来，股票也很难取得多大的回报了。

任何一个企业，都有它的灿烂时光及股价波段和生命周期，如果能在一个好企业规模很小的时候参与其中将是最棒的投资方式。但正如1000个人就有1000个哈姆雷特，1000个投资人中有1000种赚钱的方法。有的投资人喜欢低买高卖炒波段，有的投资人喜欢炒ST重组股，有的听消息，有的看图表，这些方式无所谓对错，关键是这个方法是否适合你，它是让你感觉到心惊胆颤还是安然从容？我喜欢的方式是，找到一个好企业，在其估值非常便宜时，买进多一点股权，然后持有三年以上，从容大概率地赚钱。当然，这个好企业如何选择，则仁者见仁，智者见智了，我认为一个好企业在二级市场就是：2004年8月香港股市跌破发行价的腾讯控股，还有2008年11月上海股市三聚氰胺事件后跌了80%的伊利股份，还有比如说2012年3月美国股市流血上市的唯品会（VIPS. NYSE），其股价在6.5美元徘徊长达半年，但是当时用户已经很多了，我已经观察到家人及朋友都在用唯品会特卖购物，后来3年上涨40倍，这些案例说明好公司碰到暂时的困难，你碰到的是别人都在恐慌但绝对是绝妙的买进价位出现，这时候就要毫不犹豫地大量买进，即便你的右手在颤抖，那么用你的左手来敲击键盘输入买单指令。我当时就是这么干的。这三个机会成就了我最大意义上的财富。其实巴菲特也有类似的话：当一家有实力的好公司遇到一次巨大但可以化解的危机时，一个绝好的投资机会就会悄然来临。

而在一级市场，即股权市场，在注册制下，虽然找到类似于腾讯控股和伊利股份这种早期的好项目已然越来越难了，但是因为其绝对便宜的估值，因此只要我们找到相对好的小企业，然后以最便宜的估值来增厚安全垫，那么持有三年以上的回报水平将会令人吃惊。在我看来有六点：1. 公司要有至少 6 年以上的运营历史。一个成立一二年的企业死亡率是极高的，而 5 年以上的企业其销售、研发、品牌、团队都已经根深蒂固，风险已经相对偏低。2. 企业必须盈利。中国的企业上千万家，怎么样衡量是否好企业，那必须要盈利。3. 企业前景看好。企业虽然盈利，但是未来看不到增长的空间，也不是一个好选择。必须要有催化剂。4. 估值低。即便是最好的企业，估值过高也将导致投资人股票的亏损，因此估值低是相当重要的。5. 企业符合国家产业政策。6. 机构愿意做市。

而我关注的领域主要有六个：1. 新材料；2. 机器人（工业智能化设备）；3. 大健康；4. 大教育；5. 大消费；6. TMT。

在一级市场领域，我们过往 20 余年的选股优势发挥了决定性的作用，实际上，如何挑选优质的原始股也成为了我们的核心优势，我们已经退出实现 16 倍回报的东方科技和正在投入的估值增值数倍的项目也越来越让我们的优势得到验证。

正如 2004 年以来在港股及 A 股二级市场一样，我见到太多的鲁莽者，以为炒股不就是开个户买股票嘛，他们在股海中随波逐流最终被市场无情淘汰，特别是 2008 年金融危机让绝大多数伪价值杠杆投资人现出原形，从此在市场消失。但是我们始终坚持巴菲特的原则和中国实践相结合，遵循丰之银投资哲学，做到了连续 12 年超越市场指数的正回报。需要指出的是，当下注册制形势下带来的股权投资热中，更多的人以更加鲁莽的态度跃入其中，都以原始股权的名义忙碌着，如果一个原来做美容的从没有经历金融危机的人都在轻率地兜售原始股权，我会担心多年后的另外一场危机，因此我们必须严格执行丰之银投资哲学，只投资最优质的原始股，以二级市场最挑剔的眼光，用 20 年的专业经验来挑选越来越稀少的优质原始股项目。

在资本市场我始终是如履薄冰，每天保持学习状态，经历太多股市血与火的洗礼，我永远不会建议客户借债买进股票或运用杠杆买进股权，也不会提供任何股票咨询建议和个股推荐。我不会用我的 2000 万去赌我不必需的 2 个亿，那是对资本市场缺乏敬畏之心的做法，游戏股权的行为终将付出代价。2016 年 1 月 e 租宝 500 亿案值事件爆发，涉及投资人 90 万名，令人震惊的是其项目 90% 以上是虚假的，这令人难以置信，在目前警方已查证的 207 家承租公司中，只有 1 家与 e 租宝发生了真实的业务。而 2016 年 4 月案发的中晋公司，其 120 个项目，110 个虚假，52 亿未能兑付，涉及投资人 1.2 万名。而轻率地做出保本高息承诺也会让投资人陷入断崖人生，云南泛亚金属 400 亿案值，22 万投资人，"大多数泛亚投资者都经历过这样一个分水岭：在某一时刻，他们的生活戛然而止，旧有的人生轨迹和未来的理想蓝图不复存在，如同走到了断崖边，前方再无宽敞马路可寻；与此同时，身后一道闸门迅速而沉重地落下，砸出一声巨响，那是对过往生活的道别。"唉，怎么听起来像一个人走进监狱的大门呢？

究其实质，我们投资前，应该弄清楚所投项目的利润来源。虚假的项目无需多言，即使真实的项目，也需要选择那种能在股市长期真正实现上涨的成长企业，而成长期的企业是基本没有分红的，因为企业不断需要资本来研发、生产及营销。目前赚取企业上市后资本市场的溢价是一个行得通的方案，是符合市场逻辑的。但是只有最优质的企业才可以支撑股票上市后股价的不断上涨，而选择优质中小企业股权将是一件极其专业的事情，如果胡乱盲目选择所谓的项目，将付出沉重代价。你也不可以依据名人效应或热门概念来投资，而应该考虑具体的项目，我总是对那种一哄而上的依附于名人效应的公司或热门概念公司保持本能的距离，例如光启科技、华大基因、例如乐视系列、例如无人机、例如 VR 虚拟现实、例如影视游戏等等，这些项目，如果你在平时的生活中无法接触到其产品，而其估值往往已经透支了所有的激情及想象空间，剩下的或许就是投资后的鸡肋。巴菲特也说过：如果有公司发明了去月球旅行的高技术，让别人去赚钱好了，我就不参与了。行文至此，我们看到媒体刚爆出的消息，六宝基金 20

亿资金案发，一线明星与央企高管全套牢。演员金巧巧投资 700 万蒸发，据说跳水冠军田亮也有 5000 万深陷其中，他们仅仅因为香港某家族背景而轻易投资了高额的股权基金，当投资人开始维权时，他们决定去考察那些投资项目，但当他们到了现场，全都崩溃了："不是假项目就是烂项目"。而六宝基金宣传单页上赫然印着保本型年息 11%－16%。

我们对上述投资人的遭遇怀着深深的同情，但是如果投资人当时不迷恋于固定保本高息的诱惑并且能够看清楚或者网络查询一下那些项目的真实性或者请专家帮助分析一下，也可以避免很多悲剧。重要的是判断你投的项目是如何赚钱，以及未来前景，而不是一味地看到高利息承诺及股东背景。要知道巴菲特在早期的合伙人公司中并没有任何保本保息承诺，他也没有任何显赫背景让投资人信服，但是巴菲特的早期合伙人才是真正的超级成功者。

在二级股票市场，投资人需要擦亮眼睛来选择那些真正优质的股票，正如巴菲特早期说过，在认真阅读格雷厄姆的书《证券分析》12 遍以前，他不会做任何投资。基本的金融投资知识是应该具备的，如果你欠缺这些基本的金融常识，那么你应该考察你的基金经理人是否具备这些丰富的经验。如果你盲目投资股票，哪怕你只是用了一点点杠杆只要碰到类似 2008 年那样的令人震撼的金融危机，你的钱也将荡然无存。就好像司机开车必须要系上安全带一样，不为那旅途的束缚，只为那霎那间的偶然相撞保护。

在股权市场，投资人更需要瞪大双眼，不但要选择适合上市的真实企业，更要选择具备优质成长性的企业，这需要更专业的投资经验及更规律的投资定性，绝不是随便的股权都可以买的，如果你有自知之明，你缺乏这种甄别优质项目的能力，那么你最好委托专业的、你信得过的经理人帮你筛选，甚至你仍然需要现场考量项目的真实性及企业前景。

我们所说中国未来 10 年将是蓬勃的资本时代，股权市场将爆发，但绝不是鸡犬升天，如果大锅饭式的爆发行情持续，最终也将一地鸡毛。这个时候，只有最优质的原始企业股权才可以显示出英雄本色，就如当年的腾讯控股、伊利股份、唯品会一样，最终不断创出新高，给投资人真正的一辈子的回报。

但无论如何，在投资中保持一份清醒和谨慎，在把握不准时，委托给值得信任的投资机构，既可以最大程度回避金融风险，又可以分享未来中国繁盛的资本时代。

作为一个职业投资人，我们要清醒地认识到资本趋势，当前世界两个超级版图经济大国中国和美国，美国资本市场已经高度成熟，借贷利率已经很低只有4个点（日本中央准备金存款利率已经是负数），这说明美国的金融回报机会已经趋于成熟和平缓。巴菲特出生于1930年，那是一段经济大萧条的伤感岁月，1965年巴菲特35岁，这35年恰恰是美国工业化完成的35年，巴菲特在60年代早期与朋友开车去收购小型原始股，1965年巴菲特收购伯克希尔，此后伴随着美国由工业时代进入资本时代，伯克希尔开始腾飞，借此，巴菲特成为世界首富。也就是说，巴菲特能够成功，其出生的岁月和出生的国度是相当重要的一个因素。

而中国目前民间借贷成本已经高达20个点，这说明中国的金融回报机会相当巨大，其实自中国1980年真正实施改革开放，到2015年恰好也是35年工业化完成，各行各业开始饱和，这个时候，伴随着新一届政府领导下中国政治超级稳定，中国正式进入资本时代。中国进入资本时代的标志就是伴随着北京新三板注册制的实施，中小企业开始大量上市，两年多内8933家挂牌企业超越了过去沪深股市20年的历史，因此中国资本市场类似于美国1971年的资本时代机会开始来临了！现在政府高层也对VC和PE如数家珍，例如在2016年6月6日深圳五洲宾馆举办的第18届中国风险投资论坛上，全国人大常委会副委员长、民建中央主席、71岁高龄的陈昌智先生就很睿智地谈到风险投资和私募股权投资以及北京新三板对于中国资本市场的意义，这说明北京高层对资本市场已经相当重视。

丰之银股权基金清晰地判断出这一资本趋势才发展迅速，现已在美国曼哈顿开设分部，筹集大量资金开始全力支持中国优质中小企业进入挂牌上市之旅。当然一个时代的好企业数量是极其有限的，为了找到它们，我们在跑步前进。我们的项目储备中小企业已经达到2000家之多。中小企业家因为融资难、融资贵而对我们的资金注入感激万分，他们拿到资金后扩大生产、丰富社会需求、扩大社会就业、上缴国家财政税收。股权投资真正是一件利国利民利企业的大好事，最后因为我们20年的专业挑选优质企业眼光，我们的投资人也获得了超级理想的回报。这是一个真正的良性多赢循环。目前我们主要投资于深圳及珠三角地区优质企业股权，因为深圳是中国硅谷，是中国创新之都，这里诞生了诸多行业的翘楚，例如银行业的招商银行、保险业的平安保险、华为、万科、腾讯、顺丰快递等等。如何找到好项目？例如深圳斯诺，一家为锂电池提供负极材料的优秀小企业，是我在深圳通品新材料产业园无意间发现并投资的，后来深圳创新投及全国中小企业基金也投资了该企业。如果该企业在深圳创业板上市，根据盈利水平回报将达到20倍。我们的投行部也会在各大产业创业园、各大行业展会、各大券商三板投行部、地方招商办、金融办等地方全力搜寻优质项目，甚至我们的客户转介绍等各种项目来源，我们也设立了丰之银的注册制新平台，通过为优质企业进行服务来发掘出最优质的项目源。

目前，中国资本时代仅处于1.0时代，后面会有2.0和3.0、4.0的加速时代，丰之银也会以更规范化的运作参与其中，贡献自己的一份力量。

最后我要说，自公元2015年始，中国资本时代到来了，让我们以感恩的敬畏之心来迎接她！

第一章

丰之银盛开在美国曼哈顿

雄心壮志是茫茫黑夜中的北斗星。

——勃朗宁

2016 年 2 月 16 日，纽约曼哈顿世贸大厦 7 号楼 4605。

从公司吧台倒一杯卡布奇诺，站在丰之银美国曼哈顿办公室的落地玻璃前远眺，令人震撼的鳞次栉比的曼哈顿高楼景色一览无余：楼层相对低些的华尔街，密集的中城，远处的帝国大厦一如 80 年前般耸立入云，隔壁的高盛证券总部大厦，紧挨的新建世贸中心 1 号楼，一切安静而壮观。举目环视，天空如洗过般蔚蓝，白云如蓬松的棉花糖般触手可及。哈德逊河、伊斯特河水波光粼粼，沿着河岸缓缓流淌，另外一侧手举火炬的自由女神时刻提醒着人们这里是世界金融中心——曼哈顿。两河交汇的三角区，观光船不断穿梭，背后的涟漪水痕，连同天空班机喷气烟痕一起形成一幅空旷雄伟的曼哈顿立体景观。

思绪回到一个月前，2016 年 1 月 21 日，我只身来到美国纽约曼哈顿。仅仅用了一个月时间，丈量完华尔街，选址在世贸中心 7 号楼，弄好办公室，团队搭建完毕，所有的办公设备包括演讲用的 64 点触控云白板都是从深圳

3

来一杯卡布奇诺，好好端详一下百年金融中心曼哈顿。

经 DHL 空运而来（即使加上运费仍然很便宜呢），深圳速度，注册完毕，丰之银美国分公司开张了。

丰之银美国分公司可爱的邻居们

丰之银的办公室坐落于曼哈顿世贸中心 7 号楼 46 层，整层都是纽约银座地产投资集团的集约办公室套间，有法裔血统的市场经理麦休介绍，其老板是犹太人，已经 80 多岁了，专门做这种集约办公室业务。丰之银挑选了其景观最好的 4605，位于 corner 拐角处，整个 46 层大约有 50 几家公司，例如基金公司、初创高科技公司、地产中介、律师会计师行等等，每天各色人种、棕发、金发、黑发、褐发、红发，来来往往，但非常安静。前台的金发女孩来自美国宾州，有个帮我们办理门禁的大块头小伙子 10 年前来自埃及。

有一个初创公司很有意思，是做印刷软件的，给各个出版社提供新式的出版编辑软件。在这家公司工作的员工里，有个华裔小伙子，在美国华盛顿出生，父母都是 80 年代来自上海的大学教授，在华盛顿做工程师。小伙子中文都有点结巴了，来到丰之银好奇地打量着，他说他的弟弟已经不会说中国话了，他是长子，在家里和父母还说点上海话，他说普通话要翻译成英文才能更顺畅地理解。我一时难以体会这种感受，他看着是中国人，但实际已经与中国没多少关系了。

隔壁的对冲基金管理着总计 70 亿美元的套利资产，其管理团队来自加拿大帝国商业银行。有一天，一个韩国裔小伙子过来丰之银办公室问："你们是做什么的？""什么？中国的 PE 回报年化 60% 以上，这么高？"没错，根据清科数据统计出过往 5 年确实这么高，中国私募股权投资年回报高达 60% ~200%。随便举个例子，2007 年鱼跃医疗（002223. SZ），我有个朋友获得过户价值 600 万元人民币的鱼跃医疗股权，中小板上市 3 年解禁后 2015 年已获得 5 亿元的利润，8 年近 100 倍回报。影星章子怡的母亲李涿生 2008 年 12 月投资万达商业（03699. HK）股权 900 万，上市后市值飙升到 16 亿港元，恐怕章子怡演电影是绝对赚不到这么多的。

还有一天，来自俄罗斯的管理 20 亿美元股票基金的斯诺夫经过丰之银办公室，停下了脚步，好奇地向 4605 室张望。原来，当时是蒋总正在用云白板讲课呢。蒋总是我一个朋友的朋友，北京大学神经外科专业，普度大学人类营养学硕士，来美国 15 年了，他在基金业工作多年，是一个诚实直率的山东老乡，我好不容易聘请他成为了丰之银的合伙人。话说这块神奇的云白板引起老外的注意可是一点都不奇怪，老外的办公室都用着传统的油墨白板，丰之银这块 65 英寸云白板是特意用德国 DHL 物流从深圳空运到纽约的，是深圳天英教育公司的产品，丰之银投资了该企业。天英教育专门致力于多点触控技术及人机交互产品研发与生产，技术全球领先，获得国内及国际 20 多项技术专利，是全球为数不多的能提供 48 点以上触控解决方案的供应商、智慧课堂解决方案供应商，其创始人曾经是中国五大黑客之一，其触控技术甚至比苹果电脑都早半年推出，持续多年为日本松下，富士康等提供高性能触控软件。蒋总眼见这个老外在门口张望，挥挥手，招呼他进来，然后给斯诺夫讲解了云白板的各种先进触控技术，由于该公司已经在新三板挂牌，然后就很自然地谈到中国新三板的机遇，中国第一次在资本市场推出了注册制。

斯诺夫听得很认真，问道："我这边股票基金年回报才20%不到，你们真可以帮我做到60%以上的回报？""你可以来中国深圳走走看看嘛！"蒋总自信地回答。

幸会雷曼兄弟前副总裁

有一天，丰之银美国副总裁肯特把雷曼兄弟证券前副总裁约到丰之银办公室了。这个肯特也很有意思，他毕业于哥伦比亚大学，专业是东亚研究，主修商业经济学。地道的英国后裔，纽约出生，不到30岁。肯特不但是美国纽约证券分析师协会会员，还拿到了美国特许金融分析师（CFA Claritas）资格认证，投资分析师资格认证，他是五月花后裔总会成员和美国革命之子组织成员，说实话，现在我都不知道这个革命之子是什么意思。总之，肯特是相当有意思的一个小伙子，他有哥大学历，却来到中国青岛教学，他热爱中国，娶了一位美丽的中国青岛女孩做太太，并有5年的经历在青岛开设咨询公司，肯特普通话很流利，说起中国的一切就很开心。我们让他负责推广投资中国优质企业的股权基金，他很兴奋，他说他爱金融，爱中国，因此中国的金融，非常好！在一起工作的那段日子，每次深夜下班走到世贸地铁站门口我们挥手告别时，1米9大个子的肯特都要费力地弯下腰拥抱我。他喜欢拥抱，只是弄得我有点不习惯。肯特很帅，不论是白人女孩还是华人女孩，来到办公室后都喜欢和肯特聊聊天，肯特却很专一，只是把她们往中国股权投资方向上引导。我记得有一次我们去曼哈顿日本街的日本料理店吃牛肉烧烤，那个店生意很好，提前预约后才能订到台，而且每次只能吃 2 个小时，那次我们一起，有位中国女士非要向肯特学习英文，她用英文和肯特说话，肯特用中文和她说话，太有意思了，最后两个人都喝醉了。

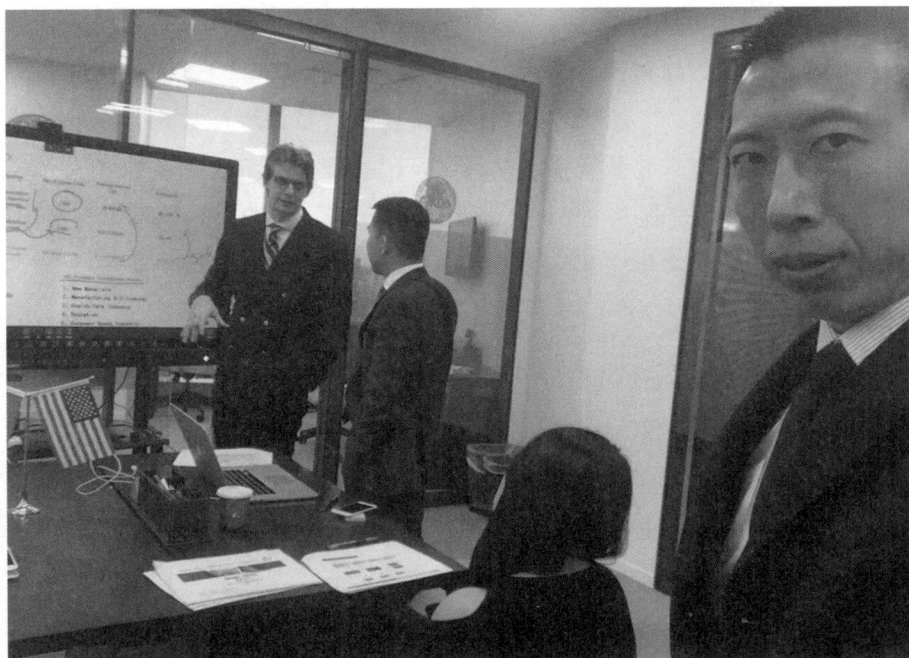

丰之银办公室都配备有完美办公神器——多点触控云白板。

那天，雷曼负责医疗基金的前副总裁沃克如约而至，因为身体原因走路一歪一歪地进来了，看了后我倒吸一口冷气，这么大年龄还能合作吗？我走前一步刚想扶他一把，谁知沃克一把推开我，径直走进办公室坐了下来，说了一句话："我对投资中国的企业股权感兴趣！快给我讲讲。"有戏！

接着，我们在肯特和蒋总的翻译下聊了很多，聊到 2008 年美国罕见的金融危机下，150 年历史的雷曼兄弟一夜之间悲壮地倒闭，因为丰之银那时正在香港运作股票二级市场，因此对这场罕见的由次贷事件引发的金融危机体会得刻骨铭心。

我记得当时丰银运作的一只股票中国建材（3323.HK）是在新股认购时2.75元/股放大认购介入的，大概中签了2000多万，后来涨到27元时我们卖掉了，赚了10倍，再后来涨到了38元，好多客户埋怨我卖得太早，我不为所动，后来美国金融危机爆发了，我眼睁睁地看着38元的中国建材从38元跌到了30元、20元、10元、6元、4元，所有人以为金融市场要天崩地裂了，中国建材被不惜代价不计成本地抛出，2008年10月28日当天跌到了惊人的1.46元，跌幅高达96%！这是多么恐怖的事情，要知道中国建材，可是优秀企业家宋志平领导下的水泥整合商，是一家相对不错的企业呢。在当时这样的情况不少见，中国女首富张茵的玖龙纸业（02689.HK）也受美国金融危机影响由26.75元跌到了0.71元，跌幅高达97%！

即使我们坚决持有的腾讯控股（0700.HK）、中国太平（00966.HK）、恒安国际（1044.HK）也都跟跌了50%。我们在上海打算长期持有的伊利股份（600887.SH），屋漏偏遭连夜雨，居然出现了三聚氰胺这样的幺蛾子（容后再叙）。而那边厢，美国的花旗银行股价从60美元惨烈地跌破1美元，中东富有的阿拉伯王子坐不住了，贪便宜买进了不少，结果，美国政府注资后把大部分股权给拿走了，王子被牢牢套住了，雷曼倒闭了，美林证券、美国银行、房地美、房利美、AIG美国国际集团、摩根士丹利等所有的大型机构股票都开始跌到不可思议的价位，好像不卖掉，股价第二天就要跌到零了。

由于有共同话题，聊着聊着沃克站起来了，又聊了一会儿，望着远处的曼哈顿景观，沃克陷入了沉思，也许他在回忆过去雷曼兄弟的辉煌岁月吧。

150年历史的雷曼兄弟一夜之间消失了，我得到的教训是除非像伯克希尔或者复星国际（00656.HK）这样的有核心价值观的长期价值型金融机构，否则断不可买进金融股长期持有。因为金融股其实大都并无核心竞争力，相反由于大多喜欢玩弄杠杆，经常会暴露巨大的风险敞口，例如利森曾经在一夜之间玩跨巴林银行。尼克·利森（Nick Leeson）是巴林银行的交易员，在衍生性金融商品的超额交易中投机失败，导致损失 14 亿美元，使巴林银行在 1995 年 2 月 26 日一夜之间倒闭。

造化弄人，世事变幻，正如，2001 年美国，欣欣向荣之际，911 事件发生了，我住在曼哈顿 W 公寓，每天花 5 分钟步行去世贸 7 号楼上班时，都要经过世贸遗址 south pool 和 north pool，巨大的水池四周大理石围挡，上面篆刻着四千多位遇难者的名字，内敛回放的水流形成持久的沙沙的水帘，仿佛在诉说着无尽的惊恐和哀悼。在曼哈顿上班的那段日子，每次经过 911 纪念馆，都会让我肃然，感叹人生的无常，体会存在的意义，我甚至会默念阿弥陀佛，保佑这四千冤死的灵魂安息。不知为什么，我现在身处美利坚，身处世界金融中心曼哈顿，身边走过的是说着各种口音，各种肤色的老外，我忽然没了自豪和兴奋的感觉，年轻时那种对华尔街的向往，对美国的向往，在梦想成真的一刻忽然失去了原本应有的激情，是 911 遗址的暗示抑或是"人生原本就是得不到就向往，满足了就厌倦吗"？我不知道，即使站在华尔街古老的纽约证券交易所门前，即使抚摸着华尔街铜牛的耳朵，即使在自由女神像前的渡轮上，即使停驻在大都会博物馆，那种震撼壮观的感觉也是瞬间即逝，是祖国的深圳强大到超越了纽约，还是我的年龄已经过了追梦的年纪，我追问自己。

说回沃克，最后，沃克表示基于对中国长期前景的展望，他认为未来中国必将超越美国成为第一经济大国，而中国的资本时代也必将真正地到来。因此他愿意做我们的基金顾问。

雷曼的沃克经历过风风雨雨，仍然对金融充满热爱。

丰之银美国团队合影。

曼哈顿的出租车

有人说，出租车代表了一个城市乃至国家的"门面"。仔细想想，这句话不无道理，毕竟出租车就是游客接触这个城市的首要窗口。想一想，来到一个新的国家，一座新的城市，当我们出了机场，叫上一辆出租车，跟出租车师傅的聊天应该是一件很惬意悠闲的事情，那如果这件事是发生在美国，那会怎么样呢？

答案是真的很难聊下去！在纽约开出租车其实是个苦差活，而且收入并不高，所以开出租车多数是外来移民，特别是以来自印度、巴基斯坦、孟加拉、叙利亚、非洲、前苏联等地区以及中南美洲的移民为主，他们带有很重的口音，虽然和乘客交流没有什么太大问题，但是想要唠嗑，还是算了，会有点累。我遇到的这些个出租司机，那英语口音确实是五花八门，很多即使已经来美国 20 年的老司机也带着浓浓口音，让人感叹美国并不是一个国家，是全世界组成的，就好像深圳不是一个城市，是全国人民组成的一样。后来我就开始用 Uber，下载完软件，绑定支付宝不能用，最后绑定招商银行信用卡，可以用了，还是 Uber 方便，司机服务也好，但是司机的口音还是不太正宗。

说到 Uber，Uber 中国区负责人柳甄是柳传志侄女，与此同时，也有人指出：神州专车最大的股东是联想控股，滴滴打车总裁柳青是柳传志女儿，难道中国的专车市场要被联想所包揽？其实和美国一样，优秀的人越来越厉害，最终财富将向少数资源靠拢，例如现在的联想系、阿里系、腾讯系、泛海系、复星系、海航系、中植系、明天系、万向系、华立系、新湖系等等，我期待中国有关竞争性行业牌照和门槛能够尽快放开，例如金融业里的证券公司牌照、公募基金牌照、保险公司牌、期货公司牌照，例如新三板的 500 万开户门槛等等，放开后，给更多人更多企业同台竞争的机会，这样中产阶级得以大量形成，中国社会得以健康和稳定。否则财富将越来越向少数财阀靠拢，对整体创新和稳定反而不利。

美国的汉堡店 Shake Shack

关于美国的记忆里，在曼哈顿，除了和朋友去唐人街吃中餐外，我就在网上订中餐，两个人要 50 美金，有两个菜，一个汤，质量和风味都不错，就是贵了一些。我在深圳订的铅笔便当只要 20 人民币，也是有两菜一汤，从这个意义上说，我认为未来人民币有巨大的升值空间，而不是贬值。据我判断，人民币和美元的汇率 10 年内最终可能会在 3∶1 徘徊。如果国家政策想办法鼓励权贵的人民币资产留在国内，那人民币有一天甚至会和美元打平。在中国资本时代的预期下，人民币可能升值加快。

说回美国饮食，我最喜欢吃的就是在办公室旁边连锁汉堡店 Shake Shack 的牛肉汉堡，你可别说，真比肯德基和麦当劳的好吃很多，生意火爆，每次去都要排队，每次我要吃两个才吃饱。

Shake Shack 2015 年 1 月以 21 美元/股在纽交所挂牌上市，股票代码为"SHAK"。从 2001 年创立到现在，Shake Shack 从曼哈顿麦迪逊广场公园（Madison Square Park）的一间小棚屋，发展到在全球各地拥有 63 家门店（其中半数左右为直营店，其余由加盟商运营）。上市后，股价先是翻涨 4 倍，之后再腰斩。这样急涨急跌的走势，与大部分新上市公司如出一辙。Shake Shack 在美国海内外市场的增长很有可能齐头并进。除纽约有 15 家门店以外，其余美国各州的门店数均不超过四家。2016 年将在日本开设第一家分店。有兴趣的朋友可以想办法申请在中国深圳开一家加盟店，相信生意会火爆！Shake Shack 牛肉汉堡绝对是我吃过的最好吃的汉堡。

纽约本地汉堡连锁店 SHAKE SHACK，汉堡美味可口。

麦当劳股票相当抗跌，长期上涨。

从上述图表来看，SHAK 股票 2016 年 6 月 26 日收报 35 美元，市值 8 亿，如果再跌破 30 美元，或可考虑分批买入了。

虽然我对餐饮类的股票不感兴趣，但是美国这边不太一样，美国人吃饭很简单，就是吃个汉堡啥的，因此连锁餐厅类似于麦当劳（MCD. NYSE）还是很有市场的。麦当劳股票近期甚至创下了历史新高131美元/股，市值高达1055亿美元，仔细看麦当劳的长期股票走势图，其在2008年的金融危机中也很抗跌，只跌了30%！而现在的股价比2007年最高位又上涨一倍。

初感纽约与深圳的不同

有一个晚上，我一个朋友从达拉斯大学来纽约找我谈合作，他带我到曼哈顿的第六大道34街交界处，去了一家豪华脱衣舞俱乐部，放松之余，也算见识了资本主义的纽约和社会主义的深圳的唯一特别不同的地方。其他方面，我感觉深圳的都要好很多了。例如深圳崭新的地铁对比纽约100年历史的陈旧地铁，例如深圳崭新的CBD写字楼对比华尔街陈旧狭窄的金融区域，华尔街铜牛甚至都赶不上深交所新大楼铜牛的一半大，摩根斯坦利国际财

摸一摸华尔铜牛的牛耳朵，据说比较吉利。

富管理中心的办公室甚至赶不上我们深圳的办公室。我感觉中国的资本时代真的要来了，关键是中国经济发展到现在还从没出现过真正的资本时代。

在有着 30 年华尔街工作经验的华人老员工 GRACE 带领下参观摩根斯坦利国际财富管理中心。左二为正和生态（832639. OC）董事长。

我把中国的魔术教给丰之银外籍员工，他们感觉很有意思。

与耶鲁大学校友的缘份

有一天耶鲁大学的朋友王静远小弟（耶鲁管理研究生，银色学者，2015年创立牛犊创投 NEWDO）来到丰之银曼哈顿办公室，我们聊了很久，我被静远小弟的博学和无限创意打动，都考虑天使投资给他了，他也谈到了高瓴资本创始人张磊原来是他校友。2005年，张磊回国，看到了中国整个国家焕发勃勃生机，他知道中国即将崛起，张磊说服了耶鲁大学捐赠基金，交给他2000万美元用于投资中国新兴公司。恩师史文森（史文森掌管耶鲁捐赠基金长达20多年，他掌管的这部分捐赠基金保持了年均净收益16%的骄人业绩），帮助他创办了高瓴资本，随后又追加了1000万美元。张磊2005年开始购买腾讯股票。这点我们想到了一起，我是在2004年6月16日开始投资腾讯。我最佩服的是张磊成功说服京东的刘强东和腾讯的马化腾合作成功，腾讯把自己的电子商务卖给京东并入股京东。在京东和腾讯团队的一次会议后大家邀请张磊做个讲话，在酒桌上，张磊说了四句话，第一句是，人生苦短，要搞就搞个大的。第二句是，搞大了就要搞成永恒的。第三句是，永恒是不可能的，再牛也要不断创新。第四句是，早死早超生，要么自己去死，要么自己毁灭自己再去托生。张磊的口才了得，最终触动腾讯和京东合作。

事后我才了解到，1998年，张磊赴耶鲁大学求学，后获得耶鲁大学工商管理硕士及国际关系硕士学位。很巧的是，我在2006年经营丰银理财的时候，公司办公室有个叫张巧的女孩也被耶鲁大学国际关系硕士专业录取了，她应该和张磊是同姓同校同专业呢，在她去美国之前，国家安全部门还专门找她喝过咖啡。而张磊在耶鲁大学读书期间，曾在著名的耶鲁大学投资办公室工作，并参与管理耶鲁大学捐赠基金。如今高瓴资本是亚州最大的对冲基金，资产管理规模超过140亿美元。2016年6月9日，美国耶鲁大学2002届毕业生、中国人民大学1990级杰出校友张磊成为耶鲁大学历史上首位来自中国的校董。祝贺张磊。

丰之银-打造属于中国人的伯克希尔
中国正式进入资本时代

巴菲特成为世界首富伯克希尔
世界排名前十

丰之银终极目标市值
2000亿, 成为企业
'中国梦' 推动者

美国进入资本时代
选择优质企业长期持有

中国进入资本时代
选择优质企业长期持有

BERKSHIRE HATHAWAY

1965年收购
伯克希尔

35年工业化完成

巴菲特
1930年出生
美国

丰之银股权基金
F&Y CAPITAL
中国原始股引领者

2015年北京新三板
注册制, 丰之银重组

35年工业化完成

1980年中国
改革开放

丰之银 F&Y CAPITAL

中国正式进入资本时代。

第二章

丰之银股权基金公司深圳开张

> 有所作为是生活的最高境界。
>
> ——恩格斯

2015 年北京新三板开始表现，丰之银股权基金应运而生。

2015 年 5 月，在出清了大部分的 A 股后，我感觉到了股权时代前所未有的巨大机遇，因此迅速在深圳前海注册丰之银股权基金，原来打算注册丰银，但是前海自贸区企业注册是如此火热，两个字的名称居然都不给注册了，只好注册三个字：丰之银。

中国资本时代的标志：注册制

首先，做事情要看清楚趋势，中国资本时代的标志就是注册制，下面的政策铺垫是必需的。而新三板应该是政策的前奏。2015 年 12 月 21 日，证监会主席肖钢在第十二届全国人大常委会第十八次会议上，受国务院委托就《关于授权国务院在实施股票发行注册制改革中调整适用 < 中华人民共和国证券法 > 有关规定的决定（草案）》作出说明。肖钢在会上表示，推进股票发行注册制改革是党的十八届三中全会决定的明确要求，也是 2015 年《政府工作报告》确定实施的重要任务。

肖钢提到，根据实施股票发行注册制改革的实际需要，草案规定了三方面内容。一是授权事项。全国人大常委会授权国务院对拟在上海证券交易所、深圳证券交易所上市交易的股票的公开发行，调整适用证券法关于股票公开发行核准的有关规定，实施注册制度。二是实施期限。授权决定的实施期限为两年，自授权决定实施之日起算。三是相关配套要求。授权决定实施期间，国务院要加强对股票发行注册制改革工作的组织领导，证监会要会同有关部门加强事中事后监管，切实保护投资者合法权益，并认真总结经验，及时提出修改完善证券法有关规定的建议。

李克强总理对此也是高度重视，强调要稳步推进股票发行注册制改革，积极培育长期稳定健康发展的资本市场，引导更多资金投入实体经济。

在此，容笔者简单介绍一下核准制与注册制的区别：与股票发行核准制度相比，注册制是一种更为市场化的股票发行制度，其主要内容是以信息披露为中心，完善信息披露规则，由证券交易所负责企业股票发行申请的注册核准，报证监会注册生效；股票发行时机、规模、价格等由市场参与各方自行决定，投资者对发行人的资产质量、投资价值自主判断并承担投资风险；监管部门重点对发行人信息披露的齐备性、一致性和可理解性进行监督，强化事中事后监管，严格处罚欺诈发行、信息披露违法违规等行为，切实维护市场秩序和投资者合法权益。

新三板的未来：北京证券交易所

股权时代的原始股项目太多，选择不慎的话，三五年后或将一地鸡毛，但是凭借过往 12 年二级市场不败纪录，我完全有信心复制经验来找到最优质的原始股，这也是我过去 12 年通过投资腾讯控股、伊利股份、恒安国际、

2015 年，丰之银从二级市场转向到原始股权投资，运用《丰之银投资哲学》选择目标企业。

海天味业、唯品会等而掌握的最核心优势。很久以来，我对红杉的沈南鹏和 IDG 的熊晓鸽非常佩服，也一直研究他们的投资哲学，期待有一天能够在 PE 私募股权市场接近他们。但是我一直担心审批制的终结时间，所以迟迟没有开始行动。

过去 20 年，沪深股市 2800 只股票享受了 20 年的政策红利，因为供不应求，它们交易活跃，估值高昂，即便一个壳都可以价值 30 亿元。除去特权阶层，中国目前真正发财的就是那些沪深上市公司的原始股东包括法人股东们，例如创业板中小板的原始股东，他们设定锁定期三年后，随便卖一点就是一笔巨款。他们可以任性地增发，兼并收购。他们享受了审批制带来的巨大政策红利。而更广泛的上千万家中国中小企业硬是被剥夺了本应有的上市融资的权利，它们在资金渴求的旋涡中苦苦挣扎，幸运的是这一局面在 2015 年发生了改变的趋势。

全国中小企业股份转让系统（北京新三板）率先实行注册制，这一制度令人振奋，顺应了民意，中小企业瞬间爆发惊人力量，随之而来的股权投资热潮则更是鼓舞着大众创业，万众创新，这一切都将给中国梦涂抹上更为绚丽的色彩。在充分警示风险及规范制度下，期待新三板能早日实现无限额开户及竞价交易。

其实美国也有三个交易所，即纽约交易所，纳斯达克交易所，AMEX美国交易所，大概共有9000余家上市公司。北京的雾霾已经很严重，未来只能发展科技和金融服务业，现在北京新三板2年已经挂牌7700家企业，远远超越沪深过去20年2800家的审批历史。随着北京新三板的跑马圈地，我相信北京新三板最终将升格为北京证券交易所，沪深股市将逐渐落后于北京股市，而这也是注册制的魅力所在。

希望这里很快可以改名字：北京证券交易所。

前不久，上海战略新兴板没有如期而至是有道理的，因为上海证券交易所开户额度没有限制，所以成交活跃，而北京新三板开户额度是 500 万，门槛太高导致成交活跃度令人失望。如果上海战略新兴板实施的话，又是注册制，成交又活跃，那北京新三板的挂牌企业会纷纷转板上海的，北京新三板绝对不会容忍这种情况出现。但是，改革的洪流不可逆转，北京新三板的时间机会已经不多，它必须一边更快速地跑马圈地，鼓励中小企业挂牌，一边想办法促进成交活跃度。因为，很快，中国三大交易所，京沪深交易所将开展全方位地竞争，而这对中国经济将是最大的震撼性的利好。

北京新三板将逐步释放很多政策，例如降低散户开户额度的限制，对于创新层，预计很快就可以开放，甚至直接抹杀 500 万的开户额度。散户如果可以自由进出新三板，只要警示风险，散户投资人是完全可以自己学会游泳和投资的。一旦放开交易，新三板优质企业的低估值状态会得到迅速提升，成交会极速放大，而沪深股市随便一个壳都价值 30 亿的荒唐时代将成为黄鹤一去不复返。

中国资本时代的源动力：供给侧改革和注册制

中国 1980 年实质开始（始自 1978 年）的改革开放，到 2015 年恰好是 35 年，从美国的经验来看，这意味着工业化的结束，因为生产力高度发达，各行各业已经饱和，中国将进入资本时代。与此巧合的是，巴菲特出生于 1930 年，当时是严重的经济大萧条，到 60 年代，美国基本完成工业化，巴菲特在 1965 年收购伯克希尔，也是 35 年，伴随着美国资本时代的到来，伯克希尔开始成为一代金融巨擘。资本时代的标志就是企业大量上市，这意味着，注册制的到来并不是偶然的，是必然的市场选择，中小企业主们长久以来融资难融资贵，他们在银行得不到照顾，只好借到高利贷，很多企业主因此付出惨重代价。中小企业主是中国经济振兴创新的希望所在，他们承担中华民族复兴，承担了中国梦的很大一部分。天佑中华，这时候本届政府提出大众创业，万众创新，完全顺应了现时代的民意和民情，习主席的供给侧结构性改革的根本目的是提高社会生产力水平，落实好以人民为中心的发展思想。

供给侧结构性改革旨在调整经济结构，使要素实现最优配置，提升经济增长的质量和数量。需求侧有投资、消费、出口三驾马车，供给侧则有劳动力、土地、资本、创新四大要素。

供给侧结构性改革，从提高供给质量出发，用改革的办法推进结构调整，矫正要素配置扭曲，扩大有效供给，提高供给结构对需求变化的适应性和灵活性，提高全要素生产率，更好满足广大人民群众的需要，促进经济社会持续健康发展。

注册制下，作为专业投资者来说，原始股权投资将产生巨大的社会价值和经济价值。我们寻找适应供给侧结构性改革的中小企业，并从中选择符合丰之银投资哲学的小企业来进行投资，给企业最急需的资金，企业发展壮大，扩大就业，扩大税收，最后挂牌上市，我们的投资也产生很高回报，这是利国利民利企业利投资者的大好事，是天时地利人和的大好事。

无论供给侧结构性改革，还是大众创业万众创新，都必须迅速搞活资本市场，京沪深三大交易所应该尽快注册制，北京新三板的交易活跃开放政策也应该尽快出台。有了活跃的注册制，有了活跃的市场化的资本市场，中国企业的创新创富将产生巨大活力，中国梦的实现将大大提前。尤其在移动互联网蓬勃发展的现代社会，一切都在加速。我们在超市昨天还在用信用卡支付，今天已经用微信扫码，我们昨天还感觉大银行高不可攀，今天已经把钱存进了余额宝。因此有关政策不必固步自封，迁延时日。

丰之银的远瞩高瞻

当然，我们深知资本市场的巨大风险所在，别人一窝蜂蜂拥而上的时候，我们牢记 2008 年的金融危机，即使贵为美国财长保尔森也在担心美国金融市场处于峭壁边缘，整整焦头烂额一年之久。二级市场如此，股权市场更是如此，我们必须警惕注册制若干年后市场的收缩期，或将一地鸡毛，对此我们已经胸有成竹，我们的法宝就是：只投资最优质的原始股权，而如何选择优质原始股，这是我们 20 年来最核心的优势，是别人所难以模仿的独家的优势。我们的口号是：丰之银 – 中国原始股引领者。

既然我们能够知道某个企业上市后股价会长期表现出色，那么我们就可以据此往前一步提前找到它们，目前丰之银专注于六大领域：新材料，机器人（工业 4.0），大健康，大教育，大消费，TMT。我们的六大投资原则：企业有至少 6 年以上运营历史，有实质较好盈利，企业前景有爆发点，企业估值合理或偏低，符合国家产业政策，机构愿意做市。

2008 年金融危机，有 150 年历史的雷曼兄弟轰然倒地，即使保尔森召集了华尔街最顶级的投资机构也没能够挽雷曼于狂澜。丰之银深知金融风险所在，我们不想做雷曼，我们的目标是打造属于中国人的伯克希尔。

为此，丰之银在世界金融中心美国华尔街所在地 – 曼哈顿设立了丰之银分部，努力把美国的低成本资金引流到中国，支持中国中小企业的发展。我们正在挑选几十家优质新三板企业赶赴美国华尔街举办项目对接论坛。丰之银美国团队集合了专业的基金人才，医科博士等可以帮助国内上市公司对接资金及科技类医药医疗类项目。

巴菲特从来只投资皇冠明珠般的企业，因此可以复利增长，成就一个时代资本帝国。丰之银也运用丰之银投资哲学只投资最优质的中小企业，我们深知一个时代的好企业是极其有限的，丰之银深知这一点，因此我们也在快速地扩展我们的投资行动，我们目前积累了 2000 家左右的拟挂牌中小企业资源，期待和有识之士结成利益同盟，快速推进。

我们目前专注于深圳及珠三角一带的优质中小企业，因为深圳是中国硅谷，这里是创新之都，深圳是移民城市，包容性无与伦比，气候和创业氛围俱佳，因此诞生了一大批顶尖企业，例如老牌的腾讯、华为、招商银行、平安保险、中兴、万科、顺丰、比亚迪等，新秀大疆无人机，华大基因等企业，深圳将继续为实现中国梦而贡献独特的能量。

在投资企业的过程中，我们深深体会到中小企业主们的艰辛，他们一心一意发展生产，却经常面临融资难融资贵的难题，甚至有的为此借高利贷而走向不归路，其实读过王健林的万达哲学，你会注意到，王健林虽然现在做得很大，但早期他为了万达的一笔 2000 万的贷款，居然为了见银行行长一面，在门口堵了行长 50 多次才等到行长点头，这得需要多大的耐心和毅力，我想王健林肯定是耿耿于怀的，他甚至在书里说，若干年他退休后，他写自传时，会把这个银行行长的名字公布出来，但现在他不想指出这个人的名字。要知道王健林贷款都这么难，何况普通的中小企业主，因此丰之银投资到企业的资金都得到了企业主的诚恳谢意。

说到王健林，他的事业现在做得很大，一开始做住宅地产，后来做商业地产，现在做文化旅游地产，乃至进军国外地产市场。万达的单个项目青岛环球影城投资甚至达到令人吃惊的 500 亿，军人出身的王健林令人佩服。其实万达在 1993 年的大连就做到了 20 多亿的销售了，这些年来，他的方向正确，步伐稳健，预计未来的全球首富非他莫属。

我经常说，著名演员章子怡其实演电影没赚什么钱，但是她母亲李涿生 2008 年 12 月投资 900 万入股万达商业（03699. HK）股权，2014 年香港上市后，赚到了 16 亿，增值 177 倍。这就是股权投资的魅力。还有原来新东方创始人，现在的风险投资人徐小平老师，2010 年投资 18 万美元股权到聚美优品，聚美由陈欧、戴雨森等创立于 2010 年 3 月，专注于美妆产品的网络销售，2014 年 5 月 16 日聚美（JMEI. NYSE）在美国上市，徐老师获利 600 倍。中国深圳创业板的 400 多家企业的原始股东，锁定期三年后，他们的原始股权回报都达到了惊人的 200 多倍。例如东方财富网（300059.SZ），2005 年 1 月 20 日沈军，鲍一青，史佳，陶涛，左宏明 5 个自然人筹资 300 万注册股权，2010 年创业板上市后最高市值 1300 亿元，增值数万倍！我们相信北京新三板的政策陆续出台后，优质原始股权的回报可能会更加惊人。

美国黑石带来的启示

丰之银股权基金初期借鉴资本之王、全球私募之王——美国黑石集团的成长史，在著名学者巴曙松领衔的翻译著作《资本之王》里我们可以清晰地了解到这一世界最大的私募股权机构的成长历史，而丰之银投行团队主要合伙人冬志不但是北大金融学硕士，更曾是美国黑石的分析员。

黑石在中国金融界被广泛认知，很大原因是因为中国主权财富基金——中国投资有限公司大方斥资 30 亿美元购入美国黑石近 10% 无投票权股份，然后美国黑石（BX. NYSE）于 2007 年 6 月 22 日在纽约交易所上市。但令人遗憾的是，美国黑石成功套现，中投股份仅仅享受了几天的账面浮盈，股价很快跌破发行价 31 美元，因为很快次贷危机爆发了，黑石股价一路暴跌，2009 年 2 月，黑石集团股价跌到了 3.55 美元，相对于刚刚上市时的峰值，缩水了 83%！中投股份损失 27 亿美元，时至今日 2016 年 6 月 25 日，接近十年，图表显示，中投恐怕仍然处于亏损状态，令人痛惜。

分析这笔投资：1. 中投的入股时机不对，入股时美国股市处于高位，这种情况下应该以可转债的形式入股。2. 补仓时间太早，2008 年 10 月初，中投公司通过子公司增持了黑石 2.5% 的股权，成交价格在 9 美元～10 美元之间，约耗资 2.5 亿美元。而最低股价到过 3.55 元。或许中投根本就不应该入股美国黑石，因为美国自 1965 年完成工业化进入资本时代后，2000年初美国资本市场已经非常完善，特别是 2007 年初，美国的金融市场已经高度繁荣，这个时候入股美国的金融机构理论上不是上乘之选。换句话说，中投那时如果选择入股香港的腾讯控股（0700. HK），那现在的回报可以高达 30 多倍，30 亿美元可以变成 1000 亿美元。

股权投资之王沈南鹏引发的思考

说到股权投资，在中国目前最成功的应属沈南鹏，这也是我的偶像，奇虎360CEO周鸿祎曾说，沈南鹏是一个饥饿的人，他看到项目就像闻到了血腥味的狼一样，或者像鲨鱼闻到血腥味一样，他听到一点风声就会去拼抢，去追踪，是一个非常积极的人。我想，这就是一个真正搞股权投资的人，我非常理解，当我看到一个非常好的项目，这个项目是人生中股市经验积累的产物，它在你大脑里已经有轮廓，碰到它后，我就想把股权拿到手。钱不够，有时候恨不得去借。

海归投资人沈南鹏：已买下中国半数互联网公司①

红杉资本到底投了多少家中国互联网公司，恐怕连沈南鹏自己也不知道。近几年，最成功的互联网公司背后，频现红杉中国的身影。目前，红杉资本已在中国投资超过 200 家企业，所投企业总市值高达 2.6 万亿元。甚至有人说，操盘红杉的沈南鹏，才是新兴科技产业的隐形霸主。

沈南鹏，1967 年出生，浙江海宁人。小时候，他就表现出卓越的数学天赋，全国数学竞赛一等奖、美国中学生数学竞赛海外赛区的榜首都曾被他独揽。高中毕业后，进入上海交通大学学习。之后他前往美国留学，在哥伦比亚大学攻读一年数学博士后，沈南鹏定下了自己的目标：转商学院读MBA。于是他从哥伦比亚大学退学，进入耶鲁大学读 MBA。

从耶鲁毕业那年，他 23 岁。他回到纽约，带着 MBA 学位，去华尔街寻找未来。他应聘过十几家公司，都失败了。最终，好运来了。花旗银行投资银行接纳了他。他在那里默默无闻地做投行普通工作，专注着拉美证券及

---

① 杨凯淇，海归投资人沈南鹏：已买下中国半数互联网公司［N］，福州晚报，2016 年 06 月 22 日。

衍生产品。

5 年后，沈南鹏出任德意志银行的中国资本市场主管，曾经帮中国财政部成功发行了 5 亿马克债券，也帮助多家中国企业发债上市。

1999 年，沈南鹏离开了德意志银行。那一年，他 32 岁，梁建章 31 岁。他们拥有差不多的履历。他们曾在 1982 年第一届全国中学生计算机竞赛上同时获奖，后来都在上海读大学，1989 年同时去美国，毕业后一个在花旗银行，一个进了甲骨文。

1999 年的某天，他们偶然在上海相遇。沈南鹏后来描述道："那时在上海，一顿非常普通的午餐，我和建章、季崎 3 个人聊天。当时正是互联网第一波浪潮的时候，我们自然就谈到了能否在互联网上做些文章。大家谈到了新浪、网易、搜狐，想着还有什么产业能和互联网结合出火花，建章首先提出了改造传统旅游产业的想法。就这样，携程网随后诞生了。"

2003 年 12 月 9 日携程在纳斯达克上市。沈南鹏说："当携程市值最后变成 40 多亿美金时，说实话我们都没想到。这个成功来得太快，当然这里边也有我们的付出。但很大程度上，我们是在互联网大潮中，被推着往前走。"

在创办携程网的同时，这 4 个年轻人又创办了如家快捷连锁酒店。一开始，风险投资并不看好如家，因为它不是一家互联网公司，不代表高科技，而代表"传统"。可是如家代表了潮流，从 2001 年底开始创业，只用了 5 年时间，就超越了历史更长的锦江之星连锁酒店，成为同类市场的第一名。

创业成功的沈南鹏感到，自己找到了能将人生价值最大化的新方向——职业投资人。2005 年 8 月，沈南鹏与海归派的创投人张帆一起，成立了红杉资本中国基金，开始了他的风投生涯。去年 3 月，沈南鹏以每股 1.33 元的价格入股英雄互娱，9 个月账面浮盈 9 亿多元，回报率高达 61 倍。其实，这只是沈南鹏投资生涯上的冰山一角。从投资京东、大众点评、美团……到汪峰求婚用的大疆无人机，红杉资本以精准眼光，成功投资让人佩服。

尽管沈南鹏做股权投资极为成功，但是，我们也需注意，这些股权项目上市后一旦市值过大，企业变得成熟，二级市场投资人需要警惕，需要具体判断其后续业务发展走向，例如携程网在收购完艺龙和去哪儿后，2016年6月16日，携程网公布了第一季度财报：净亏损16亿元，相较于去年同期的1.26亿元，同比扩大近12倍。其中，去哪儿净亏损为11亿元。按照此数据，一路巨亏的去哪儿成为了携程的"负担"。曾经手握一副好牌的携程，之所以会面临今日之困局，最根本的原因是由于携程将竞争对手艺龙去哪儿掌控后，开始将更多精力放在资本市场上，已经难以再有业务上创新的急迫感。联姻之后，携程虽然掌控了老对手，但由于战略失误，反而让新美大、阿里去啊、途牛等新生力量获得了更多的市场空间，并对携程形成了围剿之势。聪明如CEO梁建章，能够以宽容姿态不断入股并购竞争对手，令人佩服！但是网络社会的独特性，又催生了新的竞争对手。风险不得不防。唯品会也面临如此增长瓶颈问题。所以投资是很复杂的一门学问，京东和亚马逊因为是自己买卖货物，所以多年后仍然亏损，但是阿里巴巴淘宝和天猫只做平台收佣金所以大赚特赚，腾讯在与360的3Q大战后反思成功，开始把微信全面开放成合作入口平台，并且不再大包大揽，主动入股合作方，例如把自己的拍拍网及电子商务打包卖给京东并入股京东，入股大众点评网，入股58同城等等，显示出未雨绸缪之前瞻技巧。通过入股合作，结成牢固利益同盟。而腾讯股价创下新高也显示此战略之正确。总之，企业一旦上市后变得成熟，市值过于庞大，风险便如影随形而来，二级市场投资人务必小心。

从阚治东看股权投资的未来

而下文提到的阚治东，其经典投资案例华锐风电（601558.SH），上市后也面临后期的股价狂跌折磨。2015年华锐风电巨亏45亿元，股价更是5年间跌至2016年6月跌幅高达87%！谨慎如阚治东尽管很多项目投资很成功，但是一旦选错项目，还是会在长期的时间后显现鸡毛结局。因此股权投资从业者也务必步步小心。

聪明的股权投资，其实是凭经验的，先知先觉者已经介入其中，这充分说明了中国的资本时代大潮即将汹涌而至。

九十年代初，时任申银证券总裁的阚治东，与万国证券总裁管金生和上交所总经理尉文渊被称为"上海滩证券三猛人"。"327 国债期货事件"戏剧性地改变了他们的命运：管金生被控"扰乱市场"而身陷牢狱，尉文渊也因监管失察而无奈请辞。那一次运气青睐阚治东，事发日他在香港，自营部经理因为联系不上不敢擅自做空，使申银逃过一劫。

2016 年 6 月 6 日，69 岁的管金生参与了上海九颂山河基金公司的揭幕仪式，并以董事长的身份重归历史舞台。管金生说，这是其在上海市黄浦区的第三次创业，设立如此一家股权投资基金公司绝不是心血来潮，而是"经过本人长期长期酝酿、团队精心筹备，并取得政府和社会多方支持的一项重要抉择"这是管金生 17 年牢狱生涯后的第一次搏击。

其中的阚治东曾在南方证券的破产案中因被动承担责任而在拘留所失去自由达 21 天，《荣辱 20 年，我的股市人生》① 一书中，阚先生详细记录了自己在拘留所里的屈辱经历及见闻，包括裸身拍照及当众如厕，短短 21 天的囚禁生活让他经历失去自由再到重获自由，更是让他感受到人间的冷暖。阚治东在拘留所里"幸会"大鹏证券的徐卫国，如果再加上君安证券的张国庆，那可就猛人凑齐了，可见证券高管和政治人物类似都是高危行业呀。

其实阚治东是幸运的，在他突遭逮捕后，经尉文渊、姜国芳和刘龙九商定，请上海律师协会会长吕红兵和深圳律师协会会长李淳牵头，为阚治东的案件组成律师团。终于协助阚治东快速获得自由。

① 阚治东，《荣辱 20 年，我的股市人生》［M］，中信出版社，2010 年 01 月.

在阚治东的书中，你可以详细了解到其受深圳市政府委托，在 1999 年牵头运作深圳创新投资有限公司的过程中，所经历的种种细节。深创投的筹备资金来源，当时的庄心一副市长表态，拨上几十万筹备费用，他表示政府将出资 5 亿元，随后又给了阚一份企业名单：深高速、深能源、深圳机场、免税集团、盐田港等，"你去找这些企业让他们都入股"。为了募集资金，李万寿开着他借来的旧吉普车载着阚治东从深圳西面走到东面，这些深圳的大企业大部分是上市公司，结果一圈走下来，没人入股。无奈之下，只有求助副市长，最后副市长把他们召集起来才完成任务。值得庆幸的是，深创投在阚治东谨慎的投资风格下选择了当时深圳市重点培养上创业板的 23 家企业和全国各省市重点扶持上创业板的前三名企业作为主攻方向，最后获得了成功。

阚治东是如此谨慎的职业经理人，最后都要被逮捕，可见国企里面真不容易混。重获自由后，2005 年 8 月，阚治东联合尉文渊等人在深圳成立东方现代产业投资公司，开始自由的股权投资人生，做得很出色，例如投资我武生物（300357.SZ），三年溢价 16 倍。祝福阚治东先生。

而丰之银的投资也相当谨慎，以下是我们根据《丰之银投资哲学》来选择参与合作的部分股权案例：

金鸡 中国妇科药领导品牌	广西灵峰药业有限公司 行业：大健康/制药/中药制造业 地区：广西贺州 状态：上市前原始股（Per-IPO） 网站：http://www.1fyy.com.cn/
公司概述 广西灵峰药业集药材种植、科研、生产、销售于一身，致力于女性药品的研发与生产。是自治区重点植物药生产企业、国家高新技术企业，"十一五"期间民族药定点生产企业。"金鸡"品牌有40年历史，为国内妇科药三强之一。	

	深圳斯诺实业股份有限公司
SN 深圳斯诺 sinuo 新能源锂电池负极材料领先供应商	行业：新材料/新能源/负极材料 地区：广东深圳 状态：上市前原始股（Pre-IPO） 网站：http://en.szsinuo.com/

公司概述

深圳斯诺成立于2002年，总部位于深圳南山新材料产业园。深圳斯诺是国家高新技术企业，专业从事研究、开发、生产和供应锂离子电池负极材料。

	深圳市威勒科技股份有限公司
WATB 萬奇太寶 中国钨电极新材料龙头企业	行业：新材料/钨电极 地区：广东深圳 状态：上市前原始股（Pre-IPO） 网站：http://www.watb.com/

公司概述

威勒科技（万奇太宝）成立于1999年，注册资本5000万元，是从事钨基新材料研、产、销于一体的国家高新技术企业，发明专利居行业首位。公司曾获得广东省制造业五百强企业、广东省著名商标、广东省企业创新纪录等荣誉称号。公司主营产品；钨电极系列，包括：纯钨、铈钨、镧钨、多元复合钨、锆钨、钇钨、钍钨电极等。广泛用于航天航空、军工、核电、高铁、高端设备制造等领域。

	深圳市三上高分子环保新材料股份有限公司
SUN SONG 三上新材 中国薄膜材料领先供应商	行业：新材料/环保薄膜新材料/料医 药薄膜/电子薄膜 地区：广东深圳呢 状态：新三板挂牌企业（836771） 网站：http：//www.boppchina.com/

公司概述

三上新材成立于2003年，专注于高分子环保薄膜材料的研发与销售，通过密切跟踪全球高分子环保薄膜领域新技术与新产品的发展，为印刷、包装、医药、电子等行业企业适时引进先进适用的高分子环保薄膜材料产品。

	深圳市博辉特科有限公司
BORFEET 中国电子测试机器人领先供应商	行业：机器人/工业检测自动化设备 地区：广东深圳 状态：上市前原始股（Pre-IPO） 网站：http：//cn.borfeet.com/

公司概述

博辉特科技集团成立于2005年，深圳总部整体占地面积近10000平方米（苏州厂区面积5000平方米），注册资金1000万人民币，员工数百多人之多；是专业从事电子产品功能自动化测试、系统整合以及自动化设备的供应商。博辉特拥有一支集管理、研发、生产、服务的专业精英团队，贯彻优化品质、提升效率、完善服务三大宗旨，已位于全球电子产品测试排名前列。集团产品几乎涵盖了所有电子、数码测试等相关服务领域。

世界触控技术领先供应商	**深圳市天英联联教育股份有限公司** 行业：大教育/电子教育行业/教育大数据 地区：广东深圳 状态：新三板已挂牌（834974.OC） 网站：http://www.timelink.cn/

公司概述

天英教育成立于2004年，是一家专业从事触摸屏、交互智能电子白板（投影式）、云智能白板一体机、智能黑板等研发、生产及销售的高科技企业。总部位于深圳，获得国内及国际20多个技术专利，是全球为数不多的能提供48点以上触控解决方案的供应商、智慧课堂解决方案的供应商。

全球医疗美容设备服务商	深圳市吉斯迪科技有限公司 行业：大健康/医学美容/美容设备 地区：广东深圳 状态：未上市原始股（Pre-IPO） 网站：http://www.gsdmedical.com/

公司概述

吉斯迪成立于2004年，是专业和国际化医疗美容设备服务商。公司产品远销全球120多个国家和地区，及6000多家医疗美容机构，每天全球约有200万人在享用SD的服务。其中多项产品获得中国SFDA（国家食品药品监督管理局）认证以及美国FDA（美国食品药品监督管理局）认证。

深圳市赛特磁源科技有限公司

行业：新材料/非晶材料/非晶电机
地区：广东深圳
状态：未上市原始股（Pre-IPO）
网站：http://www.sat-cc.com/index.html

赛特能源
全球非晶材料领先供应商

公司概述

赛特磁源是一家集设计研发和生产销售为一体的新能源再生能源解决方案供应商,是一家"一站式"全面型高科技企业。公司产品主要涵盖有电源、非晶变压器、非晶磁芯、纳米晶磁材、非晶电机、铝型材和铝散热片等等，下辖电源、非晶变压器和铝挤压五金三家工厂，总生产面积达20000平米，员工600余人。公司自主研发的非晶电机项目填补国际国内电机领域非晶电子制造空白，携多项研发成果的非晶电机工厂正在积极筹建中，集团取得多项发明和实用新型专利。

深圳市盟星科技有限公司

行业：机器人/光学检测/智能设备
地区：广东深圳
状态：未上市原始股（Pre-IPO）
网站：http://www.costarnet.com/

盟星科技
中国光学检测机器人领先供应商

公司概述

盟星科技成立于2006年，专门设计和生产工业自动化设备。工程团队专长电子和光学精密机械系统的设计，有多年的图像处理和软件开发经验。最先进的设计团队1995年在美国帮助麦当劳公司设计自动饮料机器，现已有上万台的机器在全球麦当劳餐馆内使用。在2006年又成功地为西门子公司设计了AOI机器，在同一个时期，开始接触PCB行业中的钻针研磨机。于2008年成功地设计出第一款半自动研磨机。之后又开始全自动研磨机的设计和开发，于2012年投入市场使用。目前公司有400多台全自动研磨机分别应用在PCB生产厂家、钻孔代工厂家以及钻针研磨代工厂家。公司于2009年和2013年获国家颁布研磨机专利并获得深圳科技局颁发的高新技术科技和软件公司证书。于2014年开始规划、研发AOL，LDI产品项目。

	深圳市崇德动漫股份有限公司
崇德动漫 中国动漫+早教新兴产业领先企业	行业：动漫传媒业 地区：广东深圳 状态：已挂牌新三板 网站：www.kz928.com/

公司概述

崇德动漫改制于2009年（前身为深圳凤凰星影视传媒），是国家级动漫企业，深圳市重点文化企业。公司于2015年在新三板挂牌，股票代码833355。公司以原创动漫与幼儿性格教育相融合的产业模式，创新儿童早期教育形式，为中国超过两亿的儿童提供丰富的动画作品、性格教育产品和服务。

公司先后原创大型动画作品《福娃》和《孔子》。《孔子》获得法国戛纳电视节首届亚洲展映会最佳作品，中国"美猴奖"最佳动画片剧本等众多大奖。首播以来，获得高达2.9的收视率，形成了广泛的社会影响。正在制作并即将在央视播出的大型动画片《巧手鲁班》是中国第一部以儿童性格养成和提高动手能力为主题的动画作品，分四个播出季，总篇幅达832集。

以动画片《孔子》《巧手鲁班》为依托，赁借动画片强大的自媒体影响力，公司开发了以"性格养成"为核心的新型儿童教育体系，是国家财政部专项资金连续支持的项目。包括"乐学乐园"早教机构"巧手鲁班智慧宝盒"早教产品，形成了完整系统的儿童性格教育课程、体系和教育产品，开创了原创动漫与儿单性格教育相融合的全新产业。

	深圳市精确导向网络技术有限公司
任务通 ganganba.com 中国最大精确导向网络营销供应商	行业：TMT/SMS/网络营销 地区：广东深圳 状态：未上市原始股（VC阶段） 网站：http://www.snsmedia.mobi/

公司概述

精确导向是国内最大的基于sns即社交关系网络的传播公司，通过网站+手机客户端平台建立信息分享联盟，打造SNS时代的个人（特别是小号、普通人）的分享推广联盟。公司的snsmedia平台打造大小通吃，重点是小号的长尾、跨平台的广告联盟系统。所谓真人资源即大量真实的活人，他们利用自己的空闲时间，在网上或者线下提供一些指定的服务，比如线上的转贴，线下的拓展调查等。

	深圳有需即达科技有限公司
有需即达 中国新式社区电商平台技术供应商	行业：TMT/020/电子商务 地区：广东深圳 状态：未上市原始股（VC阶段） 网站：http：//www.youxujida.com/

公司概述

深圳有需即达科技有限公司，专注于众包模式的本地即时配送社区服务平台，开发和运营的互联网创新技术公司。有需即达为用户提供，足不出户的社区即时配送和上门服务平台。一个需求，即时送达。方便用户的同时，提供永久全免费的创业平台和机会，创造新的线下商家销售渠道，实现全免费低成本创业。提供完整供应链及仓储货源，帮助用户开通线下无形店铺，商家只需拥有线下仓储空间存放商品，即可开店实现30分钟配送到家和服务到家，打造本地生活社区服务圈，聚合社区商家和用户，创造新的生活消费模式。

丰之银 · 深圳新三板版图

光明新区

龙华新区

坪山新区

宝安区

龙岗区

大鹏新区

南山区 罗湖区

福田区

截止2016年6月23日
全国总挂牌数 7685 家
深圳总挂牌数 482 家

热烈欢迎天英教育
陈伟山 董事长（834974.OC）
在临丰之银指导工作

图为丰之银与薄膜材料领先供应商三上新材签约（左一为三上新材董事长，左二为笔者）

图为丰之银与负极材料领先供应商深圳斯诺签约（左一为深圳斯诺董事长，右一为笔者）

股权投资小札记

投资股权，需要全面的能力，仅仅有寻找项目、判断项目、选择优质项目和分析企业经营盈利的能力还不够，更需要谈判能力，获得合理估值，并签订有约束力的入股协议。所投项目必须在二级市场有公认的成长前景及催化剂，才可能获得持续地股价提升。

你不要看到深圳创业板的原始股东，股权投资机构解禁后赚得盆满钵满，那是人家几年前辛苦播种，默默耕耘的结果。举例来说，我们会在深圳各大创业园区，或者东莞创业园区、各种专业展会、券商投行、行业协会、地方招商办金融办等地方搜集到大量项目，然后专业团队根据《丰之银投资哲学》挑选出最合适的优质项目，进行调研，然后进行投委会表决，进行谈判，最后投资入股，对其提供整合增值服务，提供挂牌上市服务。

这些股权投资的事情，比单纯买卖股票麻烦多了。而这其中丰之银最核心的优势就是我们挑选优质原始股的能力。这种能力，来自于我们2004年开始运作中港美二级市场以来连续12年无亏损记录而形成的挑选最优质股票的能力，我们把这种能力复制到原始股的选择中，我们会联想到该原始股上市3~5年后的市场走势，从而做出股权投资决定，这种能力是我们20多年经验的积累，是别人无可代替的。

压力如此之大，我每天晚上需要靠音乐才能入睡。我喜欢听一些伤感的老歌，中英文都有。

天使投资风云人物徐小平老师说："音乐是我最好的安神剂，我每天最享受的，就是夜深人静的时候，打开音乐。作为投资人，我每天要见很多人，有很多高强度的对话，白天基本都是很亢奋的状态，有时为了保持亢奋，还要喝下一两杯星巴克、三四袋立顿红茶。所以，晚上回到家的时候，我的大脑经常还是高速运转的状态，根本静不下来。

但只要巴赫、舒伯特、或格里高利圣咏一响起，我会立马净下来，全身有一种漂浮感，仿佛心回古代，让我飘向那些古典大师们的圣地。耳朵能催眠灵魂，音乐不但可以让你快乐，更有神奇的疗愈能力。"

徐小平的话打动了我，我现在也在尝试听这些古典音乐，舒缓我日益匆忙的股权投资工作节奏。

第三章

丰银理财的十年股市荣耀

丰之银基金（F&Y CAPITAL）2004 年～2016 年历史回报记录（内部统计）

基金经理：龙昌（冷立昌）

投资周期：连续 12 年（2004 年～2015 年为丰银理财港股及 A 股二级市场回报统计）

投资目标：丰之银致力于打造属于中国人的伯克希尔，为投资人提供长期绝对正回报

年份	上证综指	香港恒指	丰之银
2004 年 6 月～2005 年 5 月	−32.11%	13.19%	51%
2005 年 6 月～2006 年 5 月	53.47%	15.90%	130%
2006 年 6 月～2007 年 5 月	147.99%	29.61%	450%
2007 年 6 月～2008 年 5 月	−14.18%	19.08%	230%
2008 年 6 月～2009 年 5 月	−23.33%	−25.93%	11%
2009 年 6 月～2010 年 5 月	0.87%	8.78%	15%
2010 年 6 月～2011 年 5 月	2.03%	16.96%	36%
2011 年 6 月～2012 年 5 月	−12.40%	−19.72%	46%
2012 年 6 月～2013 年 5 月	−3.08%	20.66%	22%
2013 年 6 月～2014 年 5 月	−11.35%	3.08%	23%
2014 年 6 月～2015 年 5 月	126.14%	18.82%	93%
2015 年 6 月～2016 年 5 月	−38.82%	−24.97%	（股权基金）62%

续表

年份	上证综指	香港恒指	丰之银	
连续12年复合回报率	5.13%	4.51%	73.61%	
连续12年总回报率	82.24%	69.83%	749倍	74900.60%
投资标的分布				
2004年06月至2008年05月	腾讯控股	中国建材	中国人寿	
2008年06月至2010年05月	腾讯控股	中国太平	恒安国际	康师傅
2010年06月至2015年05月	腾讯控股	伊利股份	海天味业	上海家化
2015年06月至2016年05月	赛特菲晶	三上新材	天英教育	威勒科技

上图回报为无杠杆回报（我们牢记2008年金融危机风险，不借钱，无任何杠杆运作股市）。

2004年，丰银理财团队和客户姜女士。

12 年后，当中的 4 个人又合影在一起，感叹时光飞逝。丰之银团队和客户姜女士夫妇。

成立丰银理财

2004 年初，我注册了丰银理财有限公司，开始了正规化运作，初期主要认购在香港上市的内地企业新股，那个时候，内地大型企业纷纷选择在香港上市，例如中国人寿、中国财险、蒙牛乳业、中国平安、建设银行、中国银行等。这一阶段，认购新股后上市卖出的平均年化收益大概在 50％。后来在 2004 年 6 月，我们开始运作腾讯控股，由于有一部分业务是和香港 K 基证券合作，因此在 K 基证券办业务时，有一个帮我处理文件的小伙子引起了我的注意，他的名字叫代雪峰，我记得那时代雪峰认真地给我说："我以后也要像你这样自己做基金"，没想到，现在代总做得不错，果然成立了自己的基金。代总毕业于华西医科大学，他的旗隆基金管理公司 2014

49

年 12 月居然耗资数亿元人民币举牌创业板上市公司金城医药
（300233.SZ），获利颇丰。

令我印象深刻的是，是其网站首页的两个誓言：

希波克拉底誓言

我庄严地宣誓：

把我的一生献给人道主义服务，我给我的老师们尊敬和感谢，我凭着良心
和尊严行使我的职业，我首先考虑的是我的病人的健康。凡是患者告诉我
的秘密，我予以尊重，我将尽我的一切能力维护医务职业的光荣和崇高传
统。我的同行均是我的兄弟。在我的职责和我的病人之间，不允许把宗
教、国籍、宗族、政党和社会党派的考虑掺杂进去。即使受到威胁，我也
将以最大的努力尊重从胎儿开始的人的生命，绝不利用我的医学知识违背
法规。我庄严地、自主地，并以我的名誉作出上述保证。

前海旗隆誓言

我庄严地宣誓：

我凭着良心和尊严行使我的职业，我首先考虑的是资产保值和增值。凡是
投资者告诉我的秘密，我予以尊重，我将尽我的一切能力实现效益最大化
以维护投资者利益。在我的职责和我的投资者之间，不允许把宗教、国
籍、宗族、政党和社会党派的考虑掺杂进去。即使受到威胁，我也将以最
大的努力尊重每一分金钱能带给人类的核心价值。我庄严地、自主地，并
以我的名誉作上述保证。

记得 2016 年春节期间，我还在美国华尔街拜访了代总的旗隆基金美国分
部，向他咨询了一些美国成立基金注意事项，而代总也已然创立全美华人
基金业协会并担任首任会长，他还在电话中邀请我参加该协会。祝贺
代总。

奋起中抓住腾讯

2004 年 5 月，我已经对庆丰金不抱任何希望，我不再相信任何大佬，我想自己做大佬，我反思自己的行为，并且期待时来运转，我没有退路，我决定奋发向上，这个时候，我知道 6 月份腾讯控股要在香港上市了。我预感到我的机会来了。

腾讯控股最终于 2004 年 6 月 16 日正式在香港挂牌上市，股票代码为 0700. HK，以每股 3.70 港元的价格发售了 4.202 亿股，募集资金达 15.5 亿港元。加上超配合计集资 19 亿港币。高盛（亚洲）有限责任公司是此次上市的全球协调人、账簿管理人、牵头经办人及保荐人。2004 年腾讯总营收 11.4 亿人民币，纯利 4.4 亿人民币，发行时总市值 60 亿港币。看看现在，2015 年腾讯总营收为 1, 028.63 亿人民币，净利润为 288.06 亿人民币，截至 2016 年 6 月 9 日其总市值 16548 亿元港币，股价 12 年上涨 266 倍！如果你知道腾讯 12 年后将成为世界上涨幅最大的科技蓝筹股，你当时会不会倾囊买入？

我当时就是已经预感到的，2004 年 6 月，我决定抓住这个机会，这个时候，我仅仅可以凑足 200 万港币了，2004 年 6 月 10 日，我 1：9 通过证券公司放大认购，腾讯当时的招股价为每股 2.77 港元～3.70 港元，最后定价 3.7 港元，记得中签率为放大后 20%。

2004 年 6 月 16 日，腾讯开盘报 4.375 元上涨 18%，收报 4.15，在收盘时段，未中签新股的资金我继续买进腾讯。第二天腾讯收报 4.225 元，第三天腾讯收报 4.025 元，2004 年 7 月 12 日腾讯跌破 4 元/股收报 3.975 元。一个月后，2004 年 7 月 15 日，腾讯跌破发行价，收报 3.675 元。

腾讯的股价没有暴涨，我不但没有失望，其不温不火的走势表现反而让我感觉到巨大的商机来了，就好像一个又累又渴的探险家，穿越漫漫无边荒

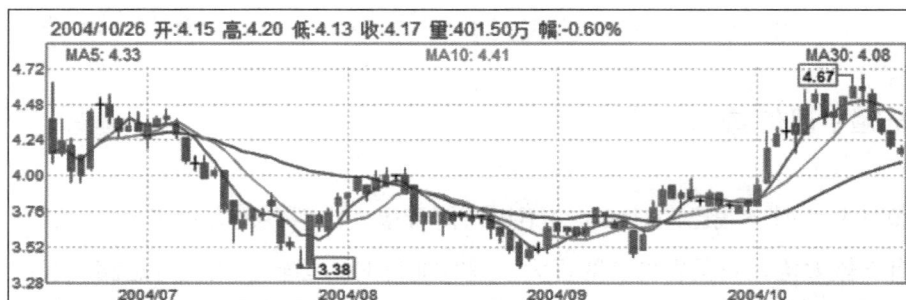

腾讯上市后4个月走势图，惊人机遇仿佛重现眼前。

芜的沙漠后依稀看到了水莹莹的绿洲旁炊烟袅袅的小村庄，对，小村庄就在眼前，小村庄后面的山洞里，藏着传说中的藏宝图。

庆丰金就是那艰难的沙漠之旅，而腾讯就是决定人生命运的藏宝图。

我的资金已经差不多用完，要买进更多的腾讯，需要更多的资金。我在K基证券的几个客户朋友受我影响开始买进腾讯，这时候我开始创建系统，那时我有意无意地被一些朋友带到一些会议里学习，例如天狮大会、安利大会、雷克瑟斯大会、就是那种直销的会议，你可别说，我还真学到了一些有效的营销制度，于是我尝试着介绍人制度，我召集了一帮老客户，给他们讲为何投资腾讯。

我是2000年初开始用QQ的，记得当时君安证券福田营业部在2000年初从振华路搬迁到电子科技大厦，给我预留了两间大户室，都给我配备了上网的电脑及看股票的电脑，我当时用的还是很厚的东芝笔记本。有一天，我一个做期货的朋友过来办公室找我聊天，他当时给我推荐了银广夏，说其萃取产品如何如何厉害，说实话，我对其推荐的银广夏当时没有任何感觉，我也没想去了解银广夏，但是后来的事情大家都知道了。

我这个朋友在2006年出家了。这与他经历了期货市场的巨大起伏，再加上家庭的变故不无关系。其实他还是很优秀的，早年做石油生意，也去过英国留学，因为他长得有点像索罗斯，所以我本来以为他可以在期货市场取得很大的成功，但是他最后却遁入了空门，在甘孜辟谷数年，直至剃度出家，过着艰苦却也无忧无虑的生活，令人感叹，我希望能再碰到他。

银广夏公司全称为广夏（银川）实业股份有限公司，现证券简称为ST广夏（000557.SZ）。1994年6月上市的银广夏公司，曾因其骄人的业绩和诱人的前景而被称为"中国第一蓝筹股"。2001年8月，《财经》杂志发表《银广夏陷阱》一文，银广夏虚构财务报表事件被曝光。当时专家意见认为，天津广夏出口德国诚信贸易公司的行为为"不可能的产量、不可能的价格、不可能的产品"。以天津广夏萃取设备的产能，即使通宵达旦运作，也生产不出所宣称的数量，天津广夏萃取产品出口价格高到近乎荒谬，对德出口合同中的某些产品，根本不能用二氧化碳超临界萃取设备提取。真相再清楚不过了：天津广夏1999年、2000年获得暴利的萃取产品出口，纯属子虚乌有。整个事情从大宗萃取产品出口到银广夏利润猛增到股价离谱上涨，是一场彻头彻尾的骗局。

1999年和2000年两年间，银广夏，创造了令人瞠目的业绩和股价神话。中经开当年就曾经拉升银广夏，就是327国债赢家的那个机构，后来就是因为乱坐庄被取缔了（后文将会有介绍）。

我想说的是当时我这个做期货的朋友绝对没有故意欺骗我的意思，只是他也被当时铺天盖地的有关报道给蒙骗了，你可以想象银广夏的骗局有多么厉害，多么有传播性，我的朋友都相信了！他还是英国留学回来的。但是我只是相信我熟悉的经过调研的东西，因此并没有去想了解银广夏这只股票，也就没有发生任何损失。

推荐完银广夏股票后，紧接着，我这个朋友说我帮你下载一个好玩的聊天软件QQ吧，那是我第一次知道QQ。后来我就经常听到电脑音箱里传出有人咳嗽或者敲门的声音，我很困惑是怎么回事呢？后来我才知道，咳嗽是有消息的意思，而敲门是有好友上线通知的意思。

从那时起，我就再没有离开过QQ，直到2012年微信出现之后我才很少用QQ了。在天天使用QQ软件的过程中，我开始关注到QQ游戏平台很快超越联众游戏平台，以及有人在 QQ 上买虚拟衣服，甚至 QQ. COM 门户开始赶超网易新浪和搜狐，其广告价值开始呈现。就这样，我对腾讯的价值判断已经有了基本的想法。

因此在 2004 年 7 月底腾讯股价开始跌破 4 元后，香港分析师见我买的太多，建议我考虑风险，先行卖出止损观望，我问他为什么？

分析师说："我们香港人不用 QQ 聊天，我们用 MSN 或雅虎通呢。再说股价创新低从技术上说是很危险的，建议你卖出止损。"

我立马反驳他说："你们香港才多少人？不到 1000 万。整个大陆 13 亿人口，不用说整个大陆，单单一个深圳暂住人口都超过 1000 万，80% 的人都在用 QQ 软件，而且我感觉粘度越来越大，这里面肯定会产生很多的利润空间的，QQ 的游戏，各种产品，QQ 的门户广告等等。"当然那时候确实有一小部分白领阶层怕老板看到用 QQ 而同时用 MSN 聊天，MSN 设计得确实很简约很安静。当然 2014 年大家都知道了，MSN 宣布退出中国，而雅虎通则伴随着雅虎中国的没落更是早早退出了中国市场。QQ 一家独大了。其实那个时候，美国股市优质网络股已经摆脱 2000 年以来的崩盘走势，开始强劲分化反弹了，例如网易在美国纳斯达克就从 2001 年不到 1 美元上涨到 2004 年的 40 美元，（网易因财报问题在 2001 年 9 月被停牌 5 个月，股价一直在 0.64 美元），那时候段永平底部的网易仓位已经赚了 40 倍了，新浪股价也从底部反弹 30 倍并已经稳定住，所以买进腾讯将是最佳机会！

反驳完香港分析师以后，我更加坚定地知道，我现在需要更多的资金来买进更多的腾讯股票。紧接着，系统开始发挥作用，客户开始多了，我继续买进。两个月后，2014 年 8 月 26 日，腾讯跌破发行价创下收盘新低 3.4 元，盘中最低是 3.375 港元，我清楚地记得，我自己账户的最后一些钱全部在 3.4 元/股买进，那是腾讯收的最低价，以后的 12 年这个价格再也没有出现过。那是一种买进后，虽然有一丝担心但内心无比悲壮地坚定，对，就是那种坚信黎明前的战役打响后必将在傍晚取得决定性胜利的直觉。这种直觉是经历无边沙漠跋涉后的心理沉淀，是攀越珠穆朗玛8848米顶峰不慎坠落后痛苦的领悟。这些领悟在头脑中已经形成蛛网般的坚固结构，任何谎报军情的小飞虫都将无法飞越，唯一可以过滤的就是这种胜利的直觉。后来我把中港美股票全部研究了一遍以后，而且技术分析和基本分析天天看了20多年以后，我甚至练就古龙小说里的四照神功，眼神极为犀利，只要看到股票的简称及弄清楚这个公司的业务内容模式后，我就基本可以预测出这个公司上市后的5~10年长期走势如何，是长期上涨还是长期横盘，还是股价最终滑入泥潭，基本很准确，尤其是判断我认定的优质股的走势上。当然短期走势预测不是我的本垒打范围。

2008年初我曾经猜测生产绿箭口香糖的绿箭公司的走势一定是长期上涨的，打开美股走势一看，好家伙，20多年以来股价一直在上涨，绿箭绝对是一家好公司，美国箭牌糖类有限公司（Wm. Wrigley Jr. Company）由小威廉.瑞格理先生（William Wrigley Jr.）创立于1891年。箭牌公司是全球糖果业界的领导者之一和世界上首屈一指的口香糖生产商及销售商，是著名口香糖品牌"绿箭"和"益达"的拥有者，全球销售额超过47亿美元。箭牌公司总部设在美国芝加哥，其股票1923年挂牌，1986年起在纽约证券交易所上市交易。当初我就想这样的公司巴菲特肯定会喜欢买进的，果不出所料，2008年4月，巴菲特联合巧克力生产商美国玛氏公司（Mars）宣布，出资230亿美元溢价32%收购生产"绿箭"口香糖的美国箭牌公司，2008年10月10日，绿箭股价在全年上涨36%后于历史新高在纽交所光荣退市，结束其22年上市历程。而我对香港主板及创业板很多个股的长期走势都会准确地判断，正是因为这种眼光与定力，我甚至能够对汉能薄膜（00566.HK）的持续上涨保持免疫力。这种挑选股票的能力及回避致命陷阱的能力一直是我练就的"四照神功"。

"四照神功"是古龙小说《剑玄录》里的内家神功。四照神功需由拥有绝顶资悟的童子或者绝代资才的处子方可练成。一旦练成就是不学武术已成武圣，这是天下任何奇妙的功夫练成后都没有的现象。四照神功练成后功力已到凌波渡虚的地步，天下再无敌手，举手投足间可破天下任何武功。练就四照神功左手银白，右手金黄，表面套着一层不知道是什么材料制成的同色金属网状丝织物，如手套一般覆盖在整个手掌上，一直延伸到肘部，十分的怪异。看起来似乎是一点儿也没有力量的样子，但给人的感觉却是无比沉重，仿佛在推动一座大山。我决心练就股市里的"四照神功"。

就这样前前后后，我一共买进了大概4000万港币的腾讯，如果坚持到现在，腾讯上涨266倍，这4000万可以变成106亿，这是多么惊人的回报！

村庄的藏宝图我看到了，但是藏宝的山洞我没有穿越，在门口捡了一些黄金就匆匆离开了，令人惋惜。

腾讯我只坚持了两年多，期间加上波段运作，2007年9月，整整获得了10倍多的回报，之后留下了一些纪念性仓位，我开始转战别的股票了。当然后来运作中国建材取得了同样辉煌的10倍战绩。但是腾讯给了我一种特别的信心，从此12年以来我再也没有年度亏损记录。

2006年，为了表示感谢，我们专程去了腾讯公司调研。

关于腾讯

为了让读者为了解更多2004年6月16日腾讯上市前的信息，我把这段历史附记在本书，以向提供我们众多便捷生活产品的腾讯表示敬意，就像刘晓庆在电视剧《武则天》里面唱到：没援助没照应，谁敢说必胜？腾讯属于生于草莽，没有党对国企那样的关怀，没有北大清华水草滋养的企业，如何从奄奄一息到令人震撼。

16年前，马化腾曾经缺钱到想以60万卖掉QQ，结果都没人买。[1]

1993年马化腾从深大毕业后，曾想过在路边摆摊为人组装电脑，但却发现路边摊的竞争很激烈，于是只好老老实实去找工作，后来进入润迅公司做软件工程师，一做就是多年。当年的小马哥最多只能算作深圳的边缘人。

1998年的那个秋天，马化腾与他的同学张志东"合资"注册了深圳腾讯计算机系统有限公司。1999年11月，OICQ在上线9个月的短短时间内用户就已破百万，远远地且永远地甩开了所有的同期竞争者。伴随不断增加的庞大用户群，OICQ需要更多的服务器去支撑，但就在这时，公司账面上只余下大概1万块了。

怎么办？正当燃眉之急，腾讯团队认识了当时国内首屈一指的VC公司IDG总经理王树。尽管还没有清晰的商业模式，团队成员曾李青还是拿着数易其稿的商业计划书，拉着还躺在病床的马化腾一同与王树会面。

这次会面最终让IDG冒险决定投资腾讯，其缘由无非两点：首先，有AOL斥资2.87亿美元收购ICQ，无疑起了一个示范作用；其次，虽然还没有找到靠谱的商业模式，但OICQ已经拥有较大并不断增加的用户群。锦上添

---

[1]　整理自财闻汇、互联网热点、新华网思客、财经早餐、创业谱。

花的是，马化腾他们后来还托人牵线找到了李泽楷的盈科，虽然对方一度犹豫，但看着 IDG 最终拍板之后，盈科最后也就同意投资。

临近 2000 年年末，由于互联网业持续的萧条，此前投资的 IDG 和盈科逐渐有了要撤股套现的想法。可同时，腾讯却需要新的资金的添置服务器支持公司的继续发展。但资方已经认为腾讯的商业模式是不会被市场主流青睐的，也没有更多的增长空间了，继续投资就等于烧钱。

为此双方进行了多轮面谈，两家股东最终同意以贷款的形式给予腾讯 200 万美元，同时开始积极寻找愿意接盘的公司。可 2000 年行将过去，QQ 的注册用户很快就要突破惊人的一亿。

在面临资金困难时，曾险些把开发出的 ICQ 软件以 60 万元的价格卖给深圳电信数据局，但终因价格原因告吹。后来马化腾又找了新浪、雷军、中华网等公司，可是此时全中国竟然没有一家公司一个人愿意去收购腾讯的股份。

正在这一筹莫展之际，MIH 来了。马化腾这还是头一次听说这家来自南非的公司，在后来的会谈中他还接触到了能说流利汉语的 MIH 副总裁网大为。双方几经商讨，MIH 最后同意以现金支付的方式从 IDG 和盈科手中拿到共计 32.8% 的股份，同时保留公司控制权给马化腾。

最终 MIH 接手了盈科的全部股份和 IDG 的 12.8% 股份，并在 2004 年 6 月香港上市前，与腾讯创始团队一起瓜分了 IDG 剩下的股份，形成腾讯创始团队和 MIH 各 50% 的股份。

随着腾讯二轮融资的成功，腾讯熬过了凤凰涅槃前最终的难关，最后发展成为市值 1.6 万亿的企鹅帝国。

他自称自己是"一个不善言辞的人"，

他是一种生活在南极的可爱动物的"爸爸"，

他做的两款产品你们每天必定会打开，

他每天至少赚 5.3 亿以上……

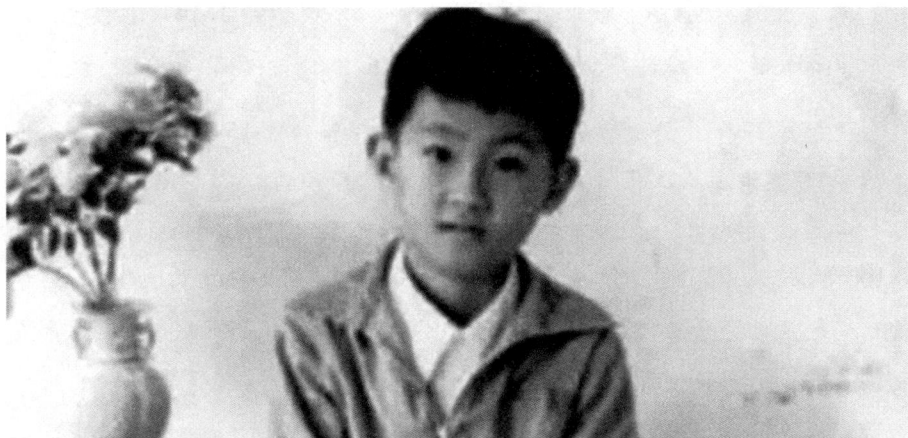

看到眼前这个腼腆的男孩，你会联想到什么？

是的，就是现在这位让你们又爱又恨的"企鹅帝"。

腾讯控股 16 年前 60 万卖不掉，如今市值 1.6 万亿。中国又多一家顶尖的世界级企业。[①]

2016 年 5 月 27 日，腾讯股价大涨，最终收盘上涨 4.52% 至 171.2 港元/

---

① 整理自财闻汇、互联网热点、新华网思客、财经早餐、创业谱。

股，创下 2004 年 6 月上市以来的最高水平，市值达到 16104 亿港元，12
年涨幅 231 倍，成为世界涨幅最大的蓝筹股。

截至到 5 月 27 号，腾讯市值 16104 亿港元，阿里市值 15488 亿港元，百度
市值 4990 亿港元；BAT 三家公司里，腾讯从最不看好的一家，成长到了
如今名副其实的第一。当前中国最大的上市公司"工商银行"市值为
18100 亿港元，腾讯正在慢慢接近宇宙银行。这预示着以微信、QQ 为基础
的社交经济已经开始真正的崛起，新型的互联网经济正在向传统巨无霸发
起挑战，接下来将是超越和迭代。

如果你对腾讯的看法还停留在 QQ 与微信，那你就 OUT 了。翻看最近两年
腾讯投资占股的国内公司名单：

京东：国内排名第二的电商公司，市值 330 亿美元

滴滴打车：国内出行领域最大的公司，估值 280 亿美元

华南城：香港上市公司，经营大量的物流和贸易中心

美团与大众点评：中国最大的 O2O 公司，估值 200 亿美元左右

58 同城：中国第二大的 O2O 公司，市值 64 亿美元

还有华谊兄弟、中石化、万达、同程旅游等等几十家国内公司。

再看看腾讯国外投资占股的公司：暴雪（魔兽世界制作方）、Riot Games
（英雄联盟制作方）、美国的 Epic Games、韩国的 Kakao Talk、Waddle（外
国的一个实时相册分享工具）、Pair（美国情侣社交网络）等等，都是在各
自领域有巨大影响力、巨大潜力的公司，涉及各行各业、遍布国内国外。
从腾讯的布局可以看到，腾讯是准备冲出亚洲，向全球出击了。

今天的互联网经济才刚刚开始，今天的腾讯市值 16104 亿也没有包括它后
面的几十家潜力巨大的公司股份。业内预测：腾讯将在 2017 年超越国内工
商银行，成为中国第一。将在 2020 年超越 Facebook，成为世界第一。

我们在资本市场与腾讯的故事就来自 2004 年 6 月 16 日。

腾讯成功后，丰银公司规模急剧上升，我们先后运作了中国人寿、中国建材、恒安国际、康师傅、中国太平、无一失手，基本在 2010 年到达顶峰。超过 100 倍的初始回报。

丰银成功运作中国建材

接下来要重点提一下我们运作中国建材的故事。也要特别提一下我尊敬的一个人，中国建材董事长宋志平先生。

宋志平，1956 年 10 月出生，1979 年毕业于河北大学化学系，1995 年获得了武汉理工大学工商管理硕士学位，2002 年获华中科技大学管理工程博士学位。2012 年 CCTV 中国经济年度人物。2009 年 5 月至 2014 年 4 月，宋志平同时担任中国建材集团和中国医药集团两家央企董事长的职务。现任中国建筑材料集团公司董事长、党委书记。

宋志平刚到中国建材时，公司有着 33 亿的债务，经过风卷残云般重组 900 多家水泥企业，才有了现在大家看到的一个港交所上市的全球第二大建材企业。2010 年中国建材集团营业收入达 1346 亿元，利润达 66.7 亿元，资产总额 1458 亿元，多种产品产能位居国内第一。

在宋志平董事长的带领下，中国建材集团实现了营业收入与资产总额从百亿元到千亿元的历史性跨越，充分发挥了作为中央企业应有的行业影响力与带动力，为建材行业的结构调整与产业升级做出了巨大贡献。

2009 年，中国建材集团董事长宋志平受命兼任国药集团董事长，带领集团先后完成了与中国生物技术集团公司、上海医药工业研究院、中国出国人员服务总公司等四家央企的重组，新集团成为中央企业的医药健康产业平台。

同时宋志平还让中国医药集团率先改制，首先，引入战略投资者上海复星医药，成立了国药控股股份有限公司，并于 2009 年在香港 H 股整体上市。目前，国药集团旗下拥有国药控股、天坛生物、国药股份、现代制药、国药一致五家上市公司，具有良好的融资能力。

在一系列动作之后，国药逐渐从困局中走出。2013 年国药集团财报数据显示，营业收入从 2009 年的 400 多亿元跃升至 2013 年的 2035 亿元，成为中国医药行业中目前唯一进入世界 500 强的企业。

2016 年 6 月 6 日，18 届中国风险投资论坛上，中国高新投资集团董事长李宝林说得很好，他提到了宋志平先生，对其称赞有加，五年来，宋志平同志为两家央企的迅速发展呕心沥血、辛勤付出，从未向组织叫苦叫累，表现出了一名党员领导干部的高尚风范。类似的干部还有宁高宁先生等。

2006 年 3 月 23 日，中国建材（3323.HK）以发行价 2.75 港元/股在香港主板挂牌上市，此前公开发售部分获得 537 倍超额认购。

中国建材上市当天收报 3.325 元，上涨 21%，过了几天最高上冲到 3.95 元后开始下行到 2006 年 6 月 26 日最低 2.15 元，我们仍然继续买进，后来一路上涨到 2007 年 10 月 26 元附近，获利 10 倍左右，我们开始陆续卖出，卖出后客户都有意见，为啥？2007 年 11 月 1 日中国建材最高上冲到了 38.05 元，他们说稍晚一点卖可以赚更多呢。但是我的看法不同，钱不可赚尽，得打提前量，伴随着 2007 年 12 月双顶的形成，我感觉到了一丝杀气，这个时候，美国贝尔斯登开始曝出问题，即将破产，美国次贷危机开始传播并让人心怀警惕，而香港股市也开始真正受到影响，12 月底，中国建材跌破 30 元，2008 年 2 月 1 日开始跌破 20 元收报 18.02 元，2008 年 9 月 12 日跌破 10 元收报 9.18 元，2008 年 10 月 23 日，中国建材跌破 2 年前的发行价收于 2.46 元，2008 年 10 月 28 日创下 1.46 元历史新低，最高跌幅 -96%！这令人惊悚！

另外一个例子是时任中国女首富张茵的玖龙纸业（02689.HK），同期股价则由 26. 75 元，暴跌至 0. 71 元，跌幅 –97%！如此惨烈的跌幅令人震撼！

我开始打算抄底中国建材，这个时候我的核心持股腾讯控股、中国太平、恒安国际、康师傅的跌幅令人宽慰，最高跌幅仅达到 48% 左右，我算了一下所有账户的现金，感谢老天爷，我的账户全是现金账户，并未用过一丝杠杆，2008 年 10 月 29 日，大盘继续暴跌，我的右手在颤抖，我改用左手下单，开始在形似世界末日不计筹码的大甩卖中以 2 元/股买进了中国建材，虽然有点害怕，但天空中仿佛传来另外一个声音，放心买吧，这是冥冥之神赐予你的礼物。奇迹出现，第二天 2008 年 10 月 30 日，中国建材暴涨 85%！收报 3.7 元/股，只可惜当时我只有这么多现金。

半年后中国建材反弹至 17 元附近，而我已经于 12 月 19 日 9 元左右全部出局。两个月 4 倍回报。这次中国建材的买点又创造了当年豆粕期货的最低买点瞬间赚钱的令人兴奋的历史记录，想想令人激动。

2016 年 6 月 24 日，我看了一下中国建材复权后还仅仅相当于 9 元左右的价位，这是因为中国建材尽管在宋志平的英明领导整合下取得了空前成功，但其实建筑材料毕竟在中国城镇化建设日趋饱和的情况下，增量将有限，这个行业属于典型的周期性行业，其市盈率逐步走低是大概率事件。

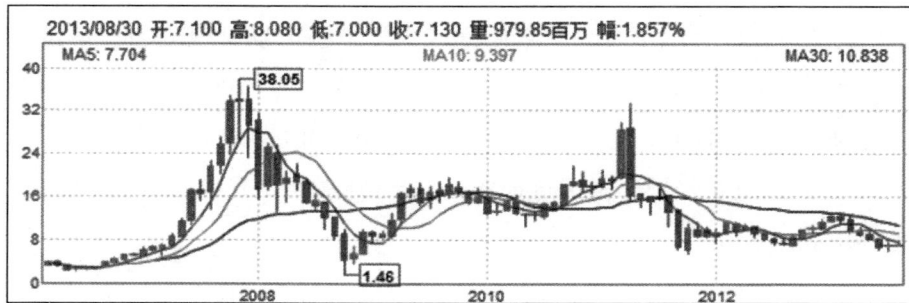

图中国建材 2008 年惨烈跌势，38 元直接跌到 1.46 元，最高跌幅 96%

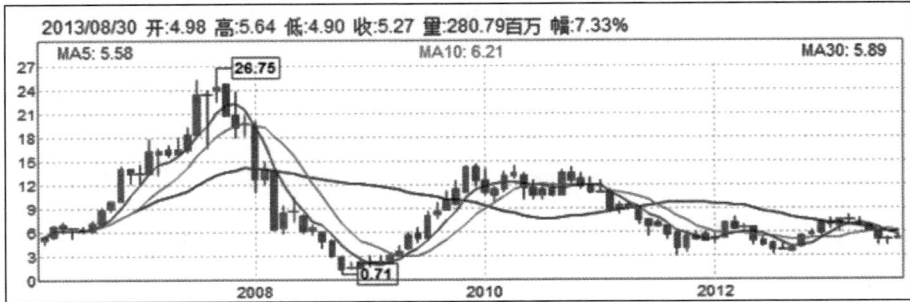

附图玖龙纸业 2008 年惨烈跌势，最高跌幅 97%

2008 年全球金融危机

香港股市 2008 年暴跌的恐怖回忆在头脑里恐怕这辈子都无法抹去。整个香港股市 2007 年 10 月~2008 年 10 月跌幅 66%，这是由美国次贷危机引发的连锁反应。

美国次贷危机（*Subprime Crisis*）又称次级房贷危机，也译为次债危机。它是一场发生在美国，因次级抵押贷款机构破产、投资基金被迫关闭、股市剧烈震荡引起的金融风暴。它致使全球主要金融市场出现流动性不足危机。美国次贷危机是从 2006 年春季开始逐步显现的。2007 年 8 月开始席卷美国、欧盟和日本等世界主要金融市场。2007 年底开始让人警惕，2008 年 11 月到达危机极限，美国道琼斯指数于 2009 年 3 月触及最底部结束。此后开始缓和。

随着众多金融机构的倒下，次贷风波愈演愈烈，已经演变成一次大规模的金融危机，全球主要的经济体都不同程度地受到波及。各国股市纷纷下滑，而中国首当其冲，上证指数从 6124 点一路下跌，最低时跌至 2008 年 10 月底 1664 点，一年跌幅达到了 72%，成为全球下跌相当严重的股票市场。

美国股票市场历史比较悠久，市场相对成熟，全球的股票市场都或多或少地受到美国股市的影响，中国也不例外。我希望通过对美国股市下跌的分析，以及中美股市的对比，为当前中国股市的运行趋势及个股选择提供一些思路和启示。

投资银行股的过程中要高度警惕黑天鹅事件的发生，美国花旗银行集团10年来走过的历程，堪称是一堂风险教育课。

在危机前的10年里，花旗集团的股票价格、盈利能力和收入复合年增长均达到两位数字，而且盈利增长高于收入增长。尤其令同行所叹服的是，在1998年亚洲金融危机、2001年阿根廷金融危机和反恐战争等一系列重大事件中，1000家大银行总体盈利水平分别下挫14.9%和29.7%的情况下，花旗集团仍达到3%和4.5%的增长，显示出花旗金融体系非凡的抗风险能力。但就是这样一家综合业务能力极强、世界排名第一位的银行集团，在次贷危机及其引发的2008年全球性金融危机中，花旗成为这场危机的制造者，同时又是这场危机直接的受害者。

次贷危机发生前，花旗集团以高达五六十美元的股价形象成为美国银行股的权贵。金融危机后，花旗银行的股价直线下跌，到2009年3月5日，当道琼斯指数跌至本轮熊市最低点时，花旗银行股价也随即跌破1美元，盘中最低下探到97美分，跌幅达到惊人的98%，而此刻它的股票已经宛如废纸一般。在这关键时期，美国政府合计数次对已经处于破产边缘的花旗银行注资450亿美元，并将花旗3060亿美元的自身债务做了政府担保，并且制订保护性条款：允许花旗银行未来三年内在未经政府批准的情况下，派发的普通股股息不得超过每股0.01美元，同时遵守加强管理层薪金福利制度的规定。不过作为回报，政府将获得花旗股权36%。最后，在这一揽子救助措施下，花旗银行算是暂时渡过了破产危机，股价也才有所反弹。但即便如此，花旗银行的股价触底做完小幅反弹后，仍长期徘徊在三、五美元之间。由于这样的股价与其跨国大银行的形象和地位极不相称，2011年5月9日花旗集团正式对公司股份进行缩股处理，按照每10股缩为1股

的比例，将原先的总股本缩小到 1/10，缩股前最后一个交易日的收盘价为
4.52 美元，缩股后首个交易日收盘价为 44.16 美元，重新使其股价"形
象"恢复到绩优蓝筹股股价的地位。

花旗银行的股价在金融危机爆发前后，仅一年多时间就崩塌 98% 的幅度，
它到底出现了什么问题？事情源于花旗银行在这场次贷危机遭遇到重大挫
折，其 2007 年度的公司财报显示四个季度连续亏损，花旗银行的亏损，主
要源于次贷相关投资的计提损失和国内消费信贷业务上的损失大幅增加。
而在第四季度，受直接投资次贷相关风险暴露影响，花旗宣布录入 181 亿
美元的税前损失计提，包括四季度计提了 143 亿美元的高信用等级资产支
持债券 CDO，和 29 亿美元的借贷和结构性产品。

当 2008 年美国道琼斯工业指数下跌 54.43% 的同时，花旗银行的股价最大
跌幅达到 98%，公司当时已经完全没有分红派息能力，美国银行的股价最
大跌幅也达到 95.22%，当时的现金股息仅为象征性的 0.01 美元/股。而
巴菲特持股 10% 的富国银行的股价表现却大相径庭，其在金融危机爆发的
一年半时间里前面的一年，不但没跌相反还有一定幅度的上涨，由危机爆
发前的 37 美元上摸当时的历史最高位 45 美元，最后受全美银行股整体崩
盘的影响，股价也迅速走低，而即使从危机爆发期间一度摸高的历史最高
价 45 美元算起，其最大跌幅是 82.56%，（危机时，泥沙俱下，不管好坏
都要跌的，只是好的在危机后会很快恢复）但问题是随着金融危机影响力
的逐渐减弱，富国银行的股价迅速拉回到危机发生前的水平，并且当时其
每股派息能力依然达到 0.34 美元/股的水平。这样，截至到 2008 年末，富
国银行的总市值一跃达到全球第五、美国第二，并且总市值超过美国银行
和花旗银行。其实，富国银行在这次危机中逆势奋起并成为业界翘楚，并
不是仅凭借其良好的运气，因为富国银行从 1852 年成立以来，已经多次在
紧要关头规避风险并抓住发展机遇，并从一个地区性的小银行逐渐发展成
为全球银行业的巨头之一。

美国次贷危机从 2007 年 10 月 11 日道琼斯最高 14279 点下跌至 2009 年 3

月 13 日最低点 6440 点，大盘在 16 个月内暴跌 55%。期内，很多金融股跌势惨烈，足以让人刻骨铭心到宇宙消失那一天：

花旗银行（C. NYSE）最高下跌 98%（60 美元/股跌至 0.98 美元/股）！

AIG 友邦（AIG. NYSE）最高下跌 97%（72.65 美元/股跌至 2.05 美元/股）！

美国银行（BAC. NYSE）最高下跌 95%（55.08 美元跌至 2.53 美元）！

富国银行（WFC. NYSE）最高下跌 82（38 美元跌至 7.8 美元）！

摩根士丹利（MS. NYSE）最高下跌 91%（75.22 美元跌至 6.71 美元）！

雷曼破产清零！

重温金融危机下的雷曼兄弟

2008 年 9 月 15 日，雷曼宣告破产保护当天，世界上最大的保险公司，在 2007 年曾拥有一万亿美元资产的美国国际集团（AIG）的股价出现了前所未有的雪崩般急跌，盘中一度跌到 3.50 美元，跌幅达到 71.17%，最后收于 4.76 美元，跌幅超过 60%。当日 AIG 的成交量也爆出了 7.38 亿手的天量，相当于平日的 15 倍以上。在过去的 5 个交易日中，AIG 的股价累计已经下跌了 79.09%。次贷危机期间股价由 72.65 美元跌至 2.05 美元，跌幅 97%！

2010 年，美国次贷危机的亲历者美国布什政府前财长亨利·保尔森写下了完整的金融危机回忆录：《*On the Brink*》（*inside the race to stop the collapse of the global financial system*）《峭壁边缘》①（拯救世界金融之路）生动地描述

---

① 亨利·保尔森，《峭壁边缘》［M］，中信出版社，2010 – 04.

了 2008 年这个仅次于 1929 年经济大萧条的次贷危机。

我来到华盛顿是为了有所作为，而我认为，我们刚刚把这个国家和整个世界从危难边缘拉了回来。

——亨利·保尔森

亨利·保尔森（Henry M. Paulson）1946 年 3 月 28 日出生于美国佛罗里达州棕榈海滩。1970 年从哈佛大学商学院毕业后，保尔森一脚迈进五角大楼。2006 年 7 月就任美国第 74 任财政部长。他曾担任大型投资银行高盛集团的主席和首席执行官。

保尔森于 2008 年 9 月 4 日与布什总统商讨接管房地美和房利美开始，到经历贝尔斯登出现困境，以及雷曼兄弟的穷途末路，参与拯救花旗银行和 AIG 美国国际集团的金融危机中那些接踵而至的巨变，并且感叹那段日子每天都令人胆战心惊，即便以前贵为高盛证券董事长及现任布什政府财政部长的保尔森也对 2008 的次贷危机爆发的速度焦虑万分。

他在书中关于尝试让巴菲特拯救雷曼兄弟的章节中写道：

雷曼就是另外一回事了。坦率地说，我对它的业务构成和吸引一个买家或战略投资者的能力持怀疑态度。它同样有杠杆极高、流动性不足的特征，同样对房地产和住宅抵押贷款有极大的风险敞口——这正是让贝尔斯登陷于绝境的原因。创立于 1805 年的雷曼有一个受人尊敬的名字，但近些年来的历史却充满坎坷。内讧曾经让它四分五裂，直到在 1984 年出售给美国运通。10 年之后，它脱离运通，通过 IPO 独立上市。CEO 迪克·富尔德在雷曼的复兴之路上居功至伟。但是从许多方面看，雷曼实际上是个只有 14 年历史的公司，迪克就是它的创始人。我喜欢迪克·富尔德。他为人坦率，风度翩翩，是一个能赢得忠诚，也要求别人对他忠诚的强悍领导人。但就像许多"创始人"一样，他的自负与公司的自负纠缠在了一起。任何对雷曼的批评就是对迪克·富尔德的批评。

身为财政部长，我经常求助于富有市场洞察力的迪克。作为一个昔日的债券交易员，他很精明，乐于分享信息，而且反应极其灵敏。我看的出来贝尔斯登的覆灭也令迪克不安。但他愿意下多大的功夫来保护他的公司则是另外一个问题。

有一段时间，我曾鼓励许多商业银行和投资银行去评估它们的损失，进行股权融资，加强它们的流动性状况。当时我说过，在我的整个职业生涯中，我从未见过金融行业的某个 CEO 是因为资本过多而惹上麻烦的。

我在 3 月末向富尔德重申了这一点。他坚持认为他的资本足够多，但也知道他需要去重拾人们对雷曼的信心。不久之后，迪克就给我打来电话，说他正在考虑接触通用电气的 CEO 杰夫·伊梅尔特和伯克希尔·哈撒韦的 CEO 沃伦·巴菲特，看他们是否有兴趣投资于雷曼。迪克说他与伊梅尔特都是纽约联邦储蓄银行的董事会成员，看得出来这位通用电气的首脑喜欢他也尊敬他。而且他认为伯克希尔·哈撒韦会是一个好股东。我告诉迪克，通用电气不太可能有兴趣，但给沃伦·巴菲特打个电话还是值得一试的。

几天之后，也就是 3 月 28 日我生日的那一天，当我正躺在家中的沙发上欣赏 ESPN 频道的时候，电话响了。迪克说他已经与巴菲特谈过，希望我也能给沃伦打个电话，替他说几句好话。我拒绝了，但迪克坚持要我这么做。他说，巴菲特正在等我的电话。

对于我对雷曼的那些担心，这也是一个验证机会，我决定看一看沃伦到底有多感兴趣。我拿起电话，打到了他在奥马哈的办公室。我把沃伦当朋友，也相信他的智慧和一贯中肯的建议。但在这个电话中，我的措辞必须谨慎。我对沃伦说，我并不是雷曼兄弟的监管者，我对这家公司的财务状况也不会比他更了解——但我确实知道，被视为华尔街最薄弱的一个环节的雷曼公司正在万众瞩目之下，而来自沃伦·巴菲特的投资将向信贷市场释放一个强有力的信号。

"这个我知道，"巴菲特说，"我已经拿到了他们的 10－K 资料，我正坐在这里读它。"

事实上，他听起来根本不感兴趣。

后来我才知道，富尔德要求巴菲特购买雷曼的优先股，但给出的条件并没有引起这位奥马哈投资大师的兴趣。

危机下的美国国际集团 （AIG）

亨利·保尔森在书中《峭壁边缘》关于让布什总统拯救 AIG 美国国际集团的章节中写道：

我、蒂姆和本一整天都在联系，蒂姆随时向我们通告 AIG 问题的严重性。我们下午 3 点 30 分安排召开总统金融市场工作组会议。我赶到罗斯福大厅，总统、副总统以及我的几名在总统金融市场工作组工作的下属，除了蒂姆，悉数到场。我简单介绍了 AIG 的处境，详细说明了它的管理层束手无策，鉴于它的全球金融产品和持有它的商业票据的金融市场和养老基金的数量庞大，我们必须避免它的崩溃。

"事情怎么到了这个地步？"总统恼火地问。他想知道我们怎么才能让一家金融机构倒闭，同时不至于造成对经济的全面损害。

我解释说，AIG 和雷曼不同，因为雷曼存在资本和流动性两方面的问题，AIG 只有流动性的问题。雷曼的有毒资产价值远远低于其账面价值，这造成了资本缺口。交易对手很紧张，纷纷逃离，有进一步耗空了雷曼的流动性。

AIG 的问题不在资本，至少我们当时认为不是。这家保险公司持有许多有毒抵押债券，可是最迫切的问题是衍生品投资组合，其中包括大量的住宅抵押担保债务凭证的信用违约掉期合约。现在房价下跌，AIG 的信用评级下调，面临对外公布抵押品的要求。一夜之间，AIG 负债累累，它正四处张罗，紧急筹集 850 亿美元的资金。

"如果我们不救 AIG，"我说，"可能还有几家金融机构要倒下。比如摩根士丹利。"

我指出，AIG 的崩溃比雷曼兄弟倒闭的打击还要大，因为它规模巨大，有数以百万计的人把退休账户放在它那里投保。我又说，我还很担心在货币市场基金和商业票据方面出现资金抽逃。克里斯·考克斯告诉我们，Reserve Primary Fund 的基金价格已跌破每份基金的净资产。

总统很难相信一家保险公司对金融体系如此事关重大。我尽量向他解释，AIG 是一家不受监管的控股公司，控股了许多被严格监管的保险公司。本的描述一针见血："它就像站在保险公司上面的对冲基金。"

本说，美联储的计划是，政府借给 AIG 850 亿美元，要求公司的 LIBOR 加上 850 个基点，当时约合 11.5%。政府最终可以得到 79.9% 的所有权，显著地稀释现存的股本，逐渐变现这家公司，偿还美联储的贷款。

"将来某一天，你们这些人会跑来告诉我，我们如此这般跟这个系统扯上瓜葛，必须给它解决问题。"总统说，他指出我们必须拿出更加妥善全面的方法来应对危机。

我赞同他的意见。星期天晚上，雷曼破产在即，我就提醒过总统，我们必须请求国会授予更大权力，来稳定整个金融系统。现在，我们还处在应付 AIG 凌晨劲爆的救火状态，我没有把再次请求国会授权的事提出来。可是我知道，时机到来时，布什总统会支持我的。

总统态度坚决，令人钦佩。虽然当时国会山和社会党整体氛围是反对紧急财政救援，布什总统却不为所动。他的目标是在卸任前，尽量让美国金融体系屹立不倒。我这么说可能有人会怀疑，可这是实情：在对这场金融危机的任何客观叙述中，你都找不到总统作决策时玩弄政治手腕的例子，一次也没有。他支持我们的 AIG 救助计划，是全心全意、竭尽全力为了美国的最佳利益。

"如果我们的政治形象会因此受到损害，随它去吧。"他说。后来我得到证实，克里斯对储备基金（Reserve Fund）所言不虚。我们跟总统开会时，储备基金宣布，它要在一周内暂停支付对 Primary Fund 的赎回金。Primary Fund 只是一只价值 630 亿美元的货币市场基金，在雷曼破产时握有雷曼 7.85 亿美元的短期债券。周一，投资者涌向 Primary Fund 要求赎回；周二午后刚过，400 亿美元便被取走。这家基金公司成为自 1994 年以来正式跌破资产净值的首家公司。

2008 年金融危机事纪和启示

金融危机初期：

2007 年 7 月 19 日，

贝尔斯登旗下对冲基金濒临瓦解；

2007 年 8 月 1 日，

麦格理银行声明旗下两只高收益基金投资者面临 25% 的损失；

2007 年 8 月 3 日，

贝尔斯登称，美国信贷市场呈现 20 年来最差状态，

欧美股市全线暴跌；

2007 年 8 月 5 日，

美国第五大投行贝尔斯登总裁沃伦－斯佩克特辞职；

2007 年 8 月 6 日，

房地产投资信托公司 American Home Mortgage 申请破产保护；

2007 年 8 月 9 日，

法国最大银行巴黎银行宣布卷入美国次级债，全球大部分股指下跌，

金属原油期货和现货黄金价格大幅跳水；

2007 年 8 月 10 日，

美次级债危机蔓延，欧洲央行出手干预。

金融危机末期：

2009 年 3 月 2 日，美国道琼斯工业股票平均价格指数收于 6763.29 点，创下 1997 年 4 月以来的最低收盘水平，这也意味着道琼斯指数的市值在短短一年半时间内已缩水过半。在此刺激下，3 日亚洲股市普遍开盘暴跌。其中日本日经指数早盘一度下探至 7117.66 点，跌至泡沫经济崩溃后的最低点。尽管午盘后跌势暂缓，但日经指数仍以跌 0.69% 收市；中国沪指跌 1.05%；香港恒生指数跌 2.3%。

美国国际集团（AIG）2 日宣布的历史性季度亏损，成了压在美国股市身上的最后一根稻草。2008 年第四季度 AIG 亏损 617 亿美元，创下美国公司史上亏损之最。2009 年 6 月 1 日，通用公司申请破产保护。

次贷引发的美国 2008 金融危机令人震撼，再多的笔墨形容也不过分，今天我把这个事件完整地写在这里，就是为了提醒自己，风险无处不在，高速路开车时刻要记得系好安全带，只是为了避免或许永远不会发生的那瞬间的相撞，我们买卖股票不借钱不用杠杆就好似系着安全带，否则金融危机发生后你的账户将被清零。

丰银后期的运作

后来我个人长期持有伊利股份及海天味业。并且局部运作了唯品会及 58 同城。

2014 年 2 月 11 日，海天味业（603288.SH）在上海交易所上市了，上市后没怎么回落，盘整到 7 月份，我一直在等待海天股票跌一些，可是海天就是不跌，后来在往上突破时，我只好跟进了，大家可以去超市看看海天牌的酱油，蚝油，海天黄豆酱的销量就可以了。只可惜这个公司始终没办法在低估值时买到。目前2年多，增值接近一倍，还可以。

2012年3月23日美国股市流血上市的唯品会（VIPS. NYSE）招股价6.5美元，上市当天跌15%，并在4~8美元徘徊长达半年之久，但是当时用户已经很多了，我已经观察到家人及朋友都在用唯品会特卖购物。2012年11月，唯品会发布三季报开始盈利，我在12美元开始买入，后来在2013年5月33美元卖出，也是很遗憾没有坚持住。后来唯品会2014年11月上涨至240美元，3年上涨40倍，市值120亿。但是2014年11月唯品会除权后，截至2016年6月26日已经回落一半，市值仅有63亿。我的看法是120亿美元是其巅峰，因为网上购物将面临新的竞争对手例如微信微店公众号的强劲竞争，因为微信朋友圈推广及即时沟通更加方便，微信付款也极度便利。

大家必须要警惕，处于成熟期巅峰期的上市企业，或者发行时创下什么发行价新高，冻结资金新高等等新高记录的上市企业，二级市场投资人尤其要重视其风险。例如2014年9月19日，阿里巴巴（BABA. NYSE）以发行价68美元上市，2个月后上冲到120美元，此后便跌到如今，最低到过57.2美元，甚至跌破发行价，最高下跌52%！2016年6月26日，收报76美元，一年回报即便你拿到了新股也才仅有11%。阿里巴巴二级市场投资人普遍处于亏损状态。

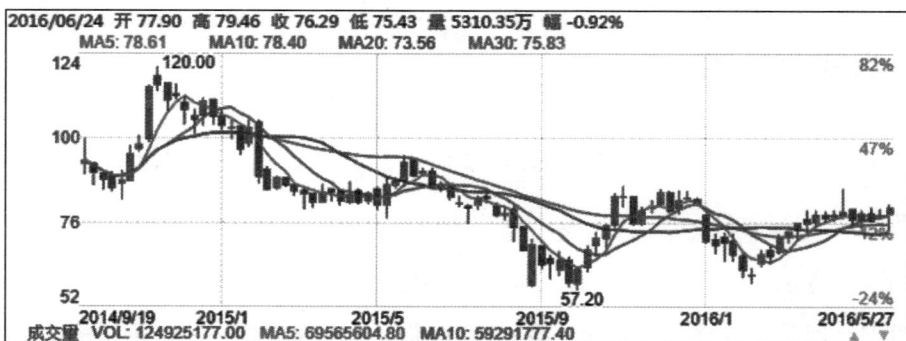

2014年9月19日阿里巴巴在美国上市后走势。

其实阿里巴巴在香港已经上市过一次了，也是套了所有二级市场投资人。2007 年 11 月 6 日，阿里巴巴网络有限公司（01688. HK 俗称阿里巴巴 B2B 公司）以 B2B 业务作为主体，在香港主板挂牌成功上市，发行价 13.5 港元，融资 116 亿港元，当时它身负众多光环：融资 17 亿美元，超过谷歌成为科技领域融资之最（同时创港股融资纪录）；市值超 200 亿美元，成为亚洲市值第二的互联网公司，紧逼雅虎日本；市盈率高达 300 倍，在当时已上市的科技公司中几乎无人能及；超额认购 258 倍，冻结资金高达 4500 亿港元，创下了香港股市的冻资最高纪录。如果以后碰到这种记录，你就千万要小心，后来果然套住了所有人。

创下上市记录的新股认购往往是危险的先兆，例如 2010 年 5 月，生产和销售肝素钠的医药制造业公司海普瑞（002399. SZ）这家号称"我国唯一同时取得美国 FDA 认证和欧盟 CEP 认证的肝素钠原料药生产企业"，以其业内的垄断性地位创下 148 元/股的发行价最高纪录。2010 年 5 月 6 日，海普瑞上市首日，股价最高冲至 188 元，市值超过 750 亿元，公司创始人李锂夫妇也在一夜之间成为中国首富。从那时起的二级市场投资人就一路套到现在 2016 年 7 月 3 日。现在市值只有 200 亿，200 亿低估了吗？未必。热过头了，必然衰败。

阿里巴巴在香港上市当天，开盘价达到 30 港元，尾盘收于 39.5 港元，较发行价涨 192%，一度创下了港股 2007 年新股首日涨幅之最。然而上市后，阿里巴巴 B2B 的股价一直表现不佳，自 2009 年三季度开始即一路下滑，至 2012 年 2 月，股价一度跌落至 10 港元不到。这一系列数字当时引发了国内外媒体关于"阿里上市是否代表中国互联网泡沫"的争论。马云对此的回答是："阿里巴巴可以不断创造价值，是一只有真正价值的股票"。然而，正是这支"有价值的股票"，从 IPO 次日的峰值 40.4 港元，两个月时间里跌去近半，直至最后跌到开盘价的四分之一 10 港元不到。最终在 2012 年 2 月 21 日，阿里巴巴集团宣布以每股 13.5 港元的价格，收购阿里巴巴余下 27.03% 的股份，并在回购私有化后将阿里巴巴自香港联交

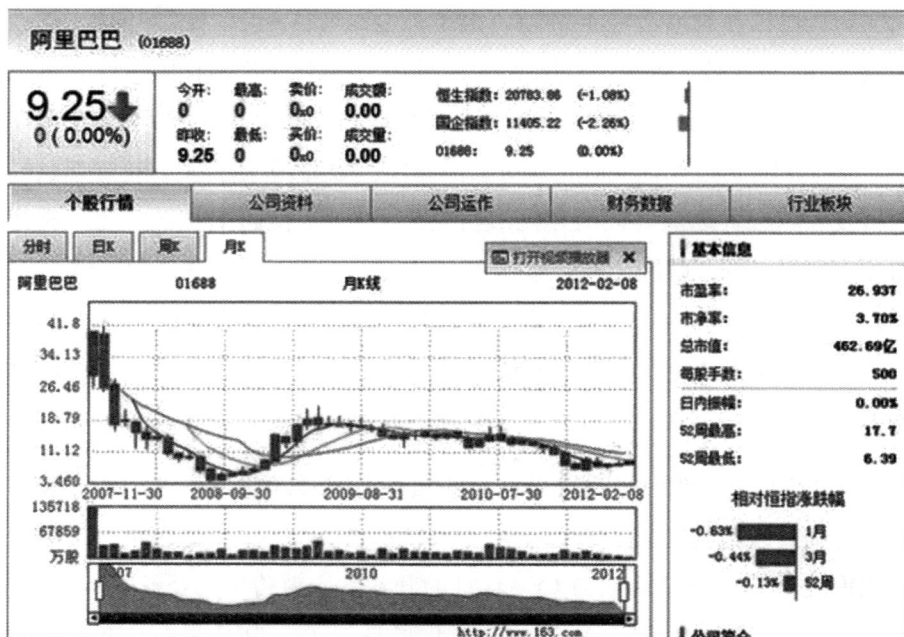

阿里巴巴（01688.HK）香港走势图

所除牌。6月20日正式撤出了港交所。

从2007年11月6日的13.5港元上市到2012年6月20日13.5港元退市，5年转了一圈，一切都回到了起点。只不过二级市场投资人全部亏损。

从上述来看阿里巴巴两次上市后其二级市场投资人承受了最大程度的股价波动风险，二级市场几乎没一个人赚钱，这是因为阿里巴巴上市时已经很成熟，而且上市造势造得太热，闪光灯已经聚焦到不能再亮的程度，而且上市后网络购物要面临着微信微店、唯品会、京东、亚马逊、一号店等各种新兴购物平台的不断蚕食，结局可想而知。只有阿里巴巴的早期投资人软银孙正义及雅虎以及阿里管理团队是实际意义上的大赢家，因为他们买进的是原始股权，充分享受了股权增值的所有果实，果实熟透了，拿到二级市场美其名曰分享果实，其实是变现和分担风险。孙正义2000年投资2000万美元入股阿里巴巴34%股权，阿里上市后，孙正义暴赚600亿美元，阿里正式将孙正义推上日本首富宝座。2016年6月1日，孙正义宣布抛售 79 亿美元阿里股票，开始套现。

孙正义给我最大的印象不是他的首富宝座，而是他在年轻时敢于树立远大理想的自信行为。1981 年，孙正义以 1000 万日元（60 万人民币）注册了"softbank"（软件库），公司成立那天，孙正义雄心勃勃地踩在一个苹果箱上向仅有的两名雇员发表演讲（孙正义个子不高，约 1 米 6 左右）：5 年内销售规模达到 100 亿日元，10 年达到 500 亿日元，若干年后，要使公司发展成为几兆亿日元，几万人规模的公司。孙正义的这番誓词，让公司的两名雇员目瞪口呆，他们认定，这个其貌不扬的矮子一定是个夸夸其谈、异想天开的家伙，很快，他们辞职了。孙正义对此只是附之一笑。他似乎坚定地认为，任何人的成功，的确需要一点疯狂的想法和疯狂的举动，而这一切的依据，是这个人心中必定要存在坚定的信念。其实任何一个成功的企业家，某种程度上都可以说是一个有信念的疯子。

关于阿里巴巴，我们得到的教训是：无论多么好的企业，如果上市时已经估值太高，企业已经很成熟，炒作气氛已经太热，这个时候，价值投资人是不适合在二级市场买进的。否则将面临骑虎难下，进退两难的鸡肋境界。就这个意义上说，感谢新三板，感谢注册制，能够提供我们选择优质小公司进入的机会，共享市值成长的果实。

其实美国最成功的共同基金经理彼得·林奇就说过：想赚钱的最好方法，就是将钱投到成长中的小企业。记住，是选择优质小公司，或者是一个优秀大公司遇到暂时的困难，市值暴跌的时候，而不是增长到极限的气氛热烈的大公司。

伴随着令人喜悦的成功，我的硕士论文也出炉了，英国威尔士大学要求的论文很严格，最终我选择了自己最熟悉的领域，以《香港股市内地股选股策略及其长期回报研究》为标题顺利通过论文答辩，2010 年，我在英国卡迪夫参加了英国威尔士 MBA 的毕业典礼。英国真是一个盛产文化输出教育的国家，全世界的人都可以申请其学位。英国的农村和日本一样已经和

城市没啥分别，那里的城乡环境，人文气息感觉是那么自然和谐，期待中
国农村未来可以尽快达到这种水平。

2010 年作者于英国威尔士大学 MBA 卡迪夫毕业典礼。

丰银理财最后一个大规模退出的投资项目：中国太平

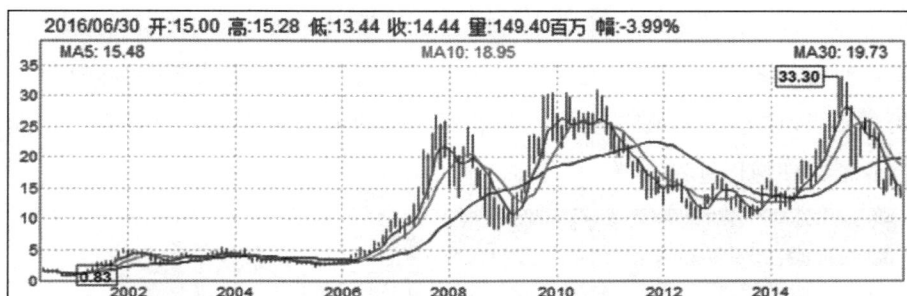

```
2016/06/30 开:15.00 高:15.28 低:13.44 收:14.44 量:149.40百万 幅:-3.99%
MA5: 15.48                        MA10: 18.95                        MA30: 19.73
```

中国太平（00966.HK）2000 年至今走势图

上图可以看出，2010 年 10 月我们在历史新高 29～31 一线平仓中国太平后，其股价一直跌到 2014 年 10 元一线，2016 年 6 月 26 日至今尚在 14 元一线。不过新任董事长打算三年再造一个中国太平，我们拭目以待。

具体来讲，2010 年 10 月份，我的主力仓位中国太平（00966.HK）上冲到了 29～31 元附近创下历史新高，这时候，其公告了工商银行与中国太平的入股协议取消，因为工商银行入股中国太平会极大促进中国太平的保费收入，我坚持这么久就是因为部分原因要等到工商银行与中国太平股权合作成功，因此消息出来后，我决定全部平仓出局，这时候我的仓位全部赚钱，盈利很理想。中国太平自 2008 年 10 月低点已经上涨 200%，我在两周内陆续平仓了，账户全部盈利。中国太平以前叫中保国际，是唯一一家总部设在香港的央企保险公司，以前分拆过财产险的民安控股。我与中国太平的几任董事长都合过影，例如原保监会副主席冯晓增在 2005～2008 任中国太平董事长，2008～2012 年董事长为林帆（现任中国人保监事长），2012 年 4 月交行副行长王滨出任新任中国太平董事长。国有企业有一点令人不太适应的，就是老总经常换。

这时候我们其他持仓腾讯（00700.HK），比 2008 年 10 上涨 300%，持仓恒安国际（1044.HK）股价比2008年10月上涨500%，持仓康师傅（00322.HK）比2008年10月上涨200%。我仔细考虑了一下，康师傅因为方便面竞争越发激烈，休闲食品层出不穷，需要全部平仓。福建恒安国际集团的纸巾心相印系列超市已经饱和，公司很不错，但是新产品似乎推出乏力，也全部平仓吧，考虑来考虑去，最后只保留了腾讯控股的部分仓位，所有的客户全部处于现金盈利状态。经历了2008年残酷的金融危机，我对二级市场充满了敬畏之情，考虑到港股的未来，我决定要解散合伙人企业了，就像巴菲特一样。

2009年2月巴菲特与丰银理财会员亲切合影

2009年2月，丰银理财客户与巴菲特亲切合影。（巴菲特很幽默，两个人甚至交换了眼镜拍照）

我致投资者的信

1965 年，通过巴菲特合伙公司，巴菲特以 1400 万美元的代价获得了伯克希尔哈撒韦的控股权。1969 年，巴菲特 39 岁，他断定自己再也发现不了真正的价值：以低于内在价值很多的价格购买企业或企业的某个部分，于是他决定解散办得非常成功的合伙公司。合伙公司历时 13 年，年均收益率 30%，解散那年的资产为 1 亿美元。巴菲特的净值在 2000 万美元左右。

巴菲特在信中写道：

我的脚步跟不上目前的局面。当游戏不再按照你们的方式进行时，凡人都会说，新的方式全错了，势必造成麻烦，等等，等等……但是另一方面，我很清醒。原先的方式尽管用起来有点儿难度，但是其中的原理我已谙熟于胸，所以我不会弃之不顾，而去采用一种我不理解，没有练熟的方式，这种方式或许会导致永久性的资金亏损。

因为对巴菲特的成长历程，投资哲学已经谙熟于胸，2011 年中，我也向 300 多个实现高回报的丰银合伙人退款表示了感谢，我在信中写道：

"除了腾讯控股，我们平仓了全部的股票，你们的账户现在大多处于净现金状态，感谢这 8 年来大家对我，对丰银理财的支持，让我自由操作。
我们的大多数合伙人完全信任我们，对此我深感荣幸，你们这 8 年来的选择，使得很多客户成为了百万富翁，千万富翁，你们的获得也充分体现了信任的价值，虽然完全信任在这个社会有时并不太容易实现，但是你们确实极大地鼓舞了我，也调动了我的积极性，我们以前经历的成功和教训在这 8 年里发挥了真正的意义，派上了用场，我们发扬了成功的经验，而且成功回避了那些可能造成永久亏损的的陷阱。

在 2004 年、2005 年我们操作新股认购取得了极大的成功，特别是这期间我们在腾讯控股、中国建材的四年运作中获得了相当于100倍的回报，之后我们通过换股中国太平、恒安国际、康师傅等成功回避了2008年由于美国次贷危机引发的港股崩盘。我们自豪地宣布，尽管2008年金融市场惨烈无比，但是我们的所有客户过后仍然全部实现当年盈利。

我们的成功来之不易，我们早期的新股认购经历了上海某报纸的片面负面报道，经历了深圳外汇部门，证监部门的严格查询乃至社会上帮派分子的敲诈，一路走来，我们含泪前行。这其中如果缺乏你们客户的支持，一切奋斗将毫无价值。

今天，此时此刻，当我们丰银理财高位解散，现金退还给各位的时候，就像巴菲特在1969年解散他的合伙人企业一样，我们才可以说我们这8年获得了巨大的成功。尽管我们的规模仍然不大，但我相信，一个健康的小个子远远好于一个虚胖的病快快的巨人。你们现在都是有净现金的投资人，最起码称得上中国的中产阶级，希望你们好好看护自己这些钱，避免胡乱投资。

如果你们仍然希望追随我们，我只可以说，我们的未来的客户必须是100万净资产，而且已经转移到中国沪深股市，我们将会以基金方式持有我在1998年就选择好的股票伊利股份（加上2014年的海天味业）。
再次感谢大家！"

丰银理财　执行人　龙昌　2011.6.6

后来我们持有的伊利股份（600887.SH）及海天味业（603288.SH）、及上海家化（600315.SH）在2015年5月及6月全部平仓，只保留了伊利股份仓位。这次运作非常完美，又一次完全回避了2015年6月的暴跌行情，这完全是经验发挥了作用，当时我周围的朋友基本上都用了杠杆借了钱来买进股票，媒体也在分析上证指数未来何时可以到达10000点，所有的力量都已经进场，"知止方有得"的座右铭再次提醒我注意市场风险。后来证明了市场的残酷，上证指数连续8个月暴跌49%！运用杠杆的人士开始付出了惨重代价，令人痛惜。这个时候，我顺势在 2015 年 6 月 23 日注册了深圳丰之银股权基金管理有限公司，在全国三大交易所之一的北京新三板已经实行注册制的情况下，把我们的资金直接投资到我们选择的优质中小企业中去，实质支持这些中小企业的发展，这将更符合天时地利人和的价值观，也更符合丰之银的投资哲学。

我很自豪至今在中港美股市的连续 12 年的正回报已经远远大于我在 2004 年以前的所有亏损，我的盈利主要来自腾讯控股，中国建材，伊利股份，唯品会。其中中国建材很幸运完美做了波段操作。伊利股份持有时间最长 10 年时间加上 2008 年底的补仓合计回报了 20 倍。回顾过去，我在二级市场选择了最优质的公司在其低估值时介入，长期持有帮我赚取了最大意义上的回报。现在面临着中国资本时代注册制的到来，我将挑选优质企业的眼光与经验复制到了新三板上，尽管还有散户思维认为，新三板成交不活跃，但我认为目前新三板是跑马圈地、战略布局的阶段，注册制下，没上市的优质企业是会越来越少的，只有先跑马圈地，才能在以后新三板行情爆发时成为大赢家。于是我准备全方位介入到中国优质原始股权市场——私募股权基金。

在丰银理财的 10 年岁月里，我经历了一千多个客户的真实接触，每个人都有自己的故事，令我认识了深圳形形色色的人物角色，感觉到凡间生活的乐趣。如果上天继续眷顾我的话，那一定是要借我的手来实现其财富的持续增长，我暗下决心，在未来某一时刻，自己的财富的90%一定要回归社会，以感谢上天的眷顾。

我的客户中有以自己的未成年孩子作为投资人的，有接近80岁的老者，有退休的市级领导干部，有国家级舞蹈演唱艺人，有对自己患病多年的妻子不离不弃的动人爱情故事，有因强势被自己亲弟弟毁容的悲惨人生，有客户说自己是国家安全人员并在我面前晃晃手枪，有客户在豪华聚会上向我介绍他的第 9 个老婆，有的客户赚了钱主动多给我一点奖金，有客户赚得很多不愿分成手机一关溜之大吉，有客户天天电话催问投资进展，有客户数年联系不上原来是因故身亡，有客户在越南参与赌场，有客户往东南亚贩卖色情，有客户宴会上拉着我的手让我信仰基督，有客户远去西藏剃度出家……但所有的客户都有一个共同点，他们都在这里赚钱了。

丰银 10 年： 投资人的小故事

1. 另外一个老巴的信徒

老钱是我在 2005 年认识的一个客户，他姓钱，喜欢人家喊他老钱，好像老有钱了的感觉，严格说他只是用我们的平台来进行港股交易，然后我们把手续费返还给他。

老钱 50 多岁，是江西人，30 多岁来深圳，来深圳后，在一个国有企业做会计，是一个传统的人，最后这家国企效益越来越不好撤回内地了。老钱留了下来，在朋友开的一家传统旅行社做财务总监，业务不多，老钱可以做点别的事情。老钱在长期的会计工作中，慢慢喜欢上了炒股票，一开始他买卖沪深股票，可是从会计的眼光看，怎么都不放心，实在找不到放心的股票。

后来，他在一个朋友的引导下开始买卖起港股，在香港主板，老钱找到了用武之地，他喜欢找到那些股价在净资产附近，甚至账上现金都不少的股票，特别是地产股，买了以后，他就捂着，竟也赚了钱。后来，一些朋友也开始委托他帮忙买卖港股。老钱和人家分成，后来老钱也研究巴菲特，开口闭口也谈论巴菲特，其实我不想反驳他，巴菲特据我所知没有买过地产股，他在后期也抛弃了那种单纯烟蒂式的价值股，而更追求价值外的确定性成长股。

我是打心眼里不喜欢投资地产股，为什么？很简单，这是一个资金密集型的行业，拿到一块好地皮，然后盖楼，卖楼，就是一锤子买卖，你不会一直拿到好地段，而且凭关系拿到的好地段一旦和腐败行贿等扯上关系，那可就麻烦了，很多地产公司老板的钱其实就是银行的，在惯性思维下，很多人认为房价会永远上涨不会跌下去，但其实只是一厢情愿。日本和香港房价都会有崩盘的时候呢，所以地产股票长期持有很难赚大钱。万达商业（03699.HK）在香港股价老是不涨，老板王健林都生气了，最近决定私有化后回沪深股市。这就说明了香港投资人对地产股的看法。

有学者对房价也有不同看法，2016 年 6 月 28 日的 2016 天津夏季达沃斯论坛上，针对记者关于房价的提问，朱镕基之子、中金公司前 CEO 朱云来回答道："房子的数量越来越多，房价越来越高，这不很奇怪吗？"我认为这话很有水平，如果说深圳一个小企业主辛苦干 10 年不如买一套房子干放 10 年赚的钱，那一定是什么环节出问题了。

老钱人脉不错，他最大的优点是找到那些在净资产附近的低价股后，耐心持有不动，然后有一天股票上涨了 30% 以上，他就慢慢卖出了，因此几年下来也赚了不少，他也喜欢和我聊天，因为我们都是巴菲特的追随者，虽然看法不同，但都不是技术派，都是价值型的投资人。

老钱介绍了好多客户给我们，前后有几十号人，大都是几万到几十万港元资产。老钱每月和他们分成一次，加上我们返还给老钱的手续费，老钱很知足，慢慢地也积累到几百万的资产。老钱和前妻有三个孩子，后来前妻嫌弃他赚不到钱离婚了，老钱现在独立抚养三个儿子，也挺辛苦。后来老钱找了一个女朋友，在医院里做护士，就是深圳的莆田系的民营医院。后来两个人结婚了。在老钱的影响下，他第二任老婆也开始买卖香港股票了，只不过，她后来越玩越大，偷偷地用老钱的账户玩起了权证。

有一次春节后上班，老钱带了一个儿子来我们公司坐坐，我包了 100 元的红包给他儿子，老钱很高兴，他儿子走后他和我们聊了很多，他说有一次他年轻时从江西拦了一辆大客车，天黑了走到半路，大客车把客人都赶了下来，说车坏了要找地方修修，老钱一看不好，这是遇到黑车了，老钱急了，因为他兜里的钱都买了车票了，老钱死也不下车，大客司机同伙恐吓一番后，忽然拿出一把刀来照着老钱晃悠，老钱拿起车上的一个破灭火器做出了鱼死网破的架势，下车的客人一看有人出头，又都上车了，最后，黑车团伙一看没办法，只好乖乖开到了深圳，多亏老钱长得挺壮实，胆子也大。

还有一次1998年，老钱坐那种深圳的中巴车，很多都是私人承包的，为了拉客经常横冲直撞，老钱被招呼上了中巴车，推推搡搡中，老钱感觉自己的钱包没了，里面有刚领的工资，老钱急坏了，这时间，旁边有个好心人使了个颜色，意思是有小偷偷了，老钱一把揪住别人示意的那个人，厉声说："把我的钱包拿出来！"老钱的气势镇住了小偷，他乖乖地交出了钱包。老钱敢于捍卫自己的利益，他就是这样的人。

谈到最后，令我印象深刻的是，老钱缓缓说道："我现在已经彻底退休了，我老婆炒权证把我的200多万全亏光了，最后她嚎啕大哭一场，第二天她出去找工作了。"

听到嚎啕大哭这四个字，我的心为之一颤，生命中总是有些话会从灵魂深处触动你，激发你的某些残酷的回忆，嚎啕大哭这四个字就是这样的话。奉劝普通投资人，尽量远离衍生产品，即使你感觉把握再大，也不可用生活费去投资这些衍生产品。否则你将可能失去优渥的生活，面临重新打工的境地。

2. 孟阿姨的故事

孟阿姨是我早期一个客户，她和先生都是水利工程师，80年代末随调令来深圳支援水利建设，孟阿姨做过水利局的处长，2004年我认识她的时候，她已经50多岁退休了。

2004年8月的一天，朋友介绍我去罗湖酒店参加一个饭局，去了以后，好家伙，满满一桌子人，落座后，朋友介绍说这是理财公司的龙总，做香港股票，大家可以认识一下，就这样，我认识了隔壁座位的孟阿姨，戴着眼镜，丰腴的身材透着一丝威严与干练，一看就是女干部的模样。递了名片后，孟阿姨问了香港股市的情况，过了几天，没想到孟阿姨真投资了给我13万港币。这笔钱我立马买进了腾讯控股，而孟阿姨账户很快赚了30%。

话说孟阿姨这个账户，因为赚钱迅速，随后8个月内，孟阿姨追加到了130万，后来这笔钱在2年内增值到了1300万，孟阿姨不太相信这么高的回报，赶紧转出了1000万在武汉老家买了一套别墅（为这事孟阿姨现在还在后悔为什么别墅不买在深圳，因为深圳的房价到2016年涨了10倍呢）。

别墅买到后，孟阿姨彻底相信了我们的理财能力，但是她喜欢把盈利转出的习惯却没有改变，后来剩下的300万在2010年变成了2000万左右（经历了2008年令人惊悚的金融危机），2010年10月，我记得我们最后持有的一只股票中国太平（00966.HK），这个公司以前叫中保国际，是唯一一家总部设在香港的中资保险公司，有一天我等待很久的一个利好没有兑现，中国太平公告中国工商银行已经决定不参股中国太平，如果没有银行的鼎立支持，中国太平的保费收入恐怕会增速放缓很多，同时基于对整个港股的后市判断，于是在保留一小部分腾讯的头寸下，我在29～31元的位置慢慢卖出了所有的中国太平股票以及别的所有港股头寸，全部账户获利丰厚，我记得几百个账户全部处于现金状态，我通知大家我要退款了，2010年我37岁，这一年在市场还算不错的时候，我决定退出江湖。

很多人表示不解，说没见过好好地不干了的，有一小部分客户一直追随着我，没办法我买进了已经持有多年的上海的伊利股份（600887.SH），坚持到2015年5月份，基本卖出。说到伊利股份，这里面还有一个故事，我最早在2005年买进来伊利，其实在2002年我就关注到，大城市的超市里伊利的液态奶开始畅销，甚至是农村的小店里也在卖着伊利的产品，我感觉到这个公司值得关注。在2008年底，香港股市受美国金融危机影响崩盘的时候，我对伊利丝毫不担心，伊利也相当抗跌，但是人算不如天算，屋漏偏遭连夜雨，2008年底就在我期望伊利抗跌争口气的时候，臭名昭著的三聚氰胺事件发生了，一开始三鹿爆出问题我还以为是个别企业的问题，后来有文章分析，别的企业是奶粉里加三聚氰胺，三鹿被查是因为三聚氰胺里加奶粉，因此，行业问题爆发了，伊利跌得更凶。我反思了一下，感觉中国的奶业不可能消失，老百姓特别是小孩老人不可能不喝奶了，也不可能全靠进口奶，因此我的计划是跌到底后，补仓做长线。再后来的股市很简单，伊利再也没跌过，一直在上涨。2008 年底到现在，伊利一直上涨了60 多倍，已经很惊人了。我很满意。伊利我持有时间最长，回报也最惊人。而 2014 年 11 月 21 日，伊利也在新西兰成功投资 30 亿建设全球最大一体化乳业基地。至此，伊利奶源问题彻底解决。伊利长期看涨，但可能涨幅趋缓。

其实不但是伊利，类似于我早前投资香港的恒安国际（1044. HK）其心相印纸巾系列在超市有着广泛的占有率，这只股票我也持有过三年多，2007年~2010 年，即便在 2008 年金融危机，恒安国际股价也仅跌了 50%，但是正是基于对其在超市里的卓越表现，支撑了我继续坚守这些仓位，危机过后，股价强劲上涨 6 倍，创下新高。这方面我受彼得．林奇著作的影响也很大，彼得．林奇作为美国最成功的共同基金经理曾经说过：从太太们去超市经常购买的商品中，你可以获得比专业投资人更成功的投资目标。

很庆幸，在解散了丰银合伙公司后，香港股市第二年开始下跌了 25%。至今并没恢复。而且香港股市由于有做空文化，加之内地股市的崛起，香港股市逐渐有着债券化的倾向，赚钱越来越难。同时，浑水等做空机构也在虎视眈眈，不放过任何做空的机会。而有关港股的政策也并没有配合好，比如，香港交易所对上市公司复牌的拖延，企业摘牌后应该学习美国纳斯达克给一个 OTC 板或 PINK SHEETS 继续交易，而不是一摘了事。完全不顾及小投资人的感受。资金进出也不方便。

其实我能够在高位解散合伙公司，也是受了巴菲特的影响，在 1969 年，巴菲特 39 岁时，他找不到更合适的投资机会，按他自己的话说："他的灵感枯竭了。"因此只有把合伙公司解散了，事后巴菲特写了一封信，对 90 多位合伙人一一表示了感谢。这么说我也在尝试模仿巴菲特在公司高位解散，而不是传统的破产时或被人家追债时被动解散公司。

就这样，孟阿姨的资产在撤离香港后，在随后 5 年里又翻了三倍，主要是因为我帮她投资了伊利股份。

当然，现在孟阿姨开始跟随我投资优质原始股权了，由于对我的极度信任，她对我投入的项目几乎不加思索跟进。

孟阿姨给我最大的提示就是：赚了钱后就把盈利取出来，不断地取出来。最后你就是人生赢家。

3. 国家二级演员兰姐尝试做基金经理的滋味

兰姐是国家二级演员，四川成都人，92 年来到深圳，她 15 岁时就被选拔进了成都的艺术学校学习舞蹈川剧，后来进入了川剧团，日子一直过得安静而平淡，在她 27 岁的时候，有一位神秘的人物来四川挑选演员，从而改变了她的命运。

兰姐来到了深圳后进入了一个罗湖叫豆花庄的大饭店，饭店的老板就是那位神秘人物。兰姐平时为食客表演川剧节目，表演一下变脸的绝活，多数是表演观音菩萨的角色，由于很像观音，经常赢得食客的红包和鲜花，特别是那个饭店经常有一些领导和厉害的人物来捧场。有时候兰姐也帮助上菜或整理一下卫生什么的。在那个饭店里，兰姐经历了很多令人震惊的事情，比如黑社会，有两个人是香港 XK 党的，不知怎么回事天天在饭店里坐着起哄，老板让兰姐报了警，警察来了也不太管这些事。有一个食客可能也有些背景，看不下去了，一次拿起板凳就朝两个人打了过去，众人一起上，竟把那两个人给打在地上爬不起来，两个人打了一通电话，这时候来了一帮黑衣平头青年，为首一个老大站在门口。事情到了这份上，豆花庄老板居然拿了两把菜刀走了过来，兰姐不仅为老板捏了一把冷汗，局面开始僵持，这时候又来了一辆警车，一位警官只对着黑老大说了几句话，戏剧性的一幕发生了，黑老大突然双手抱拳，对豆花庄主说了一声："多有得罪!"让弟兄们抬起两位地上的兄弟,灰溜溜地一哄而散,以后再也没来过。事后才知道此事惊动国安方面,高层一出手,下面灰溜溜。兰姐这才知道老板的厉害,后来,兰姐居然拜了老板做了干妈。

豆花庄老板真名刘则智。

刘则智刘阿姨今年70多岁了,是一位真实的人物,我认为她是一位传奇的人物,准确的说,她的父母是中国近代史上传奇的人物。

刘则智的母亲刘尊一:北大及牛津毕业,中共早期的女性领导人。

刘则智的父亲潘宜之:牛津毕业,国民政府交通部次长。曾经于1927年救过周恩来。

开始这个故事,得从一段往事说起。记得在2006年前后,我与一个叫刘则智的阿姨因事有过一些联系,因而知道她的身世和一些故事。大约在90年代前后,北京西单出现了一家有名的川味饭庄"豆花庄",这家饭庄是当时北京个体餐饮业的滥觞和翘楚,生意极其火爆。豆花庄后来在深圳也开了分号,据说也火过一段时间。不过我们认识的时候,她已从餐饮退出,为了展现她对餐饮的热爱,还专门请了厨师在她的别墅做了一桌,请我和一些朋友去品尝。印象中,刘热情而又随和,年轻时她是前部队文工团歌舞演员,后来了解到她又是国民党大官之后,没想到她更是我党早期著名活动家和领导人刘尊一之女。

刘尊一的故事的传奇演变,绝对是影视剧的好题材。①

刘尊一(1904—1979),名贵德,曾用刘更生,俊宜等别名。清光绪三十年(1904年)冬月生于王场。民国十年(1919年)秋,在重庆考入省立第二女子师范学校。十年夏,参加川东道尹公署教育科长少年中国学会会

---

① 无疆,刘尊一:一个传奇的女人——中共早期的女性领导人[Z],新浪博客,2014-05-30.

员陈愚生主办的暑期讲习会，受到邓中夏、恽代英、穆继波、肖楚女的教诲。

民国十一年（1922年）1月，由陈愚生、穆继波等资助赴北京，入女子高等师范附设补习学校。次年，考入北京大学政治系，受到李大钊、陈独秀、鲁迅的教导。14年，在北京由刘清杨介绍参加国民党，并在市党部（左派）参加一些活动。

民国十五年（1926年）夏，由罗亦农、李硕勋介绍加入中国共产党。此外还担任女教员联合会理事，上海市妇联主任。同年冬，被选为中共江浙区委（区委书记由周恩来兼任）候补委员兼区妇女部书记。受周恩来指示，负责组织妇女救护队，参加武装起义。

民国十六年（1927年）元旦，与中共党员、上海市学联主席，全国学联代主席何洛结婚。4月12日，蒋介石叛变革命，13日，她与何洛在法租界被捕入狱。何洛被敌人杀害。其时，她已怀孕数月。她出狱不久，产下遗腹子，名刘则仁。10月，与潘宜之（国民政府副部长）结婚。

民国二十四年（1935年）夏回国，先后在广西省立医学院、广西大学任教授，并在广西国民基础教育研究院参加教育研究工作。其间，其子刘则仁拜周恩来为义父。

民国二十九年（1940年）后，返回桂林，利用与潘宜之的关系，将从省民政厅长，国民党省党部书记长等处探到的情况，及时通知地下党和有关人士。在此期间，蒋经国夫人章亚若来桂林，与她交往密切。章去世后，其双胞胎儿子由她收为义子，为之照料。

抗日战争胜利后，先后担任四川省立教育学院、重庆大学教授。解放后，先后担任西南师范学院教授、教育系主任、院务委员、学院教育工会副主席，西南妇联委员，重庆市第一、二届人民代表大会代表，四川省第三届人民代表大会代表，四川政协第四届委员，中国国民党革命委员会四川省委员。

她到北京开会或学习，受到周恩来、邓颖超热情接待。1978 年夏，她在北京友谊医院治疗癌症，邓颖超 4 次打电话询问病情，两次委托全国著名医学专家吴阶平教授组织会诊。1979 年 10 月 5 日，癌细胞扩散，医治无效，在重庆逝世，终年 75 岁。

而刘则智阿姨的父亲潘宜之是国民党大官，还曾救过周恩来总理一命：

潘宜之，也称潘宜生（1893 年 11 月 30 日－1945 年 9 月 9 日）国民党军政官员。字祖义，祖籍湖北广济（今武穴）大金镇下周煜村，出生于南京。保定军校毕业。历任国民革命军总司令部秘书、北伐军东路军总指挥秘书长兼办公室主任。1927 年参与策划"四·一二"反革命政变，后历任《中央日报》社社长、国民党第五战区政治部主任、国民政府经济部常务次长、交通部常务次长、行政院参事等。1945 年 9 月 9 日在昆明自杀辞世。

1927 年 3 月下旬，蒋介石到达上海，于 1927 年 4 月 12 日，在上海发动反共政变，大规模"清党"。潘宜之被任为"清党委员会"委员，他对蒋疯狂的搜捕和屠杀共产党人作法抱保留态度，对共产党人有同情心。4 月 13 日夜，时任中共中央军委书记兼中共江浙区委军委书记的周恩来在上海市西郊上海县七宝镇被捕，押解到司令部时，潘宜之屏退左右，念及旧情，将周释放。

1940 年，周恩来作为中共代表在重庆工作时，向时任国民党经济部次长的潘宜之写信表示感谢，表示不忘潘对中共的支持。

说回兰姐，由于饭店管理严格，兰姐渐渐地有点厌倦并想自己创业，两年后，兰姐找个机会偷偷跑了出来，豆花庄老板居然说动派出所全城搜索兰姐，吓得兰姐之后回来又干了两年。

后来，兰姐自己开设了一家文化公司，专门为客户提供文艺表演、模特表演等庆典活动，渐渐地生意有些起色，但是竞争也很激烈，兰姐后来做了地基权的医疗器械云南代理，后来兰姐嫌麻烦，在 2004 年加入了雷克瑟斯。这个雷克瑟斯可是很有意思的一家公司，其主要经营女性保养产品如奥卢拉，产品功能被销售员传得神乎其神，其实这就是直销的魅力，直销在以前叫传销，由于中国人口众多，以前教育水平不太高，从业人员良莠不齐，甚至采取胁迫欺骗的手段让人加盟，加之销售的东西都是简单的摇摆机，过滤水壶什么的，容易造成群体性集结事件，中国开始严禁传销。后来正规公司开始叫直销，并且需要拿到牌照。这个雷克瑟斯就是在这个时点从美国来到中国，掀起了轩然大波，该公司设计了巧妙的奖金制度，两条线对碰，我甚至专门去学习过这种制度，包括天狮安利什么的，确实有高深的技巧。这些公司经常通过组织大型会议，有系统性的讲师团队，一定会把你的激情煽起从而顺利实现销售。如果公司产品好，其实这种销售方式也无可厚非。

雷克萨斯由于有独特的产品，美国背景，及新颖的直销模式，在当时的小资阶层掀起加盟热潮。每次聚会，总有俊男靓女、灯红酒绿，会场活动让人感觉高大上，兰姐就是被裹挟在这个潮流中不能自拔。雷克瑟斯在纳斯达克柜台市场的股票因为中国市场的雄起也掀起一波升浪，我有一段时间差点就买进了这个公司的股票。

其实，最近这两年中国各行各业在饱和的情况下，直销的模式开始再掀波澜，例如比特币、维卡币、莱特币、华币、珍宝币等等现在中国估计出现了不下几百种虚拟货币，都是通过这种直销的模式做市场。如果虚拟货币集结的财富能够投资到真实的优质的企业股权中去，倒也不会产生什么问题，就怕那种集结资金池投资到了虚假的项目，那就纯粹将形成崩溃的局面，例如麦道夫骗局，伯纳德·麦道夫是美国华尔街的传奇人物，曾任纳斯达克股票市场公司董事会主席。多年来，他一直是华尔街最炙手可热的"投资专家"之一。他以高额资金回报为诱饵，吸引大量投资者不断注资，以新获得的收入偿付之前的投资利息，形成资金流。这个骗局维持多年，直到2008年次贷危机爆发，他面临高达70亿美元资金赎回压力，无法再撑下去，才向两个儿子，也是其公司高管坦白其实自己"一无所有"，一切"只是一个巨大的谎言"。麦道夫的儿子们当晚便告发了老爸，一场美国历史上金额最大的欺诈案这才暴露在世人眼前。

我就是在雷克萨斯的制度学习中认识了兰姐，兰姐在考察我们的业务后，决定和我们合作。虽然兰姐投资我们的钱不多，但很快就赚了钱，于是兰姐介绍了很多客户给我们，效果非常好。后来兰姐曾经动情地给我说：龙总，做了这么多年演员其实我没赚到什么钱，主要在你这里赚到了，我现在买了一部保时捷，还买了一套别墅，这里大部分钱都得感谢你呢。

好听的话就不多说了，自2011年公司解散后，兰姐的举动令人吃惊，兰姐曾极力挽留我不要解散合伙公司，如果解散了，她怕自己以后没得钱赚了，但是出于对市场的风险性考虑，我还是毅然决然地解散了公司，兰姐和她的朋友们都拿回了自己的投资。

这时的兰姐好似感觉到炒股票赚钱这么容易，在证券公司老总的怂恿下，兰姐，一个国家二级演员居然要尝试一把基金经理的滋味，她向她的朋友们宣布，她发现了一只潜力港股（证券经纪人极力推荐的），可以买进，于是全部资金杀进，后果可想而知，兰姐自己账户借了钱，她的朋友们最后都亏得大概只剩下了10%，那只股票在空头狙击下甚至有一天暴跌了40%，兰姐欲哭无泪，最后把自己的别墅卖掉了，给朋友们弥补损失。这一点我还是很佩服兰姐，雷厉风行，敢作敢当，一副女汉子的模样。就这样，兰姐的财政水平又回到了5年前的样子，令人伤感。

我是在一年后才知道兰姐的处境，又帮她买进了伊利，这才慢慢又开始赚钱回到了正轨，兰姐也逐渐恢复了平静，远离了揪心的时刻。

证券公司的人总喜欢预测股市，给人家推荐股票，其实不但是证券公司的，很多投资人会轻率地向朋友推荐股票，这很难说是成熟的表现，张化桥曾担任瑞银中国分析师，并且曾经在2001~2004年连续4年被＜亚洲货币＞评选为最佳中国分析师，他在《一个证券分析师的醒悟》一书中，提到了很多真知灼见，他承认在做证券分析师的十几年里做过很多错误的事情，并发誓以后永不预测股市及推荐股票。我想这是一个成熟的决定。

张化桥先生主要分析香港股市，很多观点我很认同，例如他对地产公司的价值陷阱分析，例如他在《避开股市的地雷》中谈到他开始怀疑宏观经济研究对投资股票的用处，他的信仰开始发生危机，他开始系统研究巴菲特，开始理解指数基金为什么比绝大多数投资更优越，以及证券公司鼓励怂恿客户频繁交易只是利己的行为，其实认真选择好公司并长期持有才是正路，显然，化桥已经剖析自己的所学所悟，并且勇敢地反思为了所谓投行高大上的工作而不得不应付性的工作，有时因为说出真话而受到打击，在虚幻的投行工作了 18 年，他决定做点实在的事情，在认真考虑过对冲基金和私募股权基金的不同后，他选择去广州担任一家小额贷款公司的董事长。

张化桥在书中章节"一个股票分析师的真正醒悟中"写道：第一，古今中外，做生意而发达的大有人在，炒股票而发达的只是极少数。第二，股民如果想发达，就必须把自己当成生意人，把自己当成真正的股东。选择一个好企业，在便宜的时候进入然后长期持有而不是炒来炒去，才可以获得最大程度的成功。这更加印证了优质企业原始股权投资可以最大限度地避免炒来炒去，从而实现超额回报。

兰姐给我的最大体会是：人要知道自己的优势所在，有些事情还是交给专业人士打理为好，即使专业人士，也最好在本垒的位置上击球，本垒以外不击球，否则，就会出轨，走向迷茫之途。

4. 平凡实在的穆总

穆总是山东牟平人，1982 年来到深圳，现在 34 年了！绝对老深圳。那年他 27 岁，在辽宁本溪做过 7 年工程兵，后来随着改革开放大潮支援深圳加入管道连，后来他嫌累想办法调到了连部食堂，负责食材购买等。1983年，他想办法调入了怡景路的深圳广播站电台，那个年代，他甚至和罗晓芳是同事呢（现在中央二台主持财经节目），后来电台和深圳电视台合并，

1987 年，穆总在黄木岗花了 12000 元买了套房子大概 70 平方，注意是 12000 元一套，不是 12000 元一平方。

1991 年抽签深赤湾，1992 年买深发展赚了几万元，那时候他还尝试做期货，还认识了真庸，安妮这些当时圈内名人。

1997 年在振华路深纺大厦 20 楼国泰证券，其实那时候我在 2 楼君安证券大户室里搞私募，虽然在一栋楼可惜我们还是互不认识。

在 2 楼的君安证券里，我那时间开始了私募生涯。那是一段快乐充实的日子，记得那是 1998 年底，我在认真阅读了《巴菲特——一个美国资本家的成长》后，把沪深所有 1200 多只股票研究了一遍，找出了符合巴菲特原则的少数股票，并开始实战。那时每天收市后，经常能听到背景音乐喇叭里传出技术员分析的声音，那时候的分析员记得是但斌先生，那时候我们经常看一种八开纸的即时传真速递"神光视点"，那是山东神光公司的孙成钢先生办的股市即时消息速递，伴随着 1999 年 5 月 19 日股市的爆发，行情启动了。

2002 年在 K 基证券深圳公司，我认识了穆总，他也在炒港股，由于都是山东人，彼此很快熟悉起来。

2004 年，我开始成立理财公司专业化运作香港股市的时候，穆总感觉我值得信赖，要求加入，他成了我第一个员工，介绍了好多客户，穆总自己也投资了 30 多万跟着我投资港股，我买啥他就跟着买啥，后来他一直赚了 2000 多万。那个时候，内地的大型银行大型企业，包括蒙牛乳业、中国人寿、中国财险等纷纷在香港上市，我们通过证券公司 1：9 放大认购新股，取得了相当不错的成绩。

2005 年，我收到了广州市国家安全部门政治部的一封信，调查穆总的政治背景，吓我一跳，仔细一看，原来是穆总的儿子外语学院毕业被国家安全部门录用，让我回复其父亲的政审调查呢。我赶紧如实回复。后来总算顺利录取。

说到安全部门，我们有个员工张小姐，毕业于湖北一所不知名的大学，但是张小姐学习很专心，那时候，我们公司工作不太忙，张小姐经常刻苦学习，晚上兼职教别人健身操，有一天她兴奋地大叫，在办公室蹦了起来，一问，原来是接到了美国耶鲁大学国际关系专业的硕士 OFFER，这真是大喜事，美国的大学有时候还真给人家惊喜。过几天，张小姐很害怕地告诉我说，有国家安全部门的人让她去喝咖啡，我分析了一下，说别怕，因为耶鲁大学是美国总统等很多政治人物的摇篮学校，安全部门可能要你在去美国留学之前先提醒你爱国。后来，果然如此。

穆总一直和我合作，他是小学毕业，当兵出身，当时来深圳20多年了，由于胆子小，也没赚到什么钱，后来硬是通过和我一起在香港股市买卖新股，买进腾讯等赚了2000多万，总算不负老牌深圳人的称呼了！

基于对我的极度信任，穆总现在也退出香港股市，跟着我投资新三板优质原始股权，现在他感觉更放松，更安全了。因为投资原始股，我们的经验正合适找到未来股价可能大幅上涨的未上市股票，而且，我们的成本是最低的水平，只是等待时间挂牌上市，等待新三板政策的逐步放开，根本不需要天天紧张地盯着股市报价，穆总60多岁了，也想退休了。

我问穆总，你百年之后准备回山东牟平还是留在深圳，穆总犹豫不决，说我愿意回山东，但是儿女在这里长大的，由他们安排我吧。

现在穆总手里有钱了，开始有人动员他多方投资，他也投资了马来西亚MBM理财，投资了什么珍宝币，我问他这是什么东东，他也说不清楚，我感觉他胆子变大了，不清楚的项目他都敢投！他甚至开始向外面放高利贷，也很奇怪每月2分息，3分4分息也有人借，有时候人家不还钱，穆总就找人去收债，后来碰到一个厉害的茬，钱不但没要回来，对方找人把催债的和穆总打了一顿，穆总那能咽下这口气，生生地气得躺在床上半个月，后来穆总找了他师傅，一个武馆的气功大师组织一帮人又去打回来，把那个人打得满地找牙，住了医院，穆总虽然最终没拿回钱，但总算出了一口气。

但是令人奇怪的是，穆总后来搬家了，我问他为什么这么好的小区要搬家，穆总叹了一口气：唉，当初听你的就好了，不乱投资，不做高利贷，最近有人恐吓他，他有点害怕决定搬家。我宽慰他说：有些钱是不能投资的，有些钱是不能赚的，在投资的路上，我们要坚持一些原则。特别是有了钱了，绝不能目空一切，不可以傲慢偏见，更要敬畏这个世界。

我不由得想起万通控股的冯仑，冯总习惯用男女关系来比喻政治经济原理，虽然有点粗俗，确也十分形象。他在《野蛮生长》著作中写道：他在海南特区做房地产的岁月里，经常陪客户去卡拉 OK，有女孩做三陪一晚上能赚1000 多，他就问一个服务员，你一月赚多少钱，说400 多，你为什么不做三陪，"俺不是那种人"，说完很生气地跑出去了，这句话是多么朴实的一句话呀！做人做事有所为，有所不为，有些钱可以赚，有些钱是坚决不能赚，这样才能得到从容安祥的人生。

说到冯仑，我顺便谈谈最近的宝万之争，据王石透露，在万科遭遇宝能第二次举牌时，王石和姚振华在万通控股董事长冯仑的办公室内长谈了四个小时，王石自述印象中姚振华"有点收不住嘴"，遗憾的是，这次沟通以失败告终。姚振华宝能系以前海人寿的资金实力觊觎万科的地产品牌，通过购入 24.26% 股权而成为万科第一大股东。万科的创始人王石是一个有底线的精神贵族，他被指责游山玩水游学海外还拿了5000 万的薪水，其实他的经验正适合帮万科进军海外地产，但是类似于王石这样的有底线的人他是直率的，因此不善于含蓄和让步，他不想要这样的"恶意收购者"，甚至言论上太直接让人不爽，而宝能凭借实力岂能容忍这口恶气，于是凭借资金和股东实力，意图血洗万科董事会。我认为，一旦有底线有原则的王石这个灵魂人物离开万科，那么万科股价后市堪忧。类似于中国平安入股上海家化后，也因为经营家化30 年的葛文耀是一个有底线的精神贵族，为了捍卫家化，有些事情就是不愿意向大股东低头，结果和总经理一起被扫地出门，这就造成了公司隐患，而失去了灵魂人物的家化，在股市上从此落后于大市步入慢慢熊途。最起码大家要观望几年了。其实，冤家宜解不宜结，一旦形成水火之势，大家为了一口气，股东及管理层之间双方就会互相攻击，而由于彼此知根知底，因此公司家丑不断地被揭露出来，最终两败俱伤。

作为也是资本界的业内人士，我没有资格批评财大气粗的前海人寿和平安人寿，他们的经营哲学就是：我是第一大股东管理层就要听我的。但是正如巴菲特的态度，他决定入股购买某上市公司，如果人家不欢迎他，他会立即停止购买并卖出持股出局，如果人家欢迎他，成为大股东后他会彻底放权，从而得到广泛的企业家的尊重。其实真正成功的企业家他一定是有底线和原则的，正是这样的性格，企业才会做大，在某些触及底线的时刻，这类企业家绝不会让步，不会妥协。相反，有些企业家为了钱什么都敢干，最终结局可想而知。可惜，有些大股东凭借财大气粗一路冲杀过来，还没有形成对这种个性企业家尊重的经营哲学，他们看中的企业正是因为企业家的底线性格，才获得成功，而一旦成为大股东，他们就因为想干涉企业运营指手划脚遇到阻力就想把这个有底线的企业家扫地出门。为什么不可以像巴菲特一样，仅仅做一个好企业的大股东呢？你钱那么多，既然万科不欢迎你成为股东，大把其他企业机会，为什么非要进万科呢？看来巴菲特的入股哲学还是值得学习的。

话题说回来，穆总给我最大的提醒就是，一个老实人也可以通过股市股权赚到钱，但是有了钱后，不可以胡乱投资，不可以利欲熏天，不可以以为有钱就可以摆平一切，而要更感谢上天的眷顾，更要敬畏这个世界，回馈这个世界，从而得到从容安详的人生。

这些年来，和穆总的家人也建立了深厚的友谊，穆总的太太姜女士写字很好，她为了感谢这些年帮她赚了几千万的钱，亲自题字作诗送到我办公室，在此深表感谢。

与龙为伍蛇亦龙
随凤展翅显俊容
登得丰银同船渡
他日彼岇各个红

贺龙昌再展雄姿姜艳华于乙未年

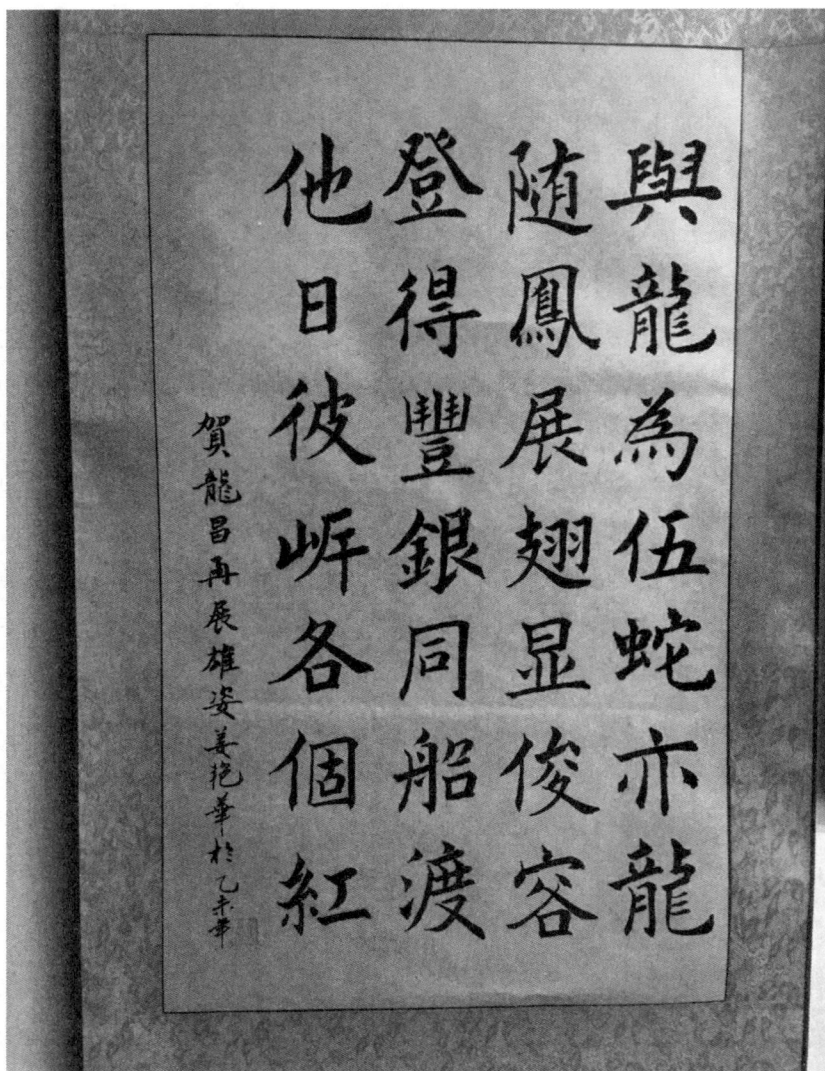

合作了 12 年的老客户姜女士写得一手好字，有感而发题字赠予丰之银。

第四章

东欧风云

> 每一种挫折或不利的突变，总带着同样或较大的有利的种子。
>
> ——爱默生

加盟东欧集团 相识"梁山好汉"

君安私募基金运作结束后，我决定去东欧集团工作。因为这里是中港股票——A 股、B 股、H 股结合的大本营。

2000 年 11 月我应聘到了东欧集团基金管理部，名片上的称谓是：首席基金经理。

东欧工贸原来是深圳市政府对欧洲贸易的窗口，后来划归到深业集团，东欧集团后来介入了沪深股市 A 股、B 股及香港股市的运作，整体还不错。

我那时候的老大是李驰和韩涛，初始我主要负责东欧基金东方证券信息网的工作，后来负责香港证券的开户对接及基金管理。

记得有一次有一位朋友过来开户，说刚从南非回来，和我交流投资理念，我帮他开了一个香港的股票账户，他的名字叫赵丹阳，那时候我就感觉赵总很是特别，说话非常理性，可惜后来没有继续联系，再后来，赵总爆发了惊人的能量，他创办了赤子之心中国成长投资基金（Pure Heart China Growth Investment Fund），甚至有"中国私募教父"之称。2008年，他以211万零100美元竞得与股神巴菲特（Warren Buffett）午餐机会。盛名之下，后来，赵总发的基金50亿听说瞬间被秒杀。十分羡慕赵总。后来有熟悉的朋友介绍赵总毕业于厦门大学自动化系，获系统工程学士学位。1994年出国，从事投资和贸易，1996年进入国内证券业，从事风险投资。后加盟国泰君安（香港）公司，负责管理客户委托的资产。

而我当时的老大李驰也是十分厉害。李驰，1963年5月出生，江苏镇江人，毕业于浙江大学，为深圳市同威投资管理公司创始人，被《证券市场周刊》誉为在中国"复制巴菲特"最成功的投资人之一。李总写过好几本书了，例如《白话投资系列》《投资是一场长途旅行》等。

与但斌的买入并长期持有的策略不同，李驰似乎更像是一个老谋深算的剑客。正如他在博客中对自己的评价一样"静如处子、动若脱兔"。

李驰曾经给香港《信报》董事及专栏作家曹仁超老师的系列书籍写过推荐语，曹老师确实是大师风范，他在《21世纪经济报道》写的系列点评诙谐易懂，好多人都喜欢看，他在《论势》一书里写到："不要豪言壮语，活着是唯一真理，任何时候，投资者都应该把安全放在第一位，今天恐龙已不复存在，而蟑螂却从史前一直生存至今。"斯言犹在耳，曹老师却在2016年2月21日忽然过世，享年才68岁，令人叹息。我认识曹老师是在5年前他每天给《21世纪经济报道》撰写的财经评论中。《21世纪经济报道》是在2001年1月1日正式创刊，向全国发行，开创财经媒体新时代。我记得2000年底，我在经常卖报纸的报刊亭发现了一份试读的报纸，写着21世纪，读来读去，文章内容开创了新的风格，我瞬间就喜欢上了这份报纸。那时候，平时读的只有几份证券报。从那时起，我每星期都要买来《21世纪经济报道》《经济观察报》《财经时报》等来读，学到了很多东西。后来也买《理财周报》，可惜这份报纸出事被取消了。当然，现在基本都读电子版了。

我的另外一个老大是韩涛，他非常低调，不轻易见人。韩涛，同威创投创始人、董事长，韩先生毕业于南京工学院（现东南大学），获硕士学位，中欧国际工商学院 CEO 班学员。在国内及香港金融证券市场有超过二十年的投资经验。我在东欧的时候，韩总经常拿一些项目让我写个分析报告什么的，韩总善于抓住大机会，例如 B 股的开放机遇，法人股的流通机遇等，我那时也很勤快，韩总吩咐什么事情我就马上去做，现在我还一直感激韩涛和李驰对我的照顾和栽培。据朋友介绍，2003 年韩涛带 1000 万港币去香港。当时 H 股指数大约在 1000 点左右，他估计应该可以涨到 1 万点，为了快速致富，他满仓买了 H 股指数，这是致命一搏，风险极大。此后韩涛就天天在痛苦中煎熬，等待 H 股上涨，不久后 H 股开始狂飙，直到涨到 7000 点以后，他才逐步清仓。后来 H 股指数真如韩涛所料涨到 1 万点，他真的有非凡眼力。一战成名，奠定了他的财务基础。赚了几十倍上百倍。

这笔冒险成功后，韩涛就极其谨慎小心，终身不再冒风险了。因为在这段过程中，他日夜寝食不安，头发也白了，心理受到极度考验。靠这笔钱，韩涛回到内地开始大肆收购法人股，因为同股同权，而法人股只要 1 元出头，所以想着靠股息也可以得到很高回报，风险极低。主要收购了兴业银行，平安等股权，没想到后来法人股全部可以流通，1 元买的兴业银行，考虑送给流通股东对价后成本增加也才 1 元多，居然可以涨到 70 元，赚几十倍。所以李驰后面一路唱好兴业，平安就是因为他们的法人股给他赚了大钱。二次巨大成功后，韩涛，李驰当然风光无限。所以后面他们说自己赚了 100 倍也是有根据的，不是空穴来风。但是后来好像李总的二级市场业务投资有点不太顺利，我也替他着急。我相信他和韩总会更加成功！在 2015 年我做股权投资，赫然发现韩总公司的网站上也公告着投资了 TIME-LINK 触控云白板公司，我们的投资总算有了交集。感觉很好。

2001 年和老大韩涛在深圳大鹏湾。（中为韩涛）

另一边厢，我的老朋友钟兆民和但斌也是一对好搭档，但斌主要靠的是二级市场赚的钱，他在熊市投资了茅台、张裕，后来在香港投资了广州药业（00874.HK 白云山，因为王老吉资产的注入股价翻了几倍）并且守住这几个牛股，赚了很多。

其实港股广州药业，我当时也参与了，只不过没坚持住。王老吉凉茶的商标收回给了广药最真实最把握的涨幅。我通过看财经报纸实际早就意识到了广药因此可以套利的机会。这种商标回收套利机会是把握极大值得重金投入的稀有机会。说到王老吉凉茶，后来我曾经买过生产霸王凉茶的霸王集团（01338.HK），霸王股价自 6.475 元跌到 2011 年 9 月的 0.63 元附近时，我感觉有一些机会，因为霸王的洗发水和追风在超市还是有一些销量的，虽然被二恶烷的事件打击得够呛，但是洗发水其实都含有那个物质，再加上当时霸王凉茶的推出，我尝试买进了一些霸王的股票。但是后来我在超市调研看凉茶陈列时就发现，家乐福的王老吉凉茶罐体和霸王凉茶罐体经常被什么人给捏扁了，而一起的加多宝凉茶罐体就毫发无损，我感觉很奇怪，这肯定是什么人故意捏扁的，是谁呢？当然后来我明白了，但是霸王凉茶因为运作不善最终也退出了市场。当初买进霸王股票是因为读报纸看到股神波顿投资霸王失利，亏损严重而斩仓，我当时就想，既然波顿都斩仓了，我是不是可以逆向思维买进一点霸王股票呢？当初我在《经济观察报》读到波顿砍仓的消息后，想尝试一把逆市投资，因此研究了一下霸王股票，就买了一点，巧妙的是，2007 年 12 月 29 日，波顿在飞往加勒比海的飞机上开始着笔撰写《逆市投资》（Investing Against the Tide）一书，陈述自己 28 年来投资欧洲股市的经验。中文版序言中，他指自己在高盛的组织下，早于 2003 年秋天便首次造访中国，由此点燃了对中国股市的兴趣，"而且这种兴趣经久不衰"。最后霸王的股票我赚了一点点就决定卖出了。通过这件小事情，我又明白了很多事情，我明白到，高位可以选择逆市卖出，而低位逆市买进则要三思！尤其不要和高手之间对赌逆市思维。

话题说回但斌，他的合伙人钟兆民董事长更加厉害，那是当年的期货证券教父级人物，为人极为慷慨，给东方港湾筹集大笔资金，最大一笔是 X 点王投了一个多亿给他，靠着 20% 提成，盈利很多。钟总投资理念也极为成熟，记得在 1998 年我在君安做私募的时候，钟总把他写的投资小册子《金融投资市场本质》给我阅读，至今我还保留着呢！知道我喜欢研究巴菲特，后来钟总还特意送了一本巴菲特的书给我。后来不知为什么钟总和但总分家了，但最后好像做得都很成功，特别是但总，居然微博粉丝到了 1000 多万，相当惊人。我和钟兆民但斌的渊源可以追溯到 1998 年，那时我在君安证券福田营业部做私募，钟总是君安福田营业部总经理，而但斌则是主力分析师，在 1999 年 519 行情爆发的阶段，我也经常听到君安大喇叭的盘后分析，基本都是但斌主持的。但斌的微博及他开始成型的投资理念开始发挥作用，目前进展顺利。祝贺但总。

关于东欧

总是有朋友说当年的东欧系在股市兴风作浪，是深圳沉默的超级主力，说东欧很厉害什么的，其实我感觉没什么，在这里推出一篇关于东欧的报道，大家看过就明白了。

旗下悍将另立山头 东欧系——沉默的超级主力[①]

就在媒体渲染出种种盘点氛围的岁末，已渐被淡忘的东欧系的一些"卷土重来"的后续说道再次将其"拎到前台"，对此，东欧回应"捕风捉影，以讹传讹"。

"现时东欧已非彼时东欧了。"知情人士告诉本报记者，早在 2002 年 4 月，随着一纸协议的签署，东欧集团的第二次改制工作即告结束：由管理者共组的一个名叫东继实业的公司从原股东深业集团那里收购了 45% 的股权，东欧和深业间的血缘关系东欧集团已然不在。

东欧集团成立于 1993 年，当初业务主要针对欧洲特别是波兰做汽车贸易。上世纪九十年代中期，其全部股权划归深圳市政府设在香港的窗口企业深业集团。以进出口贸易起家的东欧集团一度生意红火，但 1997 年金融危机爆发后，公司业务严重受挫，开始转入房地产、金融、高科技等行业。

1999 年 7 月，东欧吸纳在港的华财国际发展有限公司和旺远投资有限公司以现金参股，其中华财国际占东欧国际 39% 的股份，旺远投资占 16% 的股份，而深业集团保有东欧集团 45% 的股份。是为东欧的第一次股份改制。

华财集团是国家财政部所属的驻港企业，实力雄厚；旺远公司是集房地产

---

① 沈涵，旗下悍将另立山头难辨真假"东欧系"［N］，南方日报报业集团－21 世纪经济报道，2003 年 1 月 13 日．

开发、医药研制、实业投资为一体的大型跨国公司。华财集团和旺远公司分别以 39% 和 16% 的现金参股，使东欧公司增加了资本金，负债率下降 20%，增强了企业活力。增资扩股后的东欧公司由原单一的国有资本成为产权主体多元化的国有控股企业，深业集团做为第一大股东仍以 45% 的股份控股。

当时改制后东欧公司董事会成员是：深业副总孙聚义、副总刘明如、俞军、华财老总卢欣、旺远方面的周援远；董事长：孙聚义；总经理：俞军。俞于 1994 年起在深圳东欧工贸公司历任财务部经理、助理总经理、总会计、副总经理、总经理，是东欧的核心人物，接近他的人称其"很有商业头脑。"

记者了解到，实力雄厚的华财，2000 年就已将其持有的 39% 的东欧股份转让给了旺远投资，这样，旺远在东欧的股份占到 55%，成为东欧的第一大股东，但由于深业"根深叶茂"，东欧的基本格局未有多大变化。

知情人士告诉记者，二东欧的第二次改制源于深圳市政府国企改革"抓大放小"这一大背景，所谓管理者收购是深业集团"逼他们做的"。深业集团总裁刘子先的话也验证了这一点。

刘子先告诉记者，深业集团这几年一直在进行产业结构调整，"所有的贸易公司、一般性的工业、旅游都放掉"。刘否认了由于东欧前几年在资本市场上的操作惹恼了深业集团，才导致放弃东欧这样的说法。

东欧的第二次改制，东欧管理层最初打算由俞军、袁九才、李驰、李弱、孙卫平等几人合组公司进行 MBO，但是这一方案被深圳市国资办否决。最终由东欧所有中层共二十几人参与成立了东继实业来进行收购。至于收购价格，该人士表示不方便透露，但是，是严格按照资产评估净值交易的，"既没有缩水，也没有溢价"。

依托深圳市政府国企改革的大环境，在"分步走"的策略指导下，深业通过东欧的两次改制从中干净脱身，而东欧亦就此"换了人间"。

据接近俞军的有关人士透露，俞氏对此次改制"心情复杂"，因为以前拿深业的牌子好办事，现在改制使其失去了国有资产代言人的身份，虽然自己掏了钱，但是，说了不算。而大股东旺远乘机派出了董事长、副总及财务总监进驻东欧，于是，失去财大气粗深业这棵大树，俞氏在东欧的话事权远不如从前。

或许就是在这一背景下，东欧一些资本运作的大将开始流散：

李驰，出身蛇口招商局，1996 年加入东欧，任助理总经理、金融策划部总经理，被指称为东欧在资本市场的灵魂人物，曾任 ST 金马（000602.SZ）董事的李驰，已于两个月前离开东欧。

李药，1995 年加入深圳东欧工贸公司任职副总会计师，后任 ST 金马监事、ST 大洋 B（资讯 行情 论坛）（200057.SZ）的董事长兼总经理，2002 年 6 月 19 日 ST 大洋召开的 2002 年度第五次董事会上以出国留学理由辞去董事长及总经理职务，现已离开东欧。

敬伟，原东欧投资的董事长，1999 年 10 月 4 日，任铜城集团（资讯 行情 论坛）（000672.SZ）董事长，2001 年 11 月离任，敬伟还曾经于 2000 年 11 月，出任 ST 金马董事长，2001 年 3 月 17 日向董事会递交了辞职报告，现任西部金融租赁有限公司董事长，据现时东欧集团副总袁九才称，敬伟和东欧已经"没有一点关系。"

胡智勇，曾任深圳金瑞隆实业总经理、深圳金瑞丰实业副总经理、曾任铜城集团副总，后接替敬伟出任铜城的董事长。现也离开东欧。

冷立昌，东欧投资前首席基金经理，因庆丰金（0501.HK）一役受挫而黯然离去。

报道最后，提到了我运作庆丰金（0501.HK）的事件，下面我就讲讲这个令人刻骨铭心的故事。很少有人愿意提及自己失败的故事，那就相当于把伤疤再揭一次，会带来肉体和精神的疼痛。但是，敢于面对失败，从失败中汲取营养和力量，毕竟是成功的必由之路。我愿意让自己再伤感一次，读者诸君或可以从中学到教训一二。

庆丰金事件

失败是坚忍的最后考验。

——俾斯麦

如果说人生有一次不甘心的失败，就是那种你期待它你相信它并付诸了巨大的努力后，你付出了真诚，你从来没有玩弄它，但它仍然失败了，你甚至无法释怀，虽然有种种原因，但是失败就在眼前，这是就是著名的庆丰金事件。

2001 年 10 月，那年我 28 岁，那是我在东欧集团基金管理部工作第二年的日子，我已经对整个香港主板和创业板 1200 余只股票全部研究了一遍，由于是初次接触香港股市，我对香港股市市值很低几分钱的股票产生了浓厚的兴趣，这和大陆太不一样了，深圳上海的股票都是几十元的，我那时就像发现了新大陆般充满了兴奋，10 月初国庆期间，香港股市只休市一天，一个浙江的朋友建议我关注研究一下一只股票庆丰金（0501. HK），股价大概在 0.04 元/股左右，主营金矿，黄金冶炼，RNA 金条，珠宝钻石批发销售，及庆丰金铺的零售业务，市值大概 3 亿元港币不到。研究了一个星期，我认定了两点：1. 上海黄金交易所 11 月要开业，意味着中国 50 年的黄金管制开始松动，中国黄金市场潜力巨大；2. 美国 911 事件刚刚发生，美国遭遇重创后多极货币出现不稳定性，黄金要呈现独特价值（后来形势验证了，黄金期货在此后十年进入强劲多头市场，从 270 美元/盎司一直上涨到 2011 年中 1900 美元，我到现在都在后悔既然我看得很准，但为什么那个时间没有买进黄金期货，2001年10月是黄金期货的历史性买点，按照期货5%的按金水平，如果黄金期货坚持运作到2011年中，理论上可以赚取180倍超额回报）。

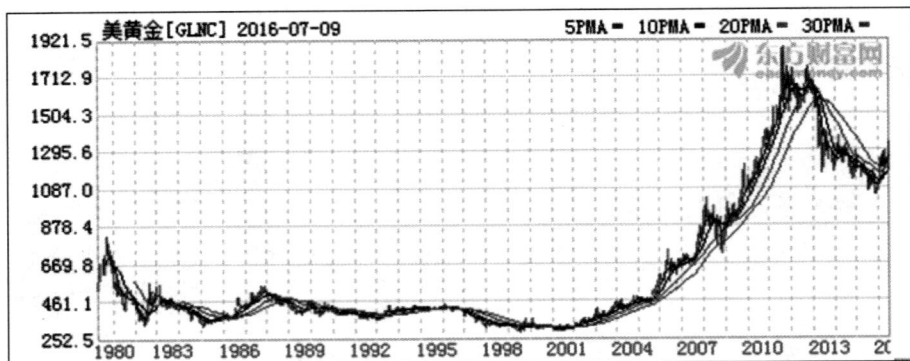

黄金期货在2001年10月开始历史性启动，令人遗憾我看准了但没能实施。

另外技术层面庆丰金从2000年3月份3.16元/股一直跌到2001年911事件后的最低0.028元/股，跌幅99%，已经跌透。研究得差不多了，我开始进货了，在0.04元/股开始吃进，在0.04~0.05元/股陆续吃进了大概1000万港币左右的筹码后，有人提醒我，香港公司和大陆不同，这种便宜股票往往有很多隐形债务，外边有很多CB（Convertible Bond）可转换债券，我仔细看了一下，还真有8000多万，是发给李嘉诚的长江实业，换股价大概是0.1元/股~0.2元/股之间。其实我后来才知道，这些换股价是可以调整的。

吃进1000万港币大约2.2亿股庆丰金股票后，市场开始惜售，感觉盘面很轻，我不太敢贸然上拉，研究了一下该公司的主席陈发柱，（我对陈发柱的名字记忆是如此深刻，以至于后来我看到了福建首富陈发树先生入股了紫金矿业获得巨大成功后，还以为其是陈发柱的弟弟呢），其时陈主席49岁，这个人还是很厉害的，他连续30年在香港金银业贸易场就职，担任了两届8年的理事长，最后担任永远名誉会长，陈发柱在90年代末香港股市鼎盛期，持有添发庆丰，庆丰金，长发地产，及分拆至香港创业板专营黄金网上买卖的卓施金网四家上市公司，风头一时无两，而在1999年卓施金网上市时，照片可见，陈发柱敲响上市钟时梳着油光黑亮的大背头，穿着熨烫整洁的白色西服套装，打着红色的贵族领结，端着高挑香槟酒杯，那种气度和魅力自内而外悠然而发，绝对不负香港金王乃至亚洲金王的称号。而庆丰金创建于1949年，距此时已逾半个世纪，是由陈发柱先生的父亲陈木添先生创建，1982年传至陈发柱兄弟俩时已然是第二代，彼时陈木添先生过世时，照片可见李嘉诚先生亲自为其父扶灵枢，可见两家交情之深厚，而陈氏的长发大厦就是长江和添发庆丰合作的结果。因此我理解通过可转债长江集团持股庆丰金26%的股权应该是真实的长期的持股。

近期，我在网络上搜到了2000年底看到的报道，简略如下：

传李嘉诚有意掌控"香港金王"①

香港市场近日传出香港首富李嘉诚有意掌控"香港金王"的黄金业务。

在传闻长江实业有意取得控制权下，香港黄金交易商庆丰金股价昨日曾一度逆市上升11%，但其后跟随大市回落，收市报0.395港元（0.09新元），跌2.47%。不过，其新上市创业板子公司卓施金网就仍然连升两日。

李嘉诚旗下的长实集团，早于今年6月透过一系列期权安排，入股"香港金王"陈发柱的庆丰金，成交价为1亿6000万港元（3600新元）。

据香港报纸报道，长实很快就会入主庆丰金。不过，陈发柱旗下的添发庆丰与庆丰金昨日同时澄清，并未接获投资者有意行使选择权协议之权利，有关协议之行使价为每股0.6港元，至今未获通知行使价将会调整。

该报道称，长实主席李嘉诚及添发庆丰组成的合营公司，将行使一项于6月份签订的选择权协议，以每股0.6元，收购添发庆丰所持的5.2亿股庆丰金权益，到此刻为止并没有改变选择权。若根据香港报纸报道，指此项收购将会由每股0.6港元，调低至每股0.35港元，长实及添发庆丰需要付

---

① 佚名，传李嘉诚有意掌控"香港金王"［N］，联合早报，2000/12/16.

出的代价，也由原来的 3 亿 1200 万港元，调低至 1 亿 8200 万港元。由于持股量超过 35%，故长实及添发庆丰，将可能需要就此向庆丰金其余股东提出全面收购。

看到上面的报道后，我感觉到无论从价值投资还是技术层面讲，投资庆丰金都将是一次成功的机会，特别是黄金价格从期货走势图来看后市将面临历史性机遇，庆丰金已经在新疆和澳大利亚谈拢了收购金矿的可能性，因此我说服了基金管理部的领导，带着一帮客户继续加仓，而账户也普遍盈利在 10 ~ 20%，在此期间，2001 年 12 月 18 日，我给香港金王，庆丰金主席陈发柱写了一封信。

此后，我接到了香港庆丰金方面的电话，是中国业务发展部总监王小程先生受陈发柱委托前来与我接洽，于是在深圳电子科技大厦东欧办公室我接待了这位使者，并请他吃了午饭，我明确指出我们不是炒作，而是真正看好中国黄金产业的前景，看好庆丰金 50 余年专业的黄金业内地位以及陈主席香港金王的赫赫威名，我们认为陈主席过去因为地产巨幅亏损的问题如果能够改正只做黄金业务，庆丰金还是很有前途的，王小程先生颇为欣赏，回去香港陈述。

受庆丰金主席之邀去香港

不久，我接到了香港庆丰金陈主席邀请我去香港的请帖。那是我第一次去香港，有一种很特别的感觉。是一种什么样体验呢？那感觉貌似似曾相识，却不是我 1994 年第一次来到青岛开发区的崭新开发区的体验，也不是我 1995 年第一次来到珠海特区体会到的一种自由开放的体验。而是感受到一种从骨子里散发出的资产阶级的意味。这一次是高楼林立的、整洁的、处处有空调的、凉飕飕的，谈吐文雅的、行事礼貌的，即使 TAXI 也是宽敞豪华的丰田，地铁是井然有序，英文广东话并行着让人感觉声音悦耳的体验。香港话和广州话语调听感是那么的不同，香港的本港台和翡翠台的新闻让人感觉到播音员主持是那么的利落和干练，配上音乐，简直就是一种享受。香港真是一个好地方。

我在香港待了 7 天，主要是在中环及皇后大道。在皇后大道东，我参观了庆丰金总部所在地——长发大厦。这栋大厦建了 30 年了，由名字就可以知道，是长江集团和陈发柱家族合建的。大厦里面有庆丰金的许多关联公司，在庆丰金主席陈发柱办公室里，我看到了有 50 年历史的庆丰金铜牌标志。这枚铜牌标志散发出一种历史的厚重感，让人不由感觉陈发柱一定会珍惜机遇再创辉煌的。身在中环的环球大厦俯视维多利亚港，在香港高楼林立、气垫船只往来穿梭的映衬下，维多利亚港显得那么壮观。此后，相似的感觉只有在 2016 年在美国曼哈顿时我才再次感受到：这是一种井然有序、高度发达的城市的产物，是一种金融中心才有的高大上的气场。当然这与人的阅历和心境都有关系，后来我去香港次数多了，这种激动的感觉才也就慢慢消退，因为深圳也崛起了。

在香港，香港金王庆丰金主席请我去了他的私人会所餐厅，品尝了陈年澳大利亚干红及上等海鲜，那里的服务生对其很是尊敬，捎带着我也感觉相当愉快，真是好酒好菜好地方，配上淡淡的若隐若现的钢琴声，你会感觉到香港家族企业二代的确有一种气质和魅力，应该是我们所说的贵族的魅力，香港家族第三代更是大多从英国或美国或澳洲加拿大留学回来，有一种说不出的气质让你倾慕不已。而陈主席更甚，不自觉地，第一次见面，我就被陈主席的气度吸引了，这便加深了我和他及庆丰金之间的缘分。

在此后的往来中，他介绍我认识了几个香港股市大鳄及知名企业家。有一天，有一个股市大鳄 W 先生用加长黑色奔驰轿车载我到了香港跑马场看他的马儿参赛。我第一次来到香港跑马场，真是体会到了舞照跳，马照跑的真实场景。那是晚上，跑马场人声鼎沸，华灯照耀如白昼，贵宾区是马主及家属的区域，男士是深色西装领带领结，女士是晚礼服性感得让人目不暇接。我看到了数个地产界的大佬，那种只能在香港富豪榜里面看到的人物。过了一会儿，人群忽然有点骚动，有几个保镖在伸手做护卫状，见惯世面的 W 先生面无表情地说了句：荣智健来了，吓了我一跳，赶紧看过去，还真是，第一次看到荣先生，这么近距离，头发有点花白，很壮实，听说荣先生是很喜欢赛马的，而且经常拿奖，真是厉害。那时候我对这些大佬只有羡慕的份。可望而不可及，现在可及了，又感觉好像在做梦一样。

7 天很快过去了，我必须要回深圳了，一过深圳关，虽然一切那么熟悉亲切，但我还是忽然品出一种很吵很闹有点杂乱有点土的感觉，这可是深圳呢，有了对比，我这才意识到，香港和深圳的差距还是很大的。

回来后，庆丰金的股价持续在 0.05 元/股附近晃悠，由于在香港了解得足够多了，我开始集中精力运作庆丰金。通过东欧以前积累的各种关系和资源，很多客户也被庆丰金的前景及低股价吸引了，开始慢慢加入进来，其中另外渠道包括温州和上海的资金也开始加入。慢慢地庆丰金股价超越 0.07 元/股，我们的底仓开始获利 50% 左右。

就在当时，庆丰金主席，和他弟弟一起（他弟弟早年加拿大学习回来后在庆丰金做副主席），兄弟俩正副主席来深圳见我了，我非常重视，连忙引见给我们东欧公司基金老大李驰和韩涛见面。（在这里我要感谢李驰和韩涛将我带入香港股市，李驰和韩涛都是老牌的股票大鳄，从他们身上我学习了很多，我非常敬重他们。他们当时的关系有点像巴菲特和芒格的关系，后来李驰先生创建了大型基金，韩涛先生则做了股权投资，都很成功。）

主席请我们吃饭，兄弟俩人坦诚说现在庆丰金很缺营运资金，由于香港过去伴随地产风暴及金融危机，陈氏家族的地产业务亏损巨大，被迫把两家上市公司控股权让出，以后只专心做黄金业务的庆丰金。后来我才认识到，其实当时在香港，陈氏兄弟已经很难融到资了。

庆丰金大陆开拓

我感觉庆丰金是可以成功的，因此我邀请了崔军先生来深圳商讨一起运作庆丰金（崔军当时在湖南衡阳开办金点子理财室）。那时崔军带了一位女秘书来到深圳，我们一起分析了庆丰金的前景，崔军表示认同，说需要多少资金，我说大概 6000 万可以收集完所有浮筹，运作得好可以回升到 2000 年高位 29 元那就相当吓人了。崔军表示有一笔资金，但需要他客户同意，在等待了几天后，崔军回了湖南筹划去了。当时，崔军兄的敏锐和豪放给我留下了深刻印象，14 年过去了，据说崔军兄现在很是厉害，身兼上海宝银创赢投资管理有限公司董事长、上海兆赢股权投资基金管理有限公司董事长、上海宝银投资咨询有限公司董事长。而且成为了 A 股新华百货（600785. SH）的最大股东，持股价值 20 多亿。祝贺崔军。

由于对庆丰金项目的信心越来越大，我决定帮助陈主席融资发展。我搜索了当时的实力机构，经筛选后，给新疆德隆和段永平发去了传真，介绍庆丰金的项目。后来新疆德隆的办公室认真回复了，说争取以后有机会合作。追忆往事，令人惋惜的是，当时新疆德隆好不容易发展那么大，规模比现在的复星国际还要大，后来因为发生了一些事情，最后硬是没了。

至于段永平，这个人确实很牛，我给他发了传真后虽然没有回复，但是我一直关注他的网易微博，段总不开新浪微博是有原因的：因为网易让他赚了巨额利润。2000 年美国网络股泡沫破灭，泥沙俱下，新浪、网易、搜狐均跌惨了，这个时候，段永平在地板价买进了网易大量股票，后来翻了上百倍。此一役，让段永平在资本市场声名鹊起，其投资理念也日渐成熟，甚至后来也和巴菲特见面几次。其在网易微博的粉丝质量都很高，谈论的投资哲学也不是一般的级别，我一直想找机会当面向段总学习，希望以后愿望可以成真。

其实段总可不是只靠买股票赚的钱，他其实也是实实在在的实业派。早年小霸王学习机、步步高学习机，现在的智能手机时代，他的OPPO和VIVO双品牌战略取得了惊人的成功。他在美国潇洒旅居之际，他的团队却能够有条不紊地成功运作智能手机，令人赞叹！这恐怕会引起联想柳传志的羡慕，联想手机好像在与华为手机的对决中处于下风，这也令柳总和杨总不甚困惑。不过，柳传志毕竟是老牌企业家，他的子女更是青出于蓝。由于觉得的士脏不拉几的，我现在喜欢坐专车，但无论你选择哪家专车都是柳家的：UBER的中国区总经理是柳总侄女，滴滴专车总裁是他女儿，神州专车是柳总投的。你看，都很厉害吧，好事都被柳总家族占了，当然，这都是人家拼命努力得来的。

说到融资，我认为自己可以帮忙，便给陈发柱主席介绍了几个国内股市大鳄。但由于当时他们资金也很紧张，效果不大。后来我带了陈主席来到江苏黄金村，经过飞机、轮船、汽车，海陆空才到达的著名的黄金村其实是江苏综艺集团总部所在地。综艺早年做丝绸起家，旗下有若干关联上市公司，实力雄厚，我因为早年投资了其上海的上市公司，因此得以认识了董事长昝总。当年综艺股份（600770.SH）先人一步，在第一波网络大潮中，凭借控制连邦软件而入股著名的珠穆朗玛8848网站进军电子商务，创下股价连续6个涨停板的盛况。

来到黄金村后，昝总第一次见到庆丰金主席，非常热情地宴请我们。席间，我们认真聊了在江苏和庆丰金及长江实业合作黄金产业的可能性，并就进行实业合作达成了意向。看来主营黄金的庆丰金和黄金村真的有缘分，综艺是9999的企业标识，庆丰金是9999的网站，综艺的电话尾号是501，庆丰金的上市代码是501，一切看起来是那么巧合，缘分天注定。

我对昝总的实力相当了解，也十分尊重昝总，因此有了昝总的口头认可，我信心更大了，开始加大在庆丰金股票上的投资，对庆丰金不断增发的CB也缺少了应有的警惕性。

从南通路经上海，陈主席邀请我去梅龙镇参观了庆丰金的连锁金铺。来到了著名的梅龙镇商场，只见庆丰金店赫然在眼前，经营正常，见店里地面上有点纸屑，主席马上弯腰捡了起来，亲力亲为保持庆丰金铺的整洁。陈主席还告诉我，很快华联商厦系统会和庆丰金合作开设100多家连锁庆丰金加盟店，消息听起来让人感觉很振奋。

给李嘉诚先生的一封信

为了达成更大的目标，我在2002年3月18日给李嘉诚先生写了一封信，内容如下：

敬致

0001 长江实业主席——李嘉诚爵士

尊敬的李嘉诚先生：您好！

我今年29岁，从小就仰慕您的大名。当今世界范围内，我最崇拜两个人：一个是美国的沃伦·巴菲特，另一个就是您——李嘉诚先生。前者以诚恳简单的投资之道登上世界资本巅峰，而您则以实业＋资本的诚信经营蝉联最新《福布斯》排名的亚洲首富！你的大名在大陆无人不知，您实际上已经成为中国人的骄傲。您捐建支持的汕头大学及每年的毕业致辞均令人敬佩与赞叹。

李先生，您的诚信和口碑，吾等深敬之。

最近，美国著名的《财富》杂志对您这位香港最成功的财富精英进行了专访。从专访里面，我才释然您的成功之道——"肯用心思思考未来"——抓住大趋势——投资成功！

因此，当我得知我和您一样都是庆丰金集团（0501.HK）的股东时，我甚感荣幸，我仿佛预感到了未来的投资成功。

和您一样，我也愿意用心思考未来：自美国911事件以及欧元启动、日元大幅波动——多极货币的不确定性让我预感到传统货币——黄金将会重新焕发出耀眼的光芒！实际上，最近国际市场黄金价格已经从270美金上涨到接近300美元/盎司也说明了这个问题。重要的到不是黄金价格的大幅波动，而是一个黄金市场的历史性机遇已经向我们走来——中国将冲破50年的黄金管制，随着2001年11月28日上海黄金交易所的成立，中国黄金市场将全面开放！毫无疑问，中国将以幅员辽阔、人口众多而成为未来世界经济的成长中心，而黄金正可以"藏富于民"，回忆一下97年亚洲金融危机，南韩人民踊跃捐献金银首饰换汇的场景就可以体会出"藏富于民"的意义所在。本质上中国人民对黄金的热爱更有历史渊源，感情更深厚，2001年11月26日《北京晨报》更撰文指出——《黄金有可能成为中国家庭首选的金融储备项目》！

501庆丰金，（建议改名为亚洲黄金）则可以占据中国开放后黄金市场的重要份额，具体表现在：

一、黄金下游市场——开拓500-1000家庆丰金连锁店，销售庆丰金及各品牌各花色品种的金银珠宝、首饰、金币等，包括以旧换新，未来更可以直接销售金条金块及协助内地商业银行开办黄金储备、黄金存折、黄金抵押、融资等业务。因此未来任何一家庆丰金金店都将成为一个个黄金销售终端延伸到中国广阔的腹地，继而成为典当行、黄金银行。令人吃惊的是，70%的中国农村市场将对黄金表现出赤热的忠诚！

二、黄金中游市场——大中国最大的黄金物流中心——深圳黄金珠宝大厦。501控制的黄金珠宝大厦我参观过多次，这里以其优越的地理位置，汇聚了中港台三地众多知名的黄金珠宝厂家，将形成未来中国黄金相关产品的批发及零售中心或者说是大中国最大的黄金珠宝物流中心。将来这不但是物流中心，甚至内地及世界各地众多的旅游团也将把这里作为一站式购物的最佳地点。另外，黄金珠宝大厦以政府和产业背景，还可以派生出更多企业如生产K金加工机械设备的企业，生产金盐、银盐的企业，专业的冻炼厂，专门用来未来黄金期货交割的金条厂等等……在黄金珠宝大厦的招商活动中，我也体会到了亚洲金王——陈发柱先生的业内号召力。（2002年2月28日，陈发柱先生吸引台湾省30位业内人士前来参观黄金珠宝大厦）

三、黄金上游市场——501庆丰金已经与来自中国八大省份，生产超过六成中国黄金的二十六个产金商宣布成立黄金矿山大联盟。中国官方机构，北京黄金经济发展研究中心经理卢凌表示："我们很高兴与庆丰金集团组成大联盟。我相信中国黄金生产商将受惠于庆丰金的顾问服务及其提供的国际黄金资讯"。此外，501庆丰金亦与南非、澳洲的金矿及冶炼厂开展长期合作。

此外庆丰金为推动中国黄金市场而开展的黄金业顾问服务、黄金网上交易、一年一度的庆丰金贵金属及黄金年会等等将极大地凸现庆丰金业内的领袖地位。记得在黄金珠宝大厦成立时，深圳沙头角保税区管理局局长刘子先表示："我们邀请了香港庆丰金集团及陈发柱先生成为沙头角保税区的市场及融资顾问。我们深信，凭着庆丰金在世界各地黄金市场的丰富经验，将能协助中国整个黄金业的发展"。

巴菲特曾说过："理想的企业应有广大的产品市场，坚固的企业壁垒"。我们遵循巴菲特原则而投资的501庆丰金实际上正是一个外人不易介入的产业，因黄金市场的专业性极强，但其产品却需求广泛，几乎涉及到每家每户。投资501后，由于我们和"亚洲金王"——陈发柱先生接触较多，因此也了解到了李嘉诚先生您的一些故事。我们知道您和陈发柱的父亲陈木添先生有几十年的私人关系，因此，陈发柱也非常尊敬您。我们内地股东请陈发柱介绍业务时，也分明能感觉到陈发柱先生对您的崇敬之情，他亲切地称呼您叫"诚叔"，但我想李嘉诚先生您不是仅仅因为这份深厚的友情而入主庆丰金，而是也极为看好中国开放后的黄金市场前景，对吗？

对亚洲金王——陈发柱先生，我也极为欣赏。他知错必改，彻底放弃地产业务投资，专攻专业性强的黄金产业，他在黄金市场有高度的感召力，而且他本人亲力亲为，大年初一在澳大利亚谈判，大年初二就陪着我们去参观黄金珠宝大厦，而后又马不停蹄辗转世界各地，为了庆丰金的再度崛起及抢占黄金市场的制高点而不知疲倦地忘我工作。从他身上，我看到了香港人财富的来源及创业的斗志！

作为501股东，我等内地股东尽力协助陈主席发行债券，我们也介绍陈主席拜会了全国政协常委及大陆首富刘永好先生，我们也组织了上海、深圳两次庆丰金业务推介会，近期我打算吸引大陆最著名的几家财经媒体免费报道宣传庆丰金业务，为庆丰金在大陆业务的开展做好铺垫，以尽我等内地股东的责任。

尊敬的李嘉诚先生，作为庆丰金大股东您财力雄厚，我们期待您能充分考虑到中国黄金开放的历史性机遇，增持501超过50%的股份，以振奋我等内地股东，我等相信庆丰金的机遇将符合"天时、地利、人和"的中国传统预期。并且我等股东在内地开设庆丰金金店后，也将有理由给您发去请帖，邀请您来剪彩！

李嘉诚先生，让我们携起手来，支持陈发柱先生，支持501庆丰金，珍惜这一难得的中国开放黄金的历史性机遇，让我们以充满感情的耐心来迎接我们501股权的长期大幅增值，让我们期待501作为未来大型蓝筹股的到来！

谨祝 李嘉诚爵士阁下
　　身体健康！
　　精神愉快！

501大额股东：东欧集团首席基金经理

冷立昌　敬致

二00二年三月十八日

上述信件委托庆丰金主席陈发柱转交李嘉诚。

此后形势开始好转，庆丰金开始持续上涨到 0.09 元/股，事情到这里，我如果把仓位出清，应该是非常好的结局，但是基于我是一个长期的价值型投资人，我的投资哲学已经形成一些基本的逻辑，基于对黄金市场的长期看好，所以我已经做好打算坚持做一个长期的庆丰金的投资人，至少投资几年吧。因此我目标长远，并不满足当时获利。

这个时候，深圳盐田区的黄金珠宝大厦竣工了，这是由庆丰金做顾问的深圳黄金珠宝物流中心，承载着深圳对全国的黄金珠宝物流辐射功能。开业那天，气氛很隆重，一楼可以看到庆丰金铺、周大福、周生生、六福、谢瑞麟等名牌大店。黄金珠宝 60% 的设计及物流由深圳发生，而黄金珠宝大厦的目标是供应深圳物流的 60%，这对庆丰金将产生极大的利好作用。

庆丰金债务危机初露端倪

但是我对庆丰金的债务水平低估了，澳大利亚金矿的债主开始上门追债，9000 万的债务总额已经逾期很久，庆丰金开始受到威胁，而由于庆丰金关联公司过去在地产业务的巨大亏损使得香港本地财团不愿施以援手，因此庆丰金艰难发出的 CB 被这些债券股东换成股票后立即在二级市场抛出，即使转股的成本在 0.1 元附近，也认亏出局，只求套现，庆丰金的股价抛盘不断，价格很快下滑到 0.05 元/股附近。

这个时候，庆丰金的另外几个操盘方开始有意见，互相抱怨，股价进一步下滑至 0.03 元/股附近，更多的股东开始有意见了。这个时候，庆丰金还在忙着发债券，换股价是 0.05 元。再后来，由于不断有换股的股东卖出，股价下滑，而庆丰金需要还债及筹集新的资金，换股价只能越来越低，这个时候股价下跌到 0.02 元，有一家香港上市借贷公司表示在庆丰金 10 股合一后，愿意付出现金认购 20% 的股权，面对着好不容易出现的这根救命稻草，而庆丰金也居然答应了，缺钱到了如此的饥不择食的程度，我对此表示强烈的愤慨，这个时候，庆丰金的陈主席也不太愿意接我的电话了。这种情况下，有小股东开始不满并举报。我当时十分无奈。

这个时候，大概到了2003年12月3日，庆丰金发布了一个重磅消息，我从当时的2003年12月3日星期三星岛日报B1版星岛财经摘录如下：

李嘉诚涉足黄金市场①

近日金市再度升温，国际金价一度升穿每安士四百美元的高位，黄金又再成为市场的焦点所在。长实（001）主席李嘉诚，以私人名义成立一家新公司——港金有限公司，从事黄金贸易业务，初次涉足黄金市场。新公司除了从事黄金贸易外，更希望推动以港元结算的黄金报价系统，以恢复香港作为国际黄金交易中心的光彩。

设私人公司买卖黄金

港金的主要业务包括黄金买卖及贸易，但其英文名字（Local Hong Kong）有另一层意义，就是希望推动以港元为结算单位的黄金报价系统。目前每年亚洲区的金条交易量，达一千七百至一千八百万吨，占全球成交量超过一半。虽然香港作为亚洲区的其中一个黄金交易中心，但黄金交易一向以美元计算。因此，推动以（克／港元）为单位的报价系统，就成为港金的目标之一。

庆丰金成顾问

成立港金的建议是由庆丰金（501）主席陈发柱提出。庆丰金的市值只有五亿元，目前的财力难以推动黄金以港元报价的理想，因此陈发柱就亲自向（世伯叔）李嘉诚进行游说。李嘉诚在研究过陈发柱建议后，认为以亚洲区的黄金交易量，以及近期急速增长的内地市场，计划大有可为。提出建议的陈发柱，就因为熟悉黄金交易运作，其控制的庆丰金成为港金的顾

---

① 温伟俊，李嘉诚涉足黄金市场［N］，星岛日报，B1版，2003年12月3日．

问。顾问费用为扣除成本后净利润的三成，另外，庆丰金可向港金贷款以增加财政实力。目前，李氏基金持有庆丰金约二成六股权。

陈发柱去年接受访问时曾表示，内地金市逐步开放，亚洲区未来的黄金交易量，可望增至每年两千两百吨，当中内地则占六百吨。他曾建议香港能成为亚洲区的黄金交易中心，但需要在赤腊角兴建一个黄金交易仓库，方便澳洲、美国、南非及加拿大等产金国，在香港储存黄金，在香港进行交易并进行现货交收，令投资者不需要买卖伦敦黄金。加上香港的讯息发达及外汇自由进出等优势，有助香港成为亚洲黄金交易中心。

陈家与李嘉诚世交

陈发柱的父亲陈木添一代已经开始买卖黄金。陈发柱在九六年以四十四岁之龄，就当上金银贸易场历来最年轻的理事长，而且一做就是两届。早年陈家住在西环皇后大道西，而业务仍在草创期的李嘉诚，则在数街之隔的士美菲路开塑料厂，两家人时有来往，交情深厚。

当时庆丰金处于停牌发债状态，看到这种消息，我感觉到庆丰金还是有希望的，因此，筹集一小部分资金在场外开始超低价收购庆丰金的股票，意图摊低成本，迎接庆丰金复牌后的成功。收集的场外庆丰金股票是通过香港律师行进行的，当然过户也需要律师的协助。那些律师对庆丰金与长江集团的合作也充满信心，从公开报道表面上看，李嘉诚确实参与其中，长江集团通过债券持股庆丰金 26% 也是真实的，但到底参与到什么程度，只能让人猜测。

庆丰金事变

庆丰金迟迟不复牌，让我十分焦虑，便携带着内地小股东的支持信件来到香港交易所进行问讯，记得有上市科的总监接待了我，我说代表小股东对香港交易所迟迟不让庆丰金复牌表示愤慨，希望庆丰金能尽快复牌，该总监含糊其辞只表示在庆丰金履行完相应程序后会很快复牌的，让我回大陆耐心等待消息。后来我又去了一次，这次没人出来接待我，我坚持坐在那里，后来港交所总监终于出来会见了我，说："庆丰金还处在复核复牌程序。"我说："你们上市科既然能够快速批准庆丰金发行债券 CB 的申请，为什么就不能快速批复其复牌呢？"该总监哑口无言，还不断询问我批复 CB 文件是我从哪儿搞的，好像怕担什么责任。我甚至想要就此事到上市科主席那投诉，但主席是个老外，想想只好作罢。我对香港交易所的回复深深失望，感到大事不妙。

庆丰金迟迟不复牌引发更多的恐慌，尽管报章上陆续有李嘉诚涉足黄金市场，及与庆丰金合作的消息，但是庆丰金的一个不知从哪儿冒出的债主却采取行动了。

英文文件显示，一个叫 QIONG WANG 的人士入禀法院，追讨庆丰金 500 万欠款，并希望颁布庆丰金清盘。还有一个因亏损而愤怒的股东则入禀香港证监会投诉庆丰金违法，于是警方开始采取行动。当时的相关报道，现呈现如下：

香港金王四面楚歌 庆丰金因巨债被法院勒令清盘[①]

2005 年 7 月 13 日，债务总额达 11.8 亿港元的庆丰金集团（0501.HK），被香港法院正式勒令清盘。

被庆丰金拖欠约 500 万港元的王琼（音译），于去年 3 月向香港高院起诉，申请将庆丰金清盘。

当天，代表庆丰金的大律师曾要求押后清盘聆讯，因为公司正在进行债务重组，计划向债权人提出两个重组方案，其一为上海一家上市公司对其注资；另一个方案为债权人转为公司股东。庆丰金方面强调，估计有九成的债权人支持公司重组，希望能给公司一个机会。

[①]　杨勋，香港金王四面楚歌庆丰金因巨债被法院勒令清盘［N］，每日经济新闻，2005.

但主审法官鲍晏明认为，庆丰金提出的重组方案并无实质内容，有关注资协议也无法律约束力，遂勒令庆丰金清盘。2003 年 6 月起停牌的庆丰金，现已进入除牌程序第三阶段，若公司不能在 8 月份向香港联交所递交复牌建议书，预计 9 月便会正式被撤销上市地位。而原告也坚决反对押后案件处理，原告认为，庆丰金提出的两个重组方案能否实行，取决于公司能否复牌。

"香港金王"陈发柱之父陈木添于 1949 年创立庆丰金集团，上世纪 70 年代陈发柱子承父业，1996 年成功将公司运作上市。

但随后，陈发柱却因接二连三地错误投资而陷入困境。除庆丰金被正式颁令清盘外，几个月前，陈发柱、陈发梁兄弟还被怀疑涉嫌伪造账目及诈骗，被香港警方拘捕。陈氏兄弟的破产聆讯将于 9 月再次举行，而两人早前曾声称，他们一旦破产，会危及庆丰金集团的重组。

李嘉诚相救未果 港金王陈发柱被拘[①]

经过近两年的调查，香港商业罪案调查科于 5 月 4 日搜查了庆丰金集团（0501. HK）位于长发大厦的总部，拘捕了有"香港金王"之称的庆丰金集团主席陈发柱，原因是其涉嫌一宗涉及 15 亿港元的诈骗及伪造账目案，同时被捕的还有其胞弟、公司副主席及总裁陈发梁，一名女董事及前财务总监等 9 人。

因与陈发柱父亲的多年交情，长和系主席李嘉诚在其危机期间曾屡次出手相助。在陈发柱事发之后，李嘉诚公开表示，曾经出手相助陈发柱，但绝不涉及任何非法行为。

2003 年 6 月，香港商业罪案调查科接到香港证监会的通知，怀疑庆丰金涉及不法行为。经调查发现，庆丰金在 2001 年 2 至 4 月间，涉嫌与多家公司在内地开设多家珠宝金行，并通过在公司的财务年报中利用会计原则作

---

① 杨绩，李嘉诚相救未果港金王陈发柱被拘［N］，每日经济新闻，2005 - 5 - 14.

假，进行虚假投资计划。

另外，2003 年，李嘉诚以私人名义成立港金公司，经营黄金及贵金属提炼、铸造、零售、贸易及融资业务，并独家授权庆丰金，为其提供黄金及贵金属业务的顾问咨询和供应服务，庆丰金将可收取该公司纯利约 30% 的顾问费用。陈发柱曾表示，成立港金是他向李嘉诚建议的，希望借此支持庆丰金。据悉，陷入困境后的庆丰金的主要业务，只剩下这一部分作为支撑。

后来记得 2006 年我在香港高等法院帮朋友见证一单证据案件时，在门口恰好遇见陈氏兄弟前来保释报到，只见陈发柱忽然失去了香港金王的迷人气度，头发很长遮住前盖，白发明显透露出沧桑，面无表情，整个一普通的香港老人，金王风采荡然无存。此情此景，一切释然。

就这样，庆丰金最终摘牌，其主席也入狱。因为其资产乏善可陈，所以股东的投资全部蒸发，这期间我及朋友的合计损失大概是 2000 万，其他独立操盘方损失 1 亿多，一代香港金王陨落了，伴随着我长达三年的努力和心血，伴随着我朋友们的投资，一切灰飞烟灭。令人伤感和痛惜。如果非要说原因我认为是连锁的，庆丰金因为关联公司在 2001 年前积累的地产巨幅亏损导致了资金被挪用及潜在此起彼伏的债务，庆丰金对股东的不尊重（或许因为历史原因其迫不得已），因为港交所武断地迟迟不复牌，因为债主的如禀法院，因为个别股东的极致追诉，最后随着庆丰金的摘牌和清盘，随着陈发柱的入狱，一切皆灰飞烟灭。我付出了全部三年的努力和心血，结局令人伤感。这是一个失败的故事，绝不是一个励志的故事。伴随着黄金价格的十年上涨及中国黄金市场 50 年来终于开放及李嘉诚的入股及支持，庆丰金本应该是一个成功的故事，然而现实却是失败了，或许这是命运使然。

正如北宋传奇状元宰相吕蒙正写的流传了 1300 年的《命运赋》① 结尾所言：人道我贵，人道我狱，非我只能也，此乃时也，运也，命也。

---

① 吕蒙正，命运赋［Z］，北宋.

北宋宰相吕蒙正，洛阳人，幼年贫苦，孜孜好学。宋太宗、真宗两朝，他曾三居相位，封昭文馆大学士、太子太师、蔡国公。真宗景德二年辞归洛阳，在伊水上流建宅，木茂竹盛，后世称吕文穆园。

《命运赋》

天有不测风云，人有旦夕祸福。蜈蚣百足，行不及蛇；雄鸡两翼，飞不过鸦。马有千里之程，无骑不能自往；人有冲天之志，非运不能自通。

盖闻：人生在世，富贵不能淫，贫贱不能移。文章盖世，孔子厄于陈邦；武略超群，太公钓于渭水。颜渊命短，殊非凶恶之徒；盗跖年长，岂是善良之辈。尧帝明圣，却生不肖之儿；瞽叟愚顽，反生大孝之子。张良原是布衣，萧何称谓县吏。晏子身无五尺，封作齐国宰相；孔明卧居草庐，能作蜀汉军师。楚霸虽雄，败于乌江自刎；汉王虽弱，竟有万里江山。李广有射虎之威，到老无封；冯唐有乘龙之才，一生不遇。韩信未遇之时，无一日三餐，及至遇行，腰悬三尺玉印，一旦时衰，死于阴人之手。

有先贫而后富，有老壮而少衰。满腹文章，白发竟然不中；才疏学浅，少年及第登科。深院宫娥，运退反为妓妾；风流妓女，时来配作夫人。

青春美女，却招愚蠢之夫；俊秀郎君，反配粗丑之妇。蛟龙未遇，潜水于鱼鳖之间；君子失时，拱手于小人之下。衣服虽破，常存仪礼之容；面带忧愁，每抱怀安之量。时遭不遇，只宜安贫守份；心若不欺，必然扬眉吐气。初贫君子，天然骨骼生成；乍富小人，不脱贫寒肌体。

天不得时，日月无光；地不得时，草木不生；水不得时，风浪不平；人不得时，利运不通。注福注禄，命里已安排定，富贵谁不欲？人若不依根基八字，岂能为卿为相？

吾昔寓居洛阳，朝求僧餐，暮宿破窑，思衣不可遮其体，思食不可济其饥，上人憎，下人厌，人道我贱，非我不弃也。今居朝堂，官至极品，位置三公，身虽鞠躬于一人之下，而列职于千万人之上，有挞百僚之杖，有斩鄙咨之剑，思衣而有罗锦千箱，思食而有珍馐百味，出则壮士执鞭，入则佳人捧觞，上人宠，下人拥。人道我贵，非我之能也，此乃时也、运也、命也。

嗟呼！人生在世，富贵不可尽用，贫贱不可自欺，听由天地循环，周而复始焉。

庆丰金事件我得到的最大教训是：作为一个股东，如果管理层需要你付出巨大努力并不断融资你就要警惕并考虑中止继续投入。如果要在企业美好前景和实际盈利之间做出选择，我毫不犹豫选择后者。此外，做事情量力而行是最好的行事准则。

第五章

君安私募基金的辉煌与失落

> 世上最快乐的事，莫过于为理想而奋斗。
>
> ——苏格拉底

种下价值投资的种子

1998 年底，我 25 岁，经钟兆民先生邀请，我来到深圳振华路君安证券福田营业部做客，钟兆民先生是一位开朗开明的老大哥，他总是喜欢送别人一本书作为礼物催别人奋进。那时候钟兆民是君安证券福田营业部老总，是毕业于美国霍普金斯大学南京大学中美研究中心的国际金融硕士，2004年创立东方港湾管理团队，1998 年~2003 年任光大证券南方总部资产管理部、平安证券资产管理部总经理，1996 年~1998 年任君安证券福田营业部总经理，1995 年~1996 年任佛山保利期货有限公司副总经理。

我与他的交际就是在 1998 年底，那是我从珠海中期国际期货来到深圳的第二年，那时候我刚上任财经期货副总裁不久，一位同事说有一位高手想见我，他说是君安福田老总钟兆民先生。我也是慕名赴面，相谈甚欢，分手时，钟兆民把他写的一本小册子《金融投资市场本质》送给了我，并说中国证券市场将迎来大发展，希望我从期货市场转到股票市场。回来后，我认真拜读了《金融投资市场本质》，依旧奋战在期货市场。

直到有一天，财经期货因为自身挪用款项问题被监管机构处理，我才想到转向股票市场。于是想到了钟兆民的君安证券，我就转了几十万到君安证券开了户，向钟总要了一间靠窗户的大户室。钟总半严肃地说，200万才可以给一间大户室的，但考虑到我的资历，先给我用着，希望我尽快做出业绩。呵呵，证券公司老总总是喜欢别人出业绩，拉业务的。于是开始了我的股票基金生涯，由于我在期货生涯的后期，已经了解了基金的运作方式，因此，我计划先把股票市场全部研究一遍，然后采用私募基金运作的方式。

说来也巧，我在1998年国庆期间回山东老家时，在青岛机场书店看到了一本书《一个美国资本家的成长——世界首富沃伦巴菲特传》，我毫不犹豫买了一本，津津有味地看了一路。到深圳后，越看越喜欢，连续看了好几遍，上面详细记载了巴菲特投资哲学的原理和形成过程，及巴菲特合伙事业的开展历程，以及后来巴菲特收购伯克希尔，通过收购保险公司获得资金买进各种低估值的优秀企业，并持续买进可口可乐、富国银行等优质企业从而成为了世界首富。我看了以后，恍然大悟，未来曲折迷茫的道路瞬间变得笔直而清晰。我知道该怎么做了。

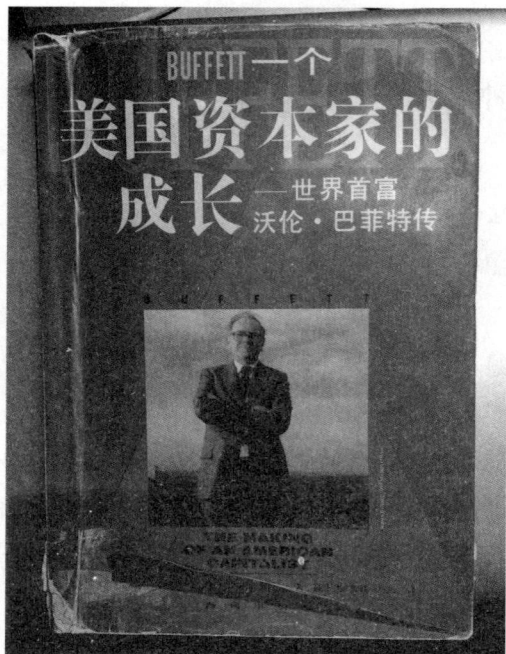

就是这本1998年买的书，带领我一路前行。

私募运作的雏形

我连续研究了深圳上海所有 1200 只股票，并做了笔记，按照周期与非周期、重资产与轻资产、过桥收费与有无核心竞争力等做了所有的分类，搜索出了伊利股份、云南白药、综艺股份、青岛啤酒、华侨城 A 等符合巴菲特原则的股票。由于我从小对亲戚因酒瘾喝白酒造成的家庭悲剧深恶痛绝，因此对白酒我不喝不问，所有白酒企业包括贵州茅台我一概放弃研究。但我认为贵州茅台最大的好处是存货不怕过期，越放越值钱，这是茅台股票最值钱的地方。但茅台市值已高达 4000 亿，预计增长将缓慢。我从不喝白酒，只喝点青岛啤酒什么的，也最多就着海鲜喝一瓶青岛啤酒。

于是，万事俱备只欠东风了，除了自己的一点资金外，我没有任何值得投资人认可的业绩，但是我却渴望运作客户的资金，于是我想了一个办法。1999 年 3 月，我在深圳特区报头版中缝刊登了一个广告，我记得广告是这样写的：本人烟台商校毕业，四年会计专业，从事银行、期货、证券多年，现打算征求资金运作上海、深圳股票市场，争取超越大盘的回报。

原本我以为中缝的广告没人会看，谁知还真有客户打电话来了，我记得有一个付大姐第一个给我打电话。她在简单了解了我的情况后，带着股东卡来君安证券大户室找我，在详细了解了我的投资哲学后，她对巴菲特产生了兴趣，最后从南方证券转来了价值 70 万元的股票。好家伙，我一看，足足买了 20 多只股票。后来我把账户处理了一下，买进了青啤、伊利及与云南白药。就这样后来陆续来了 20 几个客户，那个时代，好像这样做私募的还不多。

"519" 行情下选中综艺股份

过了两个月，1999 年 5 与 19 日，著名的"519"行情爆发了。那是一个网络股的行情，热点主题是三网合一，例如真空电子、山西三维、长安信息、东方明珠、厦门信达、中信国安、青旅控股、科利华、上海梅林、海虹控股等纷纷大涨。我一看自己的股票不太涨，考虑了一下还是换成了风头最劲的广电股份，但很快广电股份的上升气势开始衰弱，这时候，综艺股份公告了重大消息，综艺股份收购了当时中国最大的软件连锁销售组织北京连邦软件。北京连邦软件成立了 8848 网站（8848. net），主营网上购物，这股风潮是由大洋彼岸美国刮来的，当时美国的网络股例如网上购物亚马逊，网上拍卖 EBAY，网络门户雅虎等开始发力股价一升再升，亚马逊是最大河流，综艺股份便用世界最高峰珠穆朗玛的海拔高度 8848 成立网站，成功雄心可见一斑，关键连邦软件有运作的实力，再加上当时的总经理王峻涛是福州连邦软件的老总，已经运作电子商务一年了而且卓有成效。

综艺开始第一个涨停板时，我仔细琢磨了一下中国股市形势：当前是网络股领涨，别的行业股票不太动，网络股上涨是因为美国网络股的强力刺激，中国的网络股其实勉为其难，动力不足。因为那个时候，用电脑的人都很少，电脑上网只能用很细的电话线拨号上网，速度慢得很。没办法，市场只能先炒作三网合一概念，例如广电有线网络或电力线电话线来传输网络信号，及生产路由器的厦门信达，因为当时的中国连电脑都没有普及，基本设施都不足，网速极慢。

但我想，你把线铺好了，路由器装好了，最终还是网上购物玩游戏的概念才炒得起来，打定主意，我立即全部换股买进了综艺股份（内置连邦软件和 8848 网站）和海虹控股（内置联众游戏）。

其中90%持仓为综艺股份，就像中了彩票一等奖，这次赌注押对了，我12元/股买入的综艺股份开始上涨到29元/股，回报急速上升一倍，大盘大幅调整时，综艺仅仅从29元/股轻微调整到22元/股，随后大盘继续调整，综艺却稳步上攻到38元/股，回报达到惊人的200%，这时候大盘涨幅只有30%，大盘继续调整，综艺居然只是顽强轻微的横盘调整，每次收盘前20秒即有几百手的大买单扫货上拉，看着相当刺激和兴奋，自信心猛增，周围的大户十分羡慕我的持仓远远超越大盘，开始询问我是否有内幕。

这时候我注意到隔壁大户室有个老太太几天没来了，我问他先生，他说："她前几天在振兴路翻越马路栏杆时被中巴车撞死了，去世了。"那时候的中巴车为了抢客冲得很，我心里一惊，阿弥陀佛，阿姨去世了，便问他作为她老伴怎么还来炒股，不在家给老伴发丧呀，他一边敲着电脑却并不吱声，我心里开始蔑视这个男人，为了炒股居然对亲情如此冷淡。

这个时候大概是1999年9月，我有几个早期合伙人开始结算了，看看我当时给客户写的结算信件，是不是有点巴菲特风格呢？

我在抬头为君安证券有限责任公司的信纸上写道：

君安证券有限责任公司
J&A SECURITIES LTD.

尊敬的赵小姐：

您好！

大象投资基金谨向您致以崇高的敬意！

作为合伙人，合作期间您给予我们运作的支持及信任，我表示感谢。正是由于您对投资的合适选择，您的账户在大盘同期涨幅5.96%的情况下，盈利高达51.48%，即使经过分配，盈利仍高达41.44%。

照目前来看，1999年大象合伙基金将向前推进100%以上，旗下的合伙人大部已成为百万富翁,我们需要"淡泊以明志,宁静以致远"来对待财富的强劲增长。股市风险莫测,成绩来之不易,往昔犹自豪,未来路更艰,大象基金将牢牢把握"风险控制,高效运作"的风格,继续前进。

大象在泰国被看作是神的象征,在动物界,它们更是一种有灵性的动物,稳健的步伐,一路浩荡,极富责任感。让我们在大象的感召下,向未来前进。

值此中秋节来临之际,谨祝您家庭幸福!

君安证券福田营业部 - 大象投资基金

冷立昌

1999.09.14

地址:中国·深圳市春风路 2008 号

电话:0755 - 2296666

传真:0755 - 2236157

Internet 网址:http://www.jas.com.cn

邮编:518002

"519 行情" 成也徐翔 败也徐翔

在这次"519 行情"中,不但是我开始受益,那边厢,在浙江宁波,"519行情"也改变了徐翔,出身草根的他更是成为了当时的孤胆英雄。

《棱镜》记者张庆宁在徐翔沉浮录中写道:1999 年,由于北约轰炸我国驻南联盟大使馆,A 股市场悲观情绪蔓延。高层通过证监会向市场传达 8 点提振市场信心的意见,使得压制沪市长达 7 年之久的 1558 点在 5 月 19 日那天被一举拿下,政策牛市 519 行情到来。那年我 26 岁,徐翔 23 岁,那时起,徐翔在宁波开始打造涨停板敢死队,运用"虚假托单""一字断魂刀"等手法操作股市，徐翔不好烟酒，不好名车，平时的放松方式就是收盘后去洗浴中心泡泡澡。只有炒股赚钱是他的人生最大爱好，买入卖出的那一刻，能给他带来巨大快感。在"519 行情"的机会里，徐翔完成了原始积累，他偏向深度介入重组题材，喜欢做壳重组谋求暴利，充分遵循了A 股的客观情况。

尽管我的风格是受巴菲特影响，只通过投资最有价值的股票长期持有获利，例如投资伊利股份，但是我仍然对徐翔的操作风格不置妄评。他的做法其实很适应过去 20 年的中国股市客观事实，箱型震荡，重组壳资源。在2015 年 6 月的 A 股股灾中，我提前判断全身而退，包括海天味业、伊利股份、上海家化等基本卖出。只保留了伊利的纪念性仓位。而徐翔因为做得规模太大，最终出事。股灾之前，徐翔已是私募一哥，名利双收。他在上海买入 15 万/平方的顶级豪宅汤臣一品。2014 年，他又斥资 7000 万在宁波高档小区新海景花园买入四套联排别墅。他旗下的泽熙管理的资金规模接近惊人的 200 亿元。2015 前三季度中国阳光私募基金巅峰榜中，泽熙投资以平均 217% 收益率位居第一。

令人遗憾的是，因为牵涉到了证券公司和上海官场的关联交易，2015 年 11月 1 日上午，杭州湾大桥全线封道。公安机关在大桥上，将从上海赶回宁波，准备参加祖母百岁寿宴的徐翔抓获。随后数小时，徐翔被抓照片开始在网络疯传，个头不高，头发凌乱，表情呆滞，戴着手铐，身着白色阿玛尼休闲西装，冷漠注视着镜头。2016 年 4 月，新华社发布消息，徐翔因为涉嫌操纵证券市场，内幕交易犯罪，被依法逮捕。现在关押在青岛胶州看守所。

综艺股份斩获颇丰

来不及多想，很快，综艺股份公告每 10 股送 5 股，除权后，再次发力上拉强力填权，这时候加上我不断买进的仓位，我旗下客户持有仓位差不多有2000万市值了，填完权补完缺口后，综艺股份终于随大盘调整开始下跌，大概从32跌到了20。这个时候，8848网站的论坛出现了不和谐的声音，有欧洲的网友举报说综艺股份当年为了上市拼凑假身份证做股东等问题，我有点担心，但这种担心很快被市场的狂热所冲淡，这个时候，王峻涛，就是8848网站的CEO开始主宰了8848股市沙龙，凡是综艺股份的大小股东每天都在上面发言等着王先生现出真身发表他的只言片语，有一次，王峻涛说，我们团队高举美元大支票，在欧洲终于拿下了8848.COM网址已经收入囊中，大家一片欢呼！因为8848.COM域名一直被一个欧洲人抢先注册，8848用了100万美元才买回来这个顶级域名。

紧接着1999年12月8日，上海证券报刊登出：微软中国第二号人物谭智加盟8848。

微软的中国区负责人每一任还都是很厉害的，例如吴士宏写了一本书《逆风飞扬》我读过，后来的唐骏写的《我的成功可以复制》，确实可以学到很多令人奋进的心灵鸡汤。但是我恰好在2016年6月7日第18届中国风险投资论坛中听到唐骏的演讲，他居然讲不要投资沪深股市，不要投资新三板等令人诧异的内容，他是一个成功的职业经理人，却谈到股市投资，即便巴菲特也从没告诫别人不投资股票市场，但是不可否认唐先生的演讲能力还是很强大的，只是他太自信了，以至于有点傲慢，在演讲中他的观点居然覆盖了他并不擅长的领域。相反，民建中央主席陈昌智先生，71岁高龄了，却对时下新兴的风险投资股权投资熟悉有加，其前瞻力令人尊重。

谭智在微软中国负责选择合作伙伴，开发销售渠道和销售管理等工作。据了解，8848网站最新开展了多项特色服务，并将进军玩具、票务、旅游纪念品和特色消费领域，开设上海、北京、香港、纽约常设机构，进一步整合物流配送体系，加强与其他网站商业合作，以及建立和推广企业ERP系统等。同时8848网站也出现了雅虎创始人杨致远的身影，在亚马逊已经达到几百亿美元市值的基础上，这消息令人振奋。

这个相当厉害的谭智是何许人也？谭智，男，1955 年 7 月 1 日出生，吉林长春人。1980 年毕业于吉林大学计算机科学系，1984 年获美国马萨诸塞州伍斯特理工学院计算机科学系硕士学位，并在 1987 年成为该学院的第一名计算机科学系博士。

他 1987 年任外经贸部计算中心处长，现任上海框架广告发展有限公司首席执行官。在加入上海框架公司之前，为香港 Tom 集团高级顾问，负责该集团的中国营运中心工作和集团技术发展工作，为 Tom 集团在中国的收购整合、技术开发，以及建立跨媒体平台和运营工作做出了巨大的贡献。

此前，谭智先生战绩辉煌，身为 8848. net 公司首席执行官，仅用了两年的时间带领团队建成了中国最大的电子商务公司和平台，成为当时互联网公司中的领军人物。他在 2004 年起担任框架传媒董事长兼首席执行官，在任期间，一手促成框架 11 个月内对电梯平面媒体市场的整合，带领框架一举占领电梯平面媒体 90% 以上的市场份额，并成功并入分众传媒，成为资本运作领域的经典。

后来，谭智的框架传媒被江南春收购而获利 10 亿左右，修成正果。而江南春，也巩固了其电梯口液晶广告业务的分众传媒，从而在美国纳斯达克顺利上市后又以 37 亿美元退市，最后顺应 A 股高估值借壳七喜控股上市，市值劲升 10 倍达到惊人的 2000 亿，这里面借 2008 年金融危机在美国悄然买进分众传媒股权的复星国际的郭广昌也显示了其精明头脑，直到被江南春发现劝阻后才停止继续买入。此役郭广昌斩获巨大，令人佩服，其实后来我也买过分众传媒，只不过熬不过退市的传闻。

话说当年的 8848，为了支持其电子商务，我也赶紧在 8848 网站买了三只手表，这是王峻涛特别设计的，上面有美国和中国两个时区的提示，用意是将来 8848 网站在美国上市时方便股东看时间，看看想得多周到啊。

1999 年 12 月 31 日到了，这时候，很多人开始怕千年虫发作，因为电脑当时没考虑到 2000 年的时间设计，因此电脑都要严密备份，怕数据丢失。我也很担心，赶紧在最后一天把所有管理的账户一个一个输入密码，把每个账户的股票持仓及现金数量抄了本子上，以防止千年虫发作找不到客户的股票数量，我一统计，好家伙，市值差不多 3000 万了，按照盈利的 20% 提成，我可以赚到 300 多万，这是我有生以来最大的一笔钱，想想都激动。后来 2000 年终于安全到来了，平安大吉。

当时，《上海证券报》统计了 1999 年沪深股市涨幅榜，排名第一的就是综艺股份。没错就是我全仓持股的综艺股份，一股自豪感油然而生。也就是说，我的大象私募基金回报在 1999 年是中国排名第一。在持有综艺的日子里，就连结算单都透露出巴菲特的风格，透露着超越大盘的喜悦！

那段时间的君安时光，我每天是非常愉快的，君安的交易大厅里经常播放瑞典乐队 Roxette 的 *It must have been love* 还有 Céline Dion（席琳·迪翁）的 *The power of love*，还有张雨生的《大海》，伴随着牛市，伴随着所持股票十倍于大盘的涨幅，听着这些饱含爱的力量的歌曲，令人感觉活着真好，辛苦终于获得了回报。

就像刘欢《在路上》歌词里的意境：

- 那一天
- 我不得已上路
- 为不安分的心
- 为自尊的生存
- 为自我的证明
- 路上的辛酸已融进我的眼睛
- 心灵的困境已化作我的坚定

- 在路上 用我心灵的呼声
- 在路上 只为伴着我的人
- 在路上 是我生命的远行

· 在路上 只为温暖我的人

· 温暖我的人

时至今日，每每听到这些歌曲，那时的美好氛围便会时光重现，在伤感中令我重聚力量。

受昝圣达之邀参加综艺股份股东大会

终于 2000 年 1 月 28 日到了，春节前最后一个交易日，综艺股份发力上攻，以逼近历史高位价格收盘。我放心地回山东老家过年了，那是我最快乐的一个年，给亲戚拜年都发了红包。有些穷亲戚都很吃惊很开心，说我小子不再是当年瞎闯南方珠海、瞎闯深圳的盲流了，终于成了大老板了！你看，咱们很多人的思维就是跟着钱包转。其实我敢大方给亲戚邻居发红包一个是因为有些亲戚确实太穷了，有些人看病都舍不得钱，宁肯拖着病死就是舍不得兜里掏钱。另外一个原因是因为我有预感，春节后我将赚得更多！

果然，经过春节期间的赚钱效应民意发酵，大家都开始往股市里投钱了，伴随着大盘的带动，综艺股份直接一点涨停，后来连续 6 天，6 个点，我一看账户都晕了，6000 多万市值了！我可以赚 600 万了。在第三个涨停板时，处于本能的恐惧，我开始卖出了 10% 左右的仓位，和几个客户结算了！早期客户翻了 5 倍，我一下子进账了几十万，那可不是一笔小钱，要知道那时间腾讯控股的马化腾为了寻求 50 万元借款而东奔西波呢！早知道我在 99 年底和 2000 年初把 100 万利润分了投资给马化腾就好了。

这个时候，网友不怕股价高企，在 8848 股市沙龙号召大家去参加综艺股份的股东大会。股东大会开始了，董事长昝圣达在会上出现了，左右分别是苏启强和王峻涛。

苏启强是国内著名 IT 企业家。1962 年 11 月生于福建永定县。1979 至 1983 年，在厦门大学经济学院会计系学习。1988 年，苏启强从国务院机关事务管理局会计司辞职下海，与王文京共同创办了用友软件公司。此后他成为了从体制内出走创业成功的典范：1994 年，苏启强与吴铁等人合作，创办了连邦软件公司；1999 年，苏启强投资创建了 8848 电子商务网站；1999 年创办雅宝拍卖网站。

股东会上，综艺股份董事长左手拉着苏启强，右手拉着王峻涛，那时候，苏启强是国内最大连锁软件连邦软件的董事长，王峻涛则是 8848 的董事长，而昝圣达那就更厉害了。

昝圣达，男，江苏综艺集团、江苏综艺股份有限公司董事长、总经理。通州市兴东镇党委书记、黄金村党总支书记。生于江苏通州市兴东镇黄金村，清华大学 MBA 在读。南京大学客座教授。2015 福布斯华人富豪榜第 203 名。

1979 年，高考时的一个"小小误会"，让昝圣达与大学擦肩而过，回到生身地江苏南通黄金村村办绣衣厂做工。

1982 年—1987 年，南通县绣衣厂优秀的服装设计员及管理者。"不养人"的村办厂，迫使对财富有着极大渴求的昝圣达从绣衣厂带出 21 台破旧缝纫机，从当地农村信用社的借来的 80 万元贷款，创办刺绣厂，1 年间，昝圣达就赚到了他的第一个 100 万。

1992 年，昝圣达偶然得知，一位做胶合板的台商想在祖国大陆投资木业。他与这位台商合资，加上美国一家公司，总投资 2400 万美元，创办了当时国内最大的胶合板生产企业———南通复盛木。次年，经过长期准备的昝圣达抢在头班车申请发行股票。

1995 年—1997 年，他创办了江苏综艺股份有限公司。1998 年，他果断向国内最大的正版软件销售企业——北京连邦软件有限公司注资 3264 万元，取得了连邦软件的控股权，并通过连邦组建了国内最大的电子商务有限公司，带动了国内电子商务业的发展。

1998 年 12 月，综艺股份出价 3，264 万元，收购北京连邦软件 51% 的股权，并出任北京连邦软件董事长。

1999 年，南京大学、江苏共创教育发展有限公司与综艺共同投资，成立了专业化软件开发公司———南大苏富特软件公司，综艺成为第二大股东。

2002 年 3 月，在多方考察和论证之后，昝圣达与韩国周星工程公司又签署了协议，共同投资 1.5 亿美元，从事半导体设备的研发、生产和销售。

昝总最成功的股权投资是投资洋河股份，8 年 670 倍回报创了记录。洋河股份于 2009 年 11 月 6 日上市，发行价 60 元/股，短短一年间股价扶摇直上，在年底报收 226.5 元/股，是沪深两市第一高价股，原始股东个个赚得盆满钵溢。这其中就包括昝圣达。

2010 年 11 月 8 日，两市第一高价股洋河股份 1.556 亿股限售股将流通，昝圣达控制的综艺投资和江苏高投合计 5310.44 万股"出笼"，市值高达 120.28 亿元，其中综艺股份间接持股市值达 10.8 亿元。令人咋舌的是，综艺投资和江苏高投当时的账面回报逾 669 倍，刷新了 PE 投资收益纪录。

昝圣达与洋河股份的深厚渊源，笔者记叙如下：

2002 年末，洋河酒厂改制为股份公司，由洋河集团联合 6 家法人和杨廷栋等 14 位自然人发起设立，注册资本为 6800 万元。当时，综艺投资和江苏高投便已跻身发起人股东之一，综艺投资出资 1500 万元持有 983.415 万股，占总股本的 14.46%；江苏高投出资 300 万元持有 196.683 万股，占总本股的 2.89%。

2006 年度和 2007 年度，业绩稳增的洋河股份分别实施"10 转 5 股"、"10 转 1.5 送 18.5 股"，使总股本扩至 4.05 亿股。其中，综艺投资持有 4425.3675 万股股份，占总股本的 10.93%；江苏高投持有 885.0735 万股股份，占比 2.19%。此外，2006 年度至 2008 年度，洋河股份每 10 股分别派现 3.6 元、6 元和 4 元（均含税），仅此一项，综艺投资和江苏高投收获的红利已 2 倍于投资成本。

昝圣达是综艺投资第一大股东，持股比例为 52%；综艺投资是综艺股份第一大股东，持股比例为 34.43%；综艺股份又是江苏高投的第一大股东，持股比例为 53.85%。

话说股东会上，昝总特别敬了我一杯酒，我很激动，连忙双手回敬。

昝总为何特别敬我酒呢？我想是我主动写信给他的缘故，记得 2000 年初有一次我在深圳君安证券大户室接到一个电话，我说喂您找谁？他说我是昝圣达，我一听，电话差点掉地上，连忙说，"没想到昝总亲自打电话过来"，昝总说："你的两封传真都收到了，写得非常好，建议我们走伯克希尔的路子，稳定丝绸纺织品的收益现金流，然后去收购优质企业，我们也是这样想的……"，最后昝总邀请我去参加股东大会。

股东大会回来的路上，我们小股东都认为综艺股份的股价不会再跌了，特别是那个上海的组织者，网名是"不怕高"，我当时的网名是 ECO，为啥不是 CEO，我记得王峻涛让大家报网名时问到了我，我连忙说，我这个 ECO 是英文 ECOLOGY 的前三个字母，意思我要做环保分子。

> 事情是这样，就不会是那样。在错误的路上，奔跑也没用。
>
> ——智者

结果事与愿违，回来后，2000 年 8 月，综艺跌到了靠近 30 元/股，美国的网络股热潮开始消退，亚马逊开始下跌 90%，EBAY 开始下跌 80%，雅虎开始下跌 85%，网易在美国纳斯达克跌到了 0.64 美元/股，跌破净现金价，甚至因为财务造假被纳斯达克停牌 4 个月，新浪搜狐也很惨烈，熊来了！我评估了形式，决定平仓出局，一统计早期客户基本都是盈利的，后来的客户亏损大概 20% 左右，由于亏损不大，加上对后市有点绝望，我决定把账户都还给客户休息一下。其实这个时候，我本可以买回当初选择的伊利股份、云南白药及青岛啤酒这些白马股，也就是我98年根据巴菲特原则选择的长期制胜股。但是这个时候发生了一个事情，让我开始害怕A股的个别投资人。有个客户绑架我。

一言不合被绑架

这个客户是个女的，是在综艺回调到40元/股买进的，30元/股卖出后，亏了接近25%，后来这个女客户说我为什么不买那些涨的股票，并强行让我买另外一只，结果又亏了10%，后来，我坚决不给她做了。有一天，她带了五个人找到我，让我赔钱，我说："合同没写保本，只是说超越定期利息2.25%以上的利润我提成20%。"她说她不管，就是让我赔，我说："你先生知道这个事情？"她说她刚离婚，我杀了他老公她也不管，但是我不可以碰她儿子。我这才明白，有一次我问过她儿子的学校，她想多了，也不知道是不是故意的，她找的人相当凶悍，见我不给钱，她找的那帮人威胁要做了我，把我扔到公海里。我当时真有点怕了，连忙通知我当时的女朋友筹集了一些钱，按照他们的要求，东拐西绕在一个高速路口把钱给到一辆车。收到钱后，有个恶狠狠的青年把我的摩托罗拉手机电池拔下，带我上车蒙着头，简直比后来绑架香港超级富豪的张子强团伙还专业，我说："为什么把我的手机电池给扔了"，他说怕我报警，后来我真去派出所给警察反映过，可是警察也不太管这种事。经过这次事件，我开始做事变得很小心。

这次的被绑架事件促使我反思私募行业的合规合同，应该遵循证监法规精神，不可以保本保息或模糊不清，合同上应该明确，基金经理人应该诚实规范、恪尽职守，谨慎选择投资人。而投资人也应该谨慎选择基金经理，不要粗暴干涉基金经理人。

其实在资本市场，因为金钱产生了太多的纠纷和事件，就算不在资本市场，意外也随时可以发生。

《三国演义》第七十七回介绍了玉泉山关公显灵之事。在东汉建安二十四年，关公在远安的回马坡被吴将马忠用绊马索绊倒后所获，因他拒不降吴，被斩后冤魂不散，来到玉泉山上空大喊三声："还我头来！"后普净法师出庵指点教化他道："昔非今是，一切休论。后果前因，彼此不爽。今关将军被吕蒙所害，大喊还我头来。然而，将军生前，诛颜良杀文丑，过五关斩六将，那些人的头，又叫谁还呢？"关羽听了普净的法语，恍然大悟，心悦诚服，于是皈依普净。

"昔非今是，一切休论。后果前因，彼此不爽。"我顿悟到与客户之间的冲突实际上是有因果关系的，提前也是可以预防的，一是自己要加强职业修养，增强专业水平。二是要规范合同，不要轻易保本保息，不要随便接收拿生活费来投资的风险承受度很低的客户。但即便这样，仍然要做好人生面临困局的心理准备，只有这样，才能从容面对一切。

伴随着综艺的股价持续阴跌，期间少有反弹，虽然大盘仍然在试图上冲，鉴于美国网络股泡沫已经破灭，我卖出所有综艺股票，具体是在 2000 年 9 月在 30 多元每股的位置全部平仓。如果那个时候买进伊利股份及云南白药、青岛啤酒等的话，将是相当完美。可惜基于对网络泡沫破灭后的过多恐惧，连极少数我头脑中早已选择好的长期最优质股票也放弃了。不过后来事实证明我的决定还是正确的，综艺一直跌破 20 元、15 元、10 元、一直跌到 2006 年 9 月，跌到 8 元/股。就是说我出来后，后来一直跌了 6 年。

而大盘也在 2001 年 6 月 15 日创下 2245 点新高后，一路下跌，并且在 2005 年 6 月 10 日创出 998 点新低。整体上海指数跌幅高达 55%！所有二级市场投资人损失惨重。我很庆幸能够提前脱身，尽管是有点不情愿地脱身。

整体来看，我那时候全部解散合伙人事业是正确的决定，回避了风险的进一步扩大，回避了持续 5 年之久的大熊市。对 A 股的失望促使我加入了东欧集团开始香港和美国股市的运作。

第六章

期货市场四年沉浮录

有限度输，无限度赢。

——赌神叶汉

离开青岛去珠海

1995 年 8 月我来到了珠海，其实没有一些缘由，普通人特别是一个北方人是不可能大老远来到陌生的珠海或深圳的。我的缘由是我当时的老大孙智社长在珠海佳能和珠海证券工作过，我极为崇拜他，我认为有必要来珠海闯一闯，于是就来了。

来了就要找工作，工作不好找，于是我找了一个广告公司叫珠海印象广告公司，是在珠海吉大中心区的一个住宅小区里，毕业于四川大学艺术学院设计系的陈总和他同学开的设计装潢公司，我的工作就是每天骑着单车去外边拉设计订单，例如企业标志设计或公司形象策划什么的，及推销挂历。每个月我还要兼职给老板记账，做财务报表报税什么的，我工作很勤快，很快就拉了一个企业宣传册的单，老板很高兴，第二天我又准备骑着单车去拉业务时，老板把他的摩托罗拉 BP 传呼机挂在我的腰带上，腰上别着 BP 机，我感觉路人都在看着我呢，自行车蹬得更起劲了。呵呵，那时候的传呼机要 300 多元，一般人舍不得买呢，一旦听到吱吱地响，你就要想办法找个路边固定电话给回过去。

后来我感觉这样天天骑着单车跑不是我喜欢的事情，正合适看到《珠海特区报》有一家公司刊登广告说招聘期货经纪人，珠海中期国际期货经纪有限公司，我顺路就去了，培训以后，简单考试了一下，就被录取了。中国国际期货经纪有限公司创立于 1992 年（简称"中国国际期货"），注册资本 17 亿元人民币，是中国成立最早，规模最大，营运最规范的大型期货公司之一。中期国际期货拥有上海期货交易所、大连商品交易所、郑州商品交易所的交易席位，是上海期货交易所、郑州商品交易所的理事会员、中国期货业协会理事单位，曾先后多次受到国家及部委领导的参观和指导。那时候的董事长是田源。

田源，汉族，河南郑州人，1954 年 8 月生，经济学博士。全国最大的流通和物流支持企业——中国诚通董事长，也是中国最大的期货公司——中国国际期货经纪有限公司（中期期货）的创始人和董事长。曾任"国务院经济改革方案办公室"价格组副组长，在中国价格改革的设计与推动上做出了贡献，做过不止一家企业的创始人，经历过将一家初创企业打造成行业第一名的全部艰辛，有"中国期货业教父"之称。

建国后，我国期货市场基本上与证券市场同时产生和发展。笔者先在此给大家科普一下：

1990 年 10 月 12 日，中国郑州粮食批发市场作为第一个农产品交易所正式开业，标志着我国期货市场试点工作的正式开始；
1992 年 1 月 8 日，第一个期货交易所，深圳有色金属交易所正式开业；
1992 年 5 月，上海金属交易所开业；
1992 年 10 月，苏州物资交易所也宣告成立；

1993 年底，国务院有关部门开始清理整顿；

1995 年，经国务院同意，中国证监会批准了 15 家试点期货交易所，并从 1995 年下半年开始，对期货交易所进行会员制改造；

1998 年，国家再次对期货交易所进行规范整顿，将全国 15 家期货交易所整合为上海、郑州、大连 3 家，及 2006 年成立的中国金融期货交易所。

关于期货交易所的小科普

那时中国证监会审批的 15 家期货交易所分布在不同的城市：

北京商品交易所；郑州商品交易所；大连商品交易所；苏州商品交易所；深圳金属交易所；上海金属交易所；上海商品交易所；上海粮油商品交易所；广东联合期货交易所；海南中商期货交易所；天津联合期货交易所沈阳商品交易所；四川联合商品交易所；重庆商品交易所；长春商品交易所。

现在的期货交易所已经自 2008 年整顿合并成 4 家：

1. 郑州商品交易所

成立于 1990 年 10 月 12 日，是我国第一家期货交易所，也是中国中西部地区唯一一家期货交易所，交易的品种有强筋小麦、普通小麦、PTA、一号棉花、白糖、菜籽油、早籼稻、玻璃、菜籽、菜粕、甲醇等 16 个期货品种，上市合约数量在全国 4 个期货交易所中居首。

2. 上海期货交易所

成立于 1990 年 11 月 26 日，目前上市交易的有黄金、白银、铜、铝、锌、铅、螺纹钢、线材、燃料油、天然橡胶沥青等 11 个期货品种。

3. 大连商品交易所

成立于 1993 年 2 月 28 日，是中国东北地区唯一一家期货交易所。上市交易的有玉米、黄大豆 1 号、黄大豆 2 号、豆粕、豆油、棕榈油、聚丙烯、

聚氯乙烯、塑料、焦炭、焦煤、铁矿石、胶合板、纤维板、鸡蛋等15个期
货品种。

4. 中国金融期货交易所

于 2006 年 9 月 8 日在上海成立，交易品种：股指期货，国债期货。

期货交易最早形成于十三世纪的比利时，"交易所"最早出现在英国。不过
现代意义上的交易所则最早出现在美国的芝加哥，由于很多农场主收获的谷
物经常受到价格波动的风险，丰收时价格一跌再跌，而减产时却一涨再涨，
为了避免这种风险，在 1848 年 CBOT 即芝加哥商品交易所宣告成立。

期货交易，是指在缴纳一定数量的保证金（Margin），在交易所买进和卖出各
种实物商品或金融商品的标准化合约的一种交易。即承诺现货在未来月份中交
割，预先交易。客户一般通过期货公司代理并由专人操作进行期货交易。

在珠海中期期货

珠海中期是中期期货在珠海的分公司，我的老大那时候是李卫国，国务院
某领导的亲属。那个时候在南油玻璃楼 5 楼，珠海中期整整一层，开业的
时候市委书记梁广大都去了。

我基本上这 15 个交易所都交易过，包括所有的品种例如苏州红小豆、海南
橡胶、棕榈油、北京绿豆、深圳铜铝、上海胶合板等等，甚至是美国
CBOT 的大豆、伦敦 LME 的铜、澳门的外汇都下过单，这其中最让人难以
忘记的是 327 国债期货。最令我兴奋及反思的是豆粕合约的交易，我的交
易日志显示：1995 年 8 月 21 日，广联豆粕合约推出的第一天，我即代表
客户以 2010 元/吨的价格买进 9511 合约 50 手，创下低价成交记录。

那时，记得有一位邓佐松的部门领导也给我们培训了几堂课的外汇，后来
邓老师还一度很出名。最后 20 人被录用了，分成 5 个小组，每组 4 个人。

就这样开始了我的期货经纪人生涯。

那时候的期货经纪人首先要找到客户，然后帮客户分析品种机会，然后帮客户下单赚钱。那时我还是很拼命工作的，我带着籼米、粳米、大豆、豆粕等粮油期货品种的报价分析及走势图分析之类的资料来到了粮油市场，向店里的老板什么的分发资料，最后终于感动了一个老板，帮我介绍了一个中山的粮油大户肖总，肖总带着大哥大来珠海了，那时的大哥大就是像砖头大的手机，很贵，是生意人身份的象征。很幸运，肖总投资了 20 万开户了。就这样客户一个一个多了起来，我的佣金也可以每个月拿到 15000 多了，当时还是很厉害的。

整体期货一般来讲都是先赚后亏，尤其是像我这样没什么经验的新手。但是我是一个善于思考的人，我开始认真学习约翰·墨菲写的丁圣元翻译的《期货市场技术分析》，每日做笔记，苦学技术分析，并搜索基本面的信息来验证，就这样我的客户在亏损前可以维持很长时间，后来能做到不亏不赚，最后能够多看少动，开始耐心等待大机会。因此后来基本没亏过大钱。幸运的是，在 2014 年 7 月~2015 年 5 月的沪深 300 指数期货多头行情中，我把握住了机会，从而把自己过去多年在期货市场的盈亏曲线强势拉升，获利颇丰。我确信，只要耐心等待加上善于学习的悟性和自律，高手在大机会面前炒作期货是可以获利的。

说到这，我记得非常清楚，我创立《冷氏台阶法则》由来。触发我灵感的是 1995 年 8 月 21 日，广东联合期货交易所推出了豆粕合约，当时我与中山的客户商量，认为作为饲料，当时养殖业比较兴旺，豆粕前景看好，于是合约推出第一天，9：30 分我代表客户提前下单 2010 元买进 9511 合约 50 手，当时我的老板李卫国亲自在盘房下单，拿着电话和广州的红马甲保持连线，因为是豆粕第一天嘛，好神奇，居然成交了，而且是最低价，不到 5 分钟，价格已经上涨到 2115 元，我问老板，要不要卖，老板说 5 分钟就赚了 5 万元，卖了吧。这一卖让我后悔了三个月，因为保证金 20 万元，如果这 50 手豆粕多留三个月，可以净赚 80 万元。这个事情触发我写下了

《冷氏台阶法则》，后来发表在 1996 年 9 月 2 日出版的《期货导报》上。

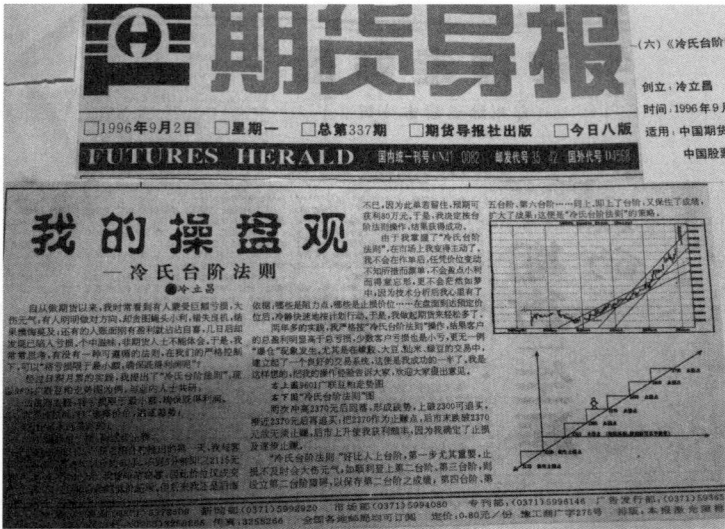

我在 1996 年发表的期货操盘理论《冷氏台阶法则》至今还在影响着我。

大家可以注意到上图 1998 年我在《深圳特区报》专栏写的每日期货点评标题中提到了成都高粱。

就是这个成都红高粱期货，在 1996 年让刘汉和袁宝璟结仇生怨，造成人生一系列的悲剧，令人唏嘘和伤感。

1998 年我在《深圳特区报》发表的每日期货评论。

刘汉沉浮一生带来的启示

刘汉与袁宝璟（资料图）

刘汉与袁宝璟结仇往事[①]

2014 年 2 月 20 日，四川最大民营企业汉龙集团董事局主席刘汉等 36 人涉嫌组织、领导、参加黑社会性质组织及故意杀人等案件被提起公诉。刘汉时年 48 岁，至少有 400 个亿的资产，是四川有名的富豪。2001 年的时候，他攀上了一个贵人，这个贵人叫周滨。

1994 年到 1997 年，刘汉在期货市场上炒作大豆、钢材，成了亿万富翁。

[①] 孙大午，刘汉与袁宝璟结仇往事：借周永康之手将其灭门［N］，中国企业家网，2014 - 07 - 29.

在此期间，刘汉与大连的老板袁宝璟结下了冤仇。

袁宝璟是个商业奇才，个人资产上千亿，曾经被称为"北京的李嘉诚"。
1996年底，袁宝璟在四川广汉炒期货，将酿酒用的高粱炒到了2000元/
吨，刘汉是四川人，当时在海南做生意，规模很大。

有四川商人向刘汉求助，希望刘汉回四川炒期货，把高粱的价格降下来。
于是刘汉带了大量资本回到四川，他刚开仓做这笔生意，交易所的一个副
总就带着袁宝璟公司的老总来找他。这位老总说，高粱的行情是袁宝璟公
司做起来的，希望刘汉帮他们一起炒。他承诺给刘汉5万手单子，5000万
元现金。

刘汉说，"现货1300，你们做到1900，必输无疑"，全国的粮食部门都向
四川发高粱，想少赔钱只有赶紧平仓走人。几天后，刘汉介入交易，只做
了几个单子，高粱价格大跌。袁宝璟公司不得不平仓走人。刘汉在此项交
易中获利2000万元，袁宝璟则损失了9000万元。

损失了9000万元，袁宝璟并不是很在意，因为当时他的身家已经有几十
亿，但袁宝璟的几个下属不服气，其中一个下属叫汪兴，原来是辽阳市公
安局刑警队队长，后来下海跟了袁宝璟。他说："损失这么大，怎么能咽
这口气？要教训教训刘汉，揍他一顿。"袁宝璟答应了，说出口气可以，
但要小心。

1997年，汪兴花了16万元雇了两个杀手，来到成都，等刘汉从酒店出来，
刚刚上车的时候，向刘汉开了两枪，但都没有打中。刘汉这人也不简单，
很快就知道了杀手是袁宝璟派来的。

事后，汪兴没有得到袁宝璟的重用，始终处于边缘状态。汪兴觉得受到了
冷落，就离开了袁宝璟，想自己创业。袁宝璟给了汪兴100万元，很快就
被汪兴赔光了，他又向袁宝璟要钱。几次三番下来，两人终于翻脸，因为
袁宝璟不肯再付钱，汪兴威胁说："你必须给钱，不然的话，我就把你雇
佣我杀人的事举报给公安。"袁宝璟的哥哥袁宝琦、堂弟袁宝森得知后，

要"办"了汪兴。2003 年 10 月，汪兴被袁宝森用双筒猎枪打死。

据说袁宝琦要杀汪兴的时候，袁宝璟并不知情，而是在香港，当袁宝琦把自己的想法告诉他的时候，他说"行了，你注意点"。袁氏兄弟被抓后，法院在判决时，以袁宝璟曾经说过"行了，你注意点"这句话为由，认定其有买凶杀人的意图。2006 年袁宝璟被判处死刑，同时被判处死刑的，还有袁宝琦、袁宝森，这三个人被立即执行死刑，另一个堂弟袁宝福被判死缓。

按理说，买凶杀人，被杀的还是一个敲诈勒索的家伙，怎么会把兄弟三人都处死呢？即便是杀人偿命，杀一人，有一个被处死也就可以抵命了，为什么要把袁宝璟兄弟灭门？再者，袁宝璟买凶杀人的证据并不确凿，仅仅凭借一句"行了，你注意点"，就认定袁宝璟是主谋，无论如何是说不过去的。此外，袁宝璟还曾经委托妻子卓玛捐出了自己持有的一家印尼石油公司 40% 的股份，总价值约 500 个亿，希望减刑，但捐献了这么多财产，都没有起到丝毫作用。为什么呢？因为刘汉。刘汉与周滨交往密切。所以刘汉才有这么大的能量，可以公权私用，官报私仇。

现在刘汉也被抓了，一共抓了 36 个，在公开的资料上，这个团伙至少已经背了 9 条人命，重伤过 15 人。刘汉兄弟后来被判死刑。

一声"出来混，迟早要还的"叹息，只要你做了对不起别人的事，总有一天要偿还，要为此付出代价。

汪兴拍马屁，想给领导出气，动了杀心（这种人是很要命的，当领导的一定要小心这种人，如果手下有这种人，很可能会出大事，带来祸患），结果杀人不成，自己被灭口；袁宝璟本人立身不定，汪兴想杀刘汉不是他本意，汪兴被杀也不是他本意，都是身边人作恶，但是如果他信念坚定，不为下属的意志所左右的话，他也不会被判处死刑；刘汉自恃有靠山，能量大，黑白两道通吃，在底下能草菅人命，在上边能官报私仇，最终也没有好下场。

老子讲"天网恢恢，疏而不漏"。天网是宽阔广大的，看起来很稀疏，但天网是不会漏放一个坏人的。这听起来有点矛盾，其实并不矛盾，因为有个时间问题，你作恶了，如果作恶小，天网不会惩罚你，你有改过的机会，但如果你继续作恶，恶行越来越多，越来越大，那么总有一天会"恶有恶报"。

在企业上班也好，过家庭生活也好，什么是真正的爱企业、爱家庭？在企业，不要为企业留下暗疮，在家里，不要为家庭和子孙留下隐患，这才是真正的爱企业、爱家庭。如果做了对不起人的事情，将来肯定要出问题的。

"327" 国债事件

上文说到"327"国债事件，1995年初，国债期货越来越热，我们在珠海中期也感受到了，我和客户们基本上喜欢做多，但当时我们下的单量不大，直到2月23日那一天，发生了令人震惊的"327"国债期货事件。

有"中国证券教父"之称的万国证券管金生，背景通天的中国经济开发信托投资公司（简称中经开），以及野蛮生长的辽宁国发集团股份有限公司（简称辽国发）控制人高氏兄弟，则分别成为这场70亿豪赌大片的主角。

管金生率领下的万国证券霸气十足，万国证券A股交易一度占上交所总成交量的22%，B股占据半壁江山。

辽国发则是丛林法则下野蛮生长的早期的股市庄家，曾在1994年初通过举牌爱使股份，并把爱使股份市盈率爆炒到一千多倍。

中经开是财政部下属的兼营信贷和证券业务的信托投资公司。中经开第一任也是唯一一任董事长田一农是原财政部副部长，第二任总经理朱扶林是原财政部综合计划司司长，其证券期货部门负责人戴学民亦出自财政部综合计划司。

中经开先后涉及中国资本市场著名的"314"事件、"327"事件、"319"

事件并获取巨利，也因此被市场人士戏称为"墨索里尼总是有理，中经开总是赢钱"。

在 1994 年，三家机构在国债期货的较量中互有输赢，但基本上井水不犯河水。但从 1995 年 2 月起，三家机构开始对 327 国债保值贴息发生意见分歧，中经开成为看涨国债价格的多头司令；万国证券则成为看跌国债价格的空头 1 号主力，辽国发则以万国同盟军成为空头 2 号主力。

327 国债是当时在上证所交易的国债期货合约，其交割的国债品种由财政部于 1992 年发行，总量 240 亿元，1995 年 6 月 30 日到期交割。进入 1995 年 2 月，327 国债期货价格在 147 – 148 元之间波动。但随着交割期越来越近，多空双方对峙的火药味越来越浓，双方不断加仓，按后来披露的主力持仓量计算，多空双方展开一场高达 70 亿元输赢的赌局，双方赌的关键底牌竟然是财政部是否会对 327 国债进行保值贴息。

当时管金生和高氏兄弟，以及上海学院派分析人士均认为财政部不会从国库里掏出 16 亿元来补贴 327 国债，因为在当时宏观调控下，额外支付给国债投资者的 16 亿保值贴息，对当时吃紧的财政部来说是一笔不小的财政负担，而且，早几年前也有类似要求加息的呼吁，但财政部认为购买国债的投资者必须承担利率的风险，并没有实施保值贴息。

但多头主力认为，当时中国通货膨胀严重，为了稳定群众情绪，国家对银行储蓄采取保值贴补率的方式加息，储户实际存款年利息达到 15% 以上。比较而言，"327"这类财政部早年发行的国债，9.5% 的票面利率显得偏低，财政部必然会对 327 国债进行保值贴息。

当年那场赌局最后以财政部宣布保值贴息而收场。但大多数市场人士均质疑，中经开之所以毫无忌惮在多头上增仓，并对万国、辽国发恶意逼仓，是提前知道了这个消息。对于这一市场质疑，中经开直至 2002 年被勒令关闭也没有正面回应过。

1995 年 2 月 23 日，327 国债保值贴息的消息已经明朗。辽国发高氏兄弟马上"叛变"，早盘开始把所持40万口空单平仓，并反手做多，进一步推高327国债期货价格。据说，高岭曾悲叹在中国证券市场要靠关系，要有铁后台才能赚钱。辽国发的反叛把管金生逼入绝境。此时327国债期货价格已被推高到151元以上，万国的明仓和暗仓持有的空头头寸超过50万口，价格每涨1元，万国就要多亏10亿元，万国此时总亏损已达数十亿元。

在劫难逃的管金生做出最后一搏，在当日下午收盘前的8分钟开始用巨量空单"炸盘"，327国债期货大量抛盘突然连续涌出，50万口！100万口！最后一张730万口超级大单，327国债期货的价格从151.30元打压至147.40元收盘。730万口卖单的国债合约面值为1460亿元，而当时327国债的发行总额仅有240亿元。

更令现场的红马甲们惊异的是，730万口卖盘后面还跟着10569172口的天文数字。一位交易员对南方周末记者回忆说，在那疯狂的8分钟里，上交所几乎乱作一团，四处都是红马甲的惊呼声。

按照147.40元收盘，万国的空单持仓从亏损60亿一下扭转盈利42亿元。当日翻多的辽国发以及开多仓的短线客纷纷爆仓，多头司令中经开也遭到巨额损失。

当晚，上证所宣布，由于有会员蓄意违规下单，327国债期货最后8分钟的交易记录无效，当日"327"品种的收盘价更改为违规前最后成交的一笔交易价格151.30元。

第二日也就是1995年2月24日，财政部对国债的保值贴息公告正式见诸报章。当天，上证所327国债期货价格开盘涨5.4元，达152.8元。管金生败局已定。万国证券巨亏16亿，几近破产，后被合并到申银证券。

关于参与"327"事件的"胡汉三们"

虽然18年后重启国债期货，但当年参与"327"事件的诸多"胡汉三们"

已经无法再重新回到这个市场了。

自负的管金生在1997年被判刑17年，其罪名是贪污挪用公款。让人啼笑皆非的是，管的罪名与其操纵价格、超额持仓等直接违规行为风马牛不相及。据一位知情的律师介绍，当时证券法律法规对市场操纵等金融犯罪行为没有明确的司法界定，也没有适用的法律条款，形成法制管理的真空。在外界"北有王宝森，南有管金生"的压力下，只好匆匆给管金生安上贪污挪用公款的罪名。

管金生在2005年假释出狱。据接近他的人士形容，"管目前心态平和，已无当年暴躁自负之气"。

尉文渊也辞任上交所总经理。多年后尉文渊曾公开评价说，"从当年的管理者角度看，让万国单独受罚是不公平的。至于管金生，他的行为让一批人的命运随之改变。但对他个人而言，又是个悲剧，其实'327'事件是个非常复杂的事情，现在却变成了单单由于管金生的赌博失误而让市场崩溃的问题。"

辽国发高氏兄弟则在319国债期货上继续违规，此外还被发现辽国发涉嫌利用国债回购的虚假空单抵押融资的诈骗行为。高岭高原兄弟至今下落不明。

中经开则没有受到任何惩罚。没有直接证据显示中经开获取内幕信息。但据上交所一位前员工说，根据可查的成交记录，中经开当时在327国债的多单持仓也超过40万口的限额，与万国一样同属于违规持仓；此外，中经开拉高327国债价格的行为，属于恶性逼仓，也是违规行为，"违规持仓和恶性逼仓，均逃脱了监管层的处罚"。

更诡异的是，因"327"事件大获全胜的中经开竟然赚得极少利润。曾有人估算，多头的盈利在70亿元左右。中经开在"327"事件半年后因长虹转配股违规上市而遭到证监会处罚。后来，其操纵股市的恶习不改，因做庄银广夏和东方电子等多只股票，最终东窗事发，2002年6月7日，央行发公告决定撤销中经开。

中经开主管证券期货的负责人 D 先生，其遭遇则更让"327"事件蒙上了血腥和暴力的阴影。资本市场流传说，D 先生于 1995 年底在北京遇到不明身份的人刺杀，伤及肝部，由于他驼背，在行刺过程中向前屈身而没被刺中要害。D 并未报案，只是到医院草草包扎后，当天即乘航班离开北京，此后下落不明。令人伤感。

当年 327 国债期货引发了连锁系列的大喜大悲结局。至此，在 1995 年凭借"327 国债"赚取第一桶金的几位富豪，各自呈现了别样的人生。他们在一个时代暴富，在另一个时代，走向歧途。

笔者讲述以下小故事，来看看 327 国债期货造富的大佬们是如何命运多舛。

49 岁的刘汉，已经走完血雨腥风、跌宕起伏的一生。

他们幸运地成为时代的宠儿，早早地实现原始积累，却陷入了金钱的魔咒一般，一路冲杀。他们大量地挣钱，万能的金钱或许让他们自信地认为，一切已经尽在掌握，却在走向毁灭。

2014 年 5 月 23 日上午，湖北咸宁中院宣判，刘汉死刑，罪名是组织领导参加黑社会、故意杀人。回望刘汉的人生，不得不来到 22 年前——1992年那个激动人心的年头。

在当年的全民热歌《走进新时代》的歌中唱到：1992 年，那是一个春天……

那一年，刘汉 27 岁，他的青春还没有散场。

那一年，与刘汉同样年轻的，还有魏东、袁宝璟、周正毅等等。

那一年，国家发行了一个国债期货，合约代号 327，是为 327 国债。这个国债 1992 年 12 月推出，1995 年 6 月到期兑付。发行总量是 240 亿元。

当时，由于当时老百姓不愿意购买国债，国家引入期货交易机制，使得国债更具流通性和炒作空间，炒国债期货成为一种远比炒股更刺激的一种投资。由于利益空间巨大，做多与做空的两方，投入巨大的资金进行博弈。

追随中经开做多的人，分享到了胜利的果实，一夜暴富，实现原始积累。这些人中就包括刘汉和袁宝璟、周正毅，魏东也功成名就，并在后来自己创办证券公司，打造了著名的"涌金系"。

这是 1995 年。这一年，魏东 28 岁，袁宝璟 29 岁，周正毅 34 岁，刘汉 30岁。这 4 个时代的宠儿，从此走向更为广阔的舞台，也一步步接近非正常的末路。刘汉，在 327 决战之前，就已经是期货高手。1993 年，他开始转战上海做期货，以 200 万元买铜，挣了 2000 万元左右。1995 年，在成都做高粱期货，仅仅三四个月，就挣了 2 亿元左右。总之，期货生意让他实现了原始积累。

魏东，收购上市公司股权，在证券市场上呼风唤雨。那个时代的中国股市尚处在原始阶段，充满了黑幕和机会，资金任意纵横。魏东总能迅速敏锐地抓住发财的最好机会，对政策判断精准，以最小的代价博得最大的利润。2007 年，魏东以 50 亿元的个人财富登陆胡润富豪榜。魏东在股市上赚的钱或许都是合法的，但这些钱似乎没有带给他幸福。

2008 年 4 月，魏东突然从北京家中坠楼身亡，年仅 41 岁。有一种说法是，他患有抑郁症。

袁宝璟，327国债之后在四川炒高粱期货，遇到同在四川炒高粱期货的刘汉而结怨。一种公开的说法是，袁宝璟指使下属刺杀刘汉未遂。杀手后来以掌握内情而多次要挟袁宝璟，袁的兄弟们杀了"杀手"。2006年法院判处袁宝璟四兄弟三人死刑一人死缓。随着刘汉被抓，有报道称袁家兄弟的悲惨下场，是刘汉"运作"的结果。真相如谜。

2006年3月17日上午，袁宝璟在辽阳市被采取注射方法执行了死刑。在此之前，袁宝璟已经是亿万富翁、北京建昊集团董事长。

周正毅，一度被称为"上海首富"。2007年，周在上海被以"虚开增值税专用发票、挪用资金及单位个人行贿"等五项罪名判刑16年。如今看来，较早被抓入狱，反而使他的结局比上面3位更好一些。

看着这些人物小记，或许我们可以感叹一下"金钱万恶"。如果这些人没有早早的暴富，那么，他们可能和大多数人一样，过着平常的生活。他们幸运地成为时代的宠儿，却陷入了金钱的魔咒一般。他们大量地挣钱，万能的金钱或许让他们自信地认为，一切已经尽在掌握。

遗憾的是，有些钱，看似挣得顺利，却可能有原罪。这些原罪，像炸弹。炸弹，可能永远不会爆炸，但也可能下一秒钟就会爆炸。

老虎基金和大象基金

90年代年期间我研究了罗伯逊的老虎基金及长期资本管理公司LTCM。研究过老虎基金后，我决定创建一个比老虎基金更厉害的基金，叫什么好呢？我决定叫大象基金，因为大象是谁都不敢欺负的动物，它们一路结伴前行，浩浩荡荡，一声长吼，老虎狮子什么的都得靠边站，我的大象基金后来真搞起来了。

老虎基金（Tiger Fund），由朱利安·罗伯逊（Julian Robertson）创立于
1980年，是业内闻名的对冲基金。朱利安·罗伯逊，金融投资大师，避险
基金界的教父级人物。纵横全球金融市场的老虎管理基金以选股精准
著称。

1980年，罗伯逊以800万美元创立老虎基金，1998年前的平均每年回报为
32%，因而被视为避险基金界的教父级人物。老虎基金是最著名的宏观对
冲基金之一，与索罗斯的量子基金可谓并驾齐驱。罗伯逊的投资策略以
"价值投资"为主，也就是根据上市公司取得盈利能力推算合理价位，再
逢低进场买进、趁高抛售。到1998年其资产由创建时的800万美元，迅速
膨胀到220亿美元，并以年均盈利25%的业绩，列全球排名第二。其中，
1996年基金单位汇报为50%，1997年为72%，在对冲基金业里，老虎基
金创造了极少有人能与之匹敌的业绩。

然而，进入到2000年，其资产从220亿美元萎缩到60亿美元，同期无论
是道指还是纳指都是一路高歌，一直在市场中呼风换雨，曾与索罗斯等对
冲基金联手冲击香港汇市的"大庄家"，辛辛苦苦几十年，一觉回到解放
前，其经历颇耐人寻味。最后在2000年3月纳斯达克崩盘前夜，罗伯逊含
泪解散老虎基金。

老虎基金掌门人罗伯逊致投资者信 致：各位股东

这封信交代阁下与老虎基金管理公司之间的关系，恳请细心阅读此信
内容。

1980年5月，Thrope Makenzie 和我以880万美元的资本成立了老虎基金。
18年后，当年的880万美元已增长至210亿美元，增幅超过259000%。这
期间基金持有人在撇除所有费用后所获得的年回报率高达31.7%。没有人
有更佳成绩。

自1998年8月后，老虎基金表现较差。基金持有人亦作出积极响应——赎
回基金。这是可以理解的。这期间赎回金额达77亿美元。价值投资的智慧

受到挑战。持有人的赎回不单侵蚀我们的收益，还令我们承受极大的压力。而我们却看不到这一切行将结束的迹象。

我所提到"看不到行将结束"究竟是什么意思？"结束"的是什么？"结束"其实是指价值股熊市的结束；是投资者明白，无论股市短期表现如何，15 至20%的投资回报已是不俗。"结束"因此可作如下解释：投资者开始放弃投机性的短期投资，转往更有保障而过往回报不俗的被遗弃股份。

现时很多人谈新经济（互联网、科技及电讯）。互联网诚然改变了世界，生物科技发展亦令人惊叹，科技及电讯也带给我们前所未有的机会。炒家们宣扬："避开旧经济、投资新经济、勿理会价钱。"这便是过去 18 个月市场所见投资心态。我曾在过去很多场合说过，老虎基金以往多年的成功，要诀是我们坚持的投资策略：买入最好的股份及沽空最差的股份。在理性的环境，这策略十分奏效。可是在不理性的市场，盈利及合理股价不受重视，宁炒当头起及网络股成为主导。这样的逻辑，我们认为不值一晒。投资者为求高回报，追捧科技、互联网及电讯股份。这股狂热不断升温，连基金经理也被迫入局，齐齐制造一个注定要倒塌的 Ponzi 金字塔。可悲的是，在现时环境下，欲求短期表现，就只有买入这类股份。这过程会自我延续至金字塔塌下为止。我绝对相信，这股狂热迟早会成过去。以往我们也曾经历过。我仍很有信心价值投资是最好的，虽则市场现不买账。这次也非价值投资首次遇到挫折。很多成功的价值投资，在 1970 至1975 年及 1980/81 年间成绩差劲，但最终获利甚丰。我们很难估计这改变何时出现，我没有任何心得。我清楚的是：我们绝不会冒险把大家的金钱投资在我完全不了解的市场。故此，在经过仔细思量之后，我决定向我们的投资者发回所有资金——即是结束老虎基金。我们已套现了大部分投资，将依照附件所述方法退回资产。我比任何人更希望早些采取这项行动。无论如何，过去 20 年是相当愉快及充实的。最近的逆境不能抹去我们过往彪炳战绩。老虎基金成立至今，足有 85 倍的增长（已扣除一切费用），这相等于标准普尔 500 指数的三倍多，也是摩根士丹利资本国际环球指数的 5.5 倍。这 20 年中最令人回味的是与一群独特的同事，以及投资者紧密合作的机会。不论是顺境或逆境，亦不论是胜是负，我每次说话，都是我及老虎基金全体员工的真心话，容我们在此衷心向各位致谢。

由：朱利安·罗伯逊（Julian H. Robertson, Jr.）日期：2000 年 3 月 30 日

在君安证券运作股票时，我模仿罗伯逊的老虎基金成立了大象基金，大象基金开始运作极为顺利。1999 年我模仿巴菲特给合伙人的信件也给我的合伙人写了信，那时候回报非常理想。

关于投机的看法

接下来我通过讲述 LTCM 的事迹来简要说明下我对于投机的看法：

美国长期资本管理公司（Long‐Term Capital Management，简称 LTCM）成立于 1994 年 2 月，总部设在离纽约市不远的格林威治，是一家主要从事定息债务工具套利活动的对冲基金。

梦幻组合
LTCM 掌门人是梅里韦瑟（Meriwehter），被誉为能"点石成金"的华尔街债务套利之父。他聚集了华尔街一批证券交易的精英加盟：1997 年诺贝尔经济学奖得主默顿（Robert Merton）和斯科尔斯（Myron Scholes），他们因期权定价公式荣获桂冠；前财政部副部长及联储副主席莫里斯（David Mullis）；前所罗门兄弟债券交易部主管罗森菲尔德（Rosenfeld）。这个精英团队内荟萃职业巨星、公关明星、学术巨人，真可称之为"梦幻组合"。

阴沟翻船
LTCM 万万没有料到，俄罗斯金融风暴引发了全球的金融动荡，结果它所沽空的德国债券价格上涨，它所做多的意大利债券等证券价格下跌，它所期望的正相关变为负相关，结果两头亏损。它的电脑自动投资系统面对这

种原本忽略不计的小概率事件，错误地不断放大金融衍生产品的运作规模。LTCM利用投资者那儿筹来的22亿美元作资本抵押，买入价值3250亿美元的证券，杠杆比率高达60倍。由此造成该公司的巨额亏损。它从5月俄罗斯金融风暴到9月全面溃败，短短的150天资产净值下降90%，出现43亿美元巨额亏损，仅余5亿美元，已走到破产边缘。9月23日，美联储出面组织安排，以美林、摩根为首的15家国际性金融机构注资37.25亿美元购买了LTCM的90%股权，共同接管了该公司，从而避免了它倒闭的厄运。

而我从中得到的启示是：

投机市场中不存在百战百胜的法宝，任何分析方法与操作系统都有缺陷与误区。美国长期资本管理公司的故事是最新最有说服力的证据。

1. 投机市场中不可能出现神圣，任何人都会犯错误。长期资本管理公司，拥有世界上第一流的债券运作高手梅里韦瑟和罗森菲尔德，拥有世界上第一流的科研天才默顿和舒尔茨，拥有国际上第一流的公关融资人才莫里斯。但是这个"梦幻组合"中每个人物都应对LTCM的重挫负有责任。因此，我们股民不应迷信任何人，要有独立思考的能力。

2. 投机市场中不存在致胜法宝，任何分析方法与操作系统都有缺陷与误区。LTCM曾经以为自己掌握了致富秘笈，在国际金融市场上连连得手，自信满满。可是偏偏出现了他们所忽视的小概率事件，使其造成巨额亏损已近破产。因此，我们股民运用任何方法或工具在证券市场上进行运作时，必须认识到它们有时会出错，会使你错失一些机会。如果它们出错只是小概率事件，正确是大概率事件（例如大于60%），而且比较适合你的个性，你就坚持使用它们，但也要注意下面的提示。

3. 在投机市场上生存与发展，控制风险是永恒的主题。正因为在证券市场上任何人任何方法都可能错，所以控制风险是我们股民应终生牢记在心的铁律。如果你所依赖的方法或工具，在出错时仅使你错失一些赚钱的机会，这并不要紧。如果它们出错时，有可能会令你伤筋动骨、全军覆没甚至负债累累，这样的风险就必须严格控制了。为了避免这些悲惨的结局在我们股民身上发生，首先我们不要透支炒股，其次我们不要借钱炒股，再次我们在高位炒股时要注意止蚀，最后我们不要盲目频繁炒作。

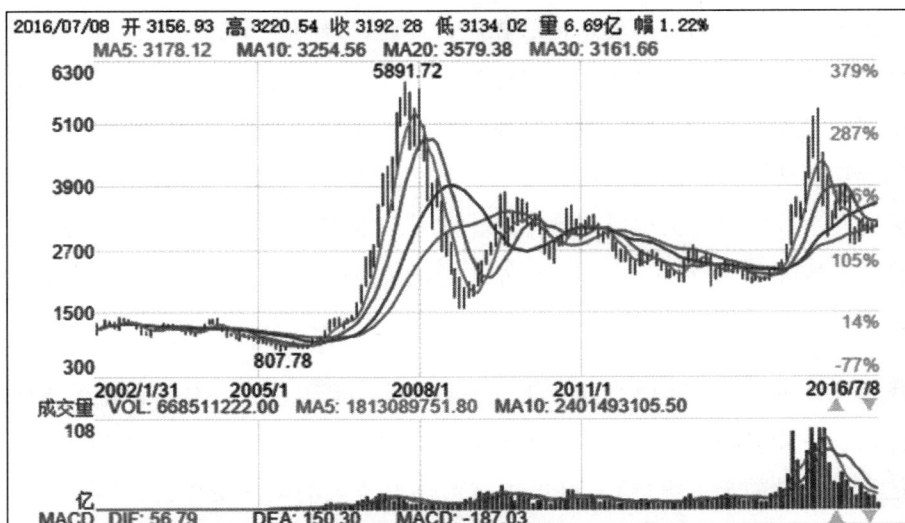

沪深 300 指数 2004 ~ 2016 年走势图（来源：新浪财经）

2015 年 5 月笃定逃顶

作为职业选手，我自己的账户时刻准备着在大的期货机会到来时出手，例如我在 2014 年 7 月 22 日已经知道沪深 300 指数有效往上突破长期下降趋势线 2192 点，而且我已经买进了上海金融期货交易所 300 指数期货，可惜没能够长期持有至 2015 年 6 月 9 日 5380 点最高点，本来可以翻 6 倍的，而且我经常不必要地担心调整，突破初期，获利卖出指数期货多头仓位后，眼看没回调又反复买进，其实大趋势应该敢于漂单，敢于一段时间不再关注。后期如果再敢于做空，那将是何等得完美。

2015 年 5 月, 那时候很多人特别是在新闻媒体上, 看多沪深 300 指数到 10000 点的声音不绝于耳, 但我已经感觉很危险了, 因为我周围很多人都开始借钱买股票了, 就像巴菲特说的: "太容易的借贷将导致不可收拾的局面。"证券公司开始主动怂恿客户们签下融资融券协议, 证券公司从银行低利息拿钱, 然后高利息贷给客户, 你看, 赚得多么容易, 而客户们也从来没这么容易地借过钱, 想想也是醉了, 一个涨停板就赚回来了, 这时候客户是不会想一个跌停板他要还利息 20% 了! 而奇怪的是, 你借的钱必须半年要还一次, 这就意味着, 半年你必须买卖一次放大杠杆的股票, 你的成交手续费券商又可以多赚一道, 这是多么有意思的事情呀。券商赚钱是多么容易呀。为什么证券公司这样的竞争性金融牌照政策就是不放开呢?

我们统计了一下, 2015 年全年沪深股票成交 200 万亿元, 全年印花税 2600 亿元, 手续费加印花税一共 1.3 万亿元, 而所有上市公司一共才赚 1.3 万亿元 (不计前十大银行), 可见二级市场投资人的交易费用已经覆盖了上市公司的总利润, 你说 10 个人炒股票, 7 亏 2 平 1 赚的定律就好理解了吧。2015 年 A 股上市公司业绩整体继续低迷, 2202 家可比公司盈利增速创下七年新低。

巨额成交量背后是中国股市的 "散户热"。截至到 2016 年 1 月 21 日, 中国股市的市场投资者数量突破 1 亿, 其中非自然人仅占 28.73 万, 大约每 14 个人中就有 1 人是股民。然而在美国, 三大证券交易所个体散户日均成交量仅占总体成交量的 11%, 对于中国股市的散户热, 在第一创业首席投资顾问张翠霞看来, 是由于中小投资者投资方式的单一, 以及渠道的不畅造成的。实际上我们中国国民储蓄位居世界前列, 而投资理财的渠道不是很多, 从传统行业来讲, 很多投资渠道不是中小投资者能够介入的领域。而 A 股市场没有资金限制, 并且过去的一些经济发展动态都会很好的给予二级市场波动机会和投资机会, 这种情况下, 众多投资者涌入二级市场进行交易是情理之中的。

我决定退出了，自 2015 年 5 月我开始坚决地卖出了大部分的持股，只留了伊利股份作为纪念。这一点也是从巴菲特身上学习到的。巴菲特的成功不在于他买了多少优质的股票，更在于每次危机前，他总是敏感地留出了很多现金在账上。而金融飓风过后，只有巴菲特可以用巨资压价收购。

金融危机，对于很多人来说无异于是一场灾难，但对于"股神"巴菲特来说，却是一次千载难逢的投资良机。始于美国次贷危机的金融危机爆发 5 年后，人们惊讶地发现，"股神"从这次危机中赚取了整整 100 亿美元。

这时人们才恍然大悟，5 年前对深陷危机的企业看似慷慨的援助，实际上是"股神"精心策划的投资行动，在巴菲特出手相助时，这些企业的价值基本都已跌落到历史性的谷底，而且这些救助的背后都附带着各种代价不菲的条款。

但"股神"永远在向前看，巴菲特在接受采访时曾坦言，目前遭遇到了找不到合适并购目标的困难期：金融危机后公司股价回归合理水平，市场中已经难觅大幅折价的好公司。2012 年全年，伯克希尔·哈撒韦公司甚至未能完成任何一笔收购交易。

而巴菲特所一贯秉持的投资准则和经年累月不断完善的投资理念，在目前看来也没有丝毫的更改和动摇：投资视野依然集中在被现实环境所不断验证为正确可行的传统商业模式，科技行业依然不入"股神"的"法眼"。

如何在坚持自身投资原则的同时，突破目前的瓶颈，或许是"股神"要面临的一大挑战。

巴菲特的"成绩单"

巴菲特那句著名的投资格言："在别人贪婪的时候恐慌，在别人恐慌的时候贪婪。"被他自己严格地履行着。金融危机期间，就在所有人的恐慌情绪达到最顶点之时，巴菲特展开了一轮又一轮的投资行动，目前来看，这些投资获利颇丰。

看看这位"股神"五年来的成绩单吧：总收益近100亿美元，并且仍在不断增长中。这些收益全部来自于他在金融危机期间所做的救助性质的投资活动：对玛氏糖果旗下箭牌公司65亿美元的贷款，获利38亿美元；对高盛集团50亿美元的优先股投资，获利17.5亿美元；对美国银行50亿美元的优先股投资，获利9亿美元；对通用电气30亿美元的注资，获利12亿美元；对陶氏化学30亿美元投资，获利10亿美元；对瑞士再保险集团27亿美元投资，获利13亿美元。

这是一份令人咋舌的成绩单，总投资额高达252亿美元，总收益近100亿美元，回报率近40%。

从投资时点的选择来看，这五笔投资几乎贯穿了整个金融危机的始末，2008年9月份第一笔对高盛的投资，当时高盛正处在流动性危机，并刚刚向美联储提交了转变为银行控股公司的申请。

2011年8月最后一笔对美国银行的投资，当时美国银行深陷资本金不足的困境，投资者对其信心跌落谷底，股价仅为危机前的三分之一。

在金融危机期间，对于深陷困境的企业来说，巴菲特就像一个救世主，当所有投资者都抽身离去时，"股神"却适时地出现，将这些企业从悬崖边拉回来。但这些看似慷慨的"救命之举"，却代价不菲，有投资者将巴菲特给这些企业开出的救助条款称为"黑手党式的风格"。

巴菲特对外宣称，任何一个普通的投资者在股票市场中都能获得这样的投资佳绩，"当所有人都恐慌时，你要做出最好的投资。"巴菲特说。

从理论上来说，任何理性投资者确实能够做的和巴菲特一样好，甚至比他做的还要好，毕竟在金融危机最为深重的时刻，道琼斯工业平均指数仅6000多点，不到5年的时间，这一指数目前已经攀升至15000点以上。

但事实却是，几乎没有人能做的比巴菲特更好。一个与之对照的例子是：美国财政部和美联储在金融危机期间，通过问题资产救助计划，向陷入困境的美国企业注资超过4000亿美元，但目前的收益为500亿美元，投资回报率勉强超过12%，远不及巴菲特的战绩。

股神无疑再一次用卓著的投资业绩向外界展示了自己的投资智慧，并当之无愧地成为这场金融危机中获益最丰的人。

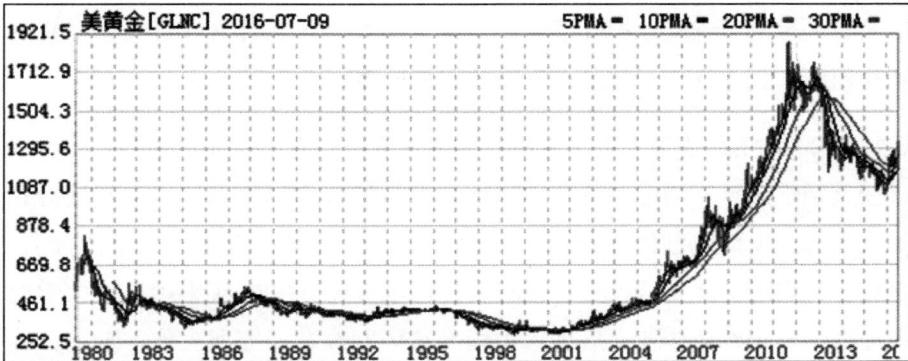

黄金自1980年~2016年走势图（来源：东方财富网）

上图可以看出我对黄金期货的研究，是多么的巧合和准确。2001年9月11日美国恐怖袭击发生，10月我写信指出美国911事件会影响到多级货币的不确定性，黄金会长期上涨，那时候黄金价格在270美元/盎司附近，那是期货多好的买点呀！可惜那时我下注了庆丰金，此后2013年3月黄金期货跌破长期上涨双头颈线位置1500美元/盎司时，我偶然间注意到往下破位，立即向凯基期货下达了沽空黄金的指令，但很可惜没有留住，仅仅赚了一点，那是最好的沽空时间和点位，哪怕我再坚持多一天我就可以收获三个月2倍的利润。截至到2016年6月10日，黄金期货报价1272美元，黄金长达10年的长期上涨趋势在2011年底触及1900美元后已经终结。

探索索罗斯

关于索罗斯量子基金，我在刚接触期货的时候就一直尝试学习索罗斯，我看了索罗斯写的《金融炼金术》，但感觉很生涩很难懂，直到后来我看了梁恒先生写的《与索罗斯一起走过的日子》，在这本书中，梁恒写了索罗斯的私人生活，细腻地揭开了索罗斯集金融大鳄、慈善家和哲人于一身的神秘面纱，我才详细了解了索罗斯的精神世界。

记得我2008年在清华大学深圳研究生院进修时，有一位北京来的台湾教授讲授金融学感觉相当好，我请她吃饭尝试与她合作私募基金，谁知她对我不太在意，反而说已经和李振宁合作了，我就记得了李振宁先生的大名。李振宁，现为上海睿信投资管理有限公司董事长。1985年中国人民大学西方经济学硕士专业毕业，后进入中国经济体制改革研究所工作，期间，他专注于企业制度的国际比较研究，是中国最早了解国际股市并参与股票买卖的经济学家之一。

在《与索罗斯一起走过的日子》一书中，梁恒写到了他介绍索罗斯和李振宁合作的细节，从中可以见识索罗斯的性格。

那是2001年，索罗斯打算在中国成立私募基金，因此想找一个中国伙伴合作，而梁恒就向索罗斯推荐了李振宁，为了促成交易合作，梁恒的朋友宇光帮助李振宁设计了英语交流速成课程，因为这是10亿美元级别的合作，所以，各方都很兴奋。后来却事与愿违，发生了戏剧性变化。其实做期货的人就是这样的很容易善变，因为期货的行情本身就是善变的。你上午气冲斗牛，下午可能就萎靡不振。你晚上辗转反侧，起床后可能喜上眉梢，这一切皆是拜期货和股票的行情善变所赐。

结束语：

在期货领域，例如商品期货，指数期货，外汇期货，权证等，我非常不赞成非专业人士只是单纯赌博式地参与其中，这将造成严重的不可逆转的后果，我有的朋友操作杠杆类期货产品输光后因此嚎啕大哭，也有因此遁入空门的，说明问题可以非常之严重。

即便我受过专业训练，也只可以在基本面行情特殊转折临界点，结合悟性，结合技术分析，才可以下注，这时候赢面很大概率，但是也要做好资金控制。我感觉索罗斯应该就是这样才成功的。当然期货可以做空，看准了确实可以提供大机会。

做期货包括做对冲基金是一个酸甜苦辣的过程，绝不是高大上的稳赚不赔的生意。很少有人能与"美国第一投资策略师"巴顿·比格斯交谈，听他讲述投资世界和对冲基金幕后的奇闻轶事，而《对冲基金风云录》，就提供了这样一个机会。该书作者巴顿·比格斯（1932 年 11 月 26 日～2012 年 7 月 14 日），华尔街传奇投资家、Traxis 合伙基金经理、摩根士丹利前首席战略官，代表作品《对冲基金风云录》，多次被《机构投资者》杂志评选为"美国第一投资策略师"。该书讲述了一段又一段投资冒险与个人奋斗的经历，展示了投资家们形形色色的生活方式和经营手法，在他们身上，华尔街浓厚的商业文化、深邃的生存之道被演绎得出神入化。

在书中比格斯写道：头痛、失眠以及失落，2003 年 3 月 17 日，我们回到纽约，开始紧张地搭建公司会计、法规、行政等基础框架，招募员工。即使摩根斯坦利为我们提供了帮助，筹备的工作量仍然大得难以想象。对新的对冲基金而言，合伙人的担子相当重，这也是为什么通常筹办基金要花上半年到一年的时间。

这本书按照时间顺序记录了为新对冲基金募集资金的过程中，比格斯团队遭受的折磨、侮辱以及所经历的辛苦。基金成立了，在实际运作中，又会经历比如说到底是沽空石油还是看多石油，沽空日元还是沽空英镑的实时选择，以及下单方向错误，亏损扩大时的无比焦虑、狂躁不安。相反，如果下单方向正确，那时的盈利如此之大，令人欣喜若狂，感觉天空的蓝色都是那么得美丽，令人壮志凌云。比格斯贵为摩根斯坦利首席分析师并在岗位工作30年之久，也还是要面临这么多风风雨雨，这不仅令我想到了自己当年的期货基金——大象基金艰辛的募资及运作过程。

期货的四年风云让我体验到了赌博式的快乐和忧伤，我们有时太渴望成功，以至于忘记了人生当初出发的初衷而无法自拔，我们只想向前突破一切阻碍，到头来，一切皆已成空。悔不当初，已无意义。如果我们能有对天地、对事物基本的敬畏，如果我们能信守一些基本的普世价值观，例如，我们对他人的生命权能保留一份最基本的敬畏，那么即使在赌博的路上，我们也能穿越层层迷雾，回归真实的大地。

这真是：

暗淡了刀光剑影，远去了鼓角铮鸣，眼前飞扬着一个个鲜活的面容，湮没了黄尘古道，荒芜了烽火边城，岁月啊你带不走那一串串熟悉的姓名，兴亡谁人定啊，盛衰岂无凭啊，一夜风云散啊，变幻了时空，聚散皆是缘啊，离合总关情啊，担当生前事啊，何计身后评，长江有意化作泪，长江有情起歌声，历史的天空闪烁几颗星，人间一股英雄气在驰骋纵横。

第七章

青岛银行信用社之愉悦工作

> 每一个成功者都有一个开始。勇于开始，才能找到成功的路。
>
> ——哲人

毛遂自荐　主动出击

1993 年 6 月，四年的商校学习很快到了尾声，同学们都在实习期间等待学校分配。我拿着学校介绍信回老家青岛平度商业局找到人事科，进去后直接要求介绍一个单位实习，对方痛快地写了去百货集团财务部实习的介绍函，我拿着介绍函马上去百货集团报道了。在那里实习期间，我每天跟着会计记账，逐渐感觉到乏味，这种按部就班的工作不是我想要的生活，我尝试突破。那个时候，中国有一阵开发区热，我考虑到青岛开发区会否有好的机会，夏天天气很热，我买了个西瓜讨好财务部会计们吃，一边打听青岛开发区有没有熟人，有个会计边啃着我的西瓜边说："我听说咱们建设银行调了很多人去了开发区搞建设去了，你可以去看看。"

我下午立马去了附近的平度建设银行，找到了二楼投资科，有一个很帅的大

个子坐在那里跷着二郎腿看文件呢，我上前问道："大哥，我是烟台商校的
会计毕业生，现在百货公司实习呢，您贵姓，听说咱们建行有几个干部调去
了青岛开发区建行支援去了，能否介绍一下？我想去那里找工作。"这个大
哥真是个热心人，尽管看起来很熟的样子，但他却说自己姓生，后来生大哥
痛快地写了两封介绍信给青岛开发区建设银行投资科科长李科长及一位副行
长："兹有我友冷立昌前去你处找工作，望接待为盼！"你看生大哥比熟大哥
都热情，这么肯帮忙，直到现在，我心里一直都记着生大哥的好。中国的姓
氏很有意思，我记得后来在珠海中期与同事交换名片时，我的名片上姓冷，
对方女孩递过来名片，我一看，耶！叫热西娅！冷热终于碰在一起了。

第二天我就买了小公共车票去了黄岛区，青岛那里不像深圳叫中巴，叫小
公共。第一次到青岛开发区的所在地，一看还真不错，全新的高楼，全新
的街道，充满了新生的气氛，释然了我追求新气象的感觉。我无暇细细欣
赏，打听到了青岛开发区建行，进去找到了郭行长，郭行长带我去了投资
科安排下来，也安顿了宿舍，我就开始了在开发区找工作的半个月时光，
那时候找份好工作已然是相当难的，郭行长有一天带我去了一个叫华美机
绣的外资企业，结果人家没名额。后来我在宿舍里和银行子弟家属闲聊，
有一个莱阳农学院的小伙子递给了我一张名片，我一看，珠海证券孙智。
小伙子说，我哥在建行上班，他告诉我说："这个孙先生是日本东京大学
毕业的，在珠海佳能、珠海证券工作过，从珠海来青岛准备开个城市信用
社，正在招人呢。"我有点自私地偷偷记下了电话号码，后来打了过去面
试，结果被通知复试。这真是踏破铁鞋无觅处得来全不费工夫，我苦苦找
的好工作终于来了，感谢那位莱阳的小伙子，可惜他最终没面试上，但是
后来我们还是在一起工作了。

复试那天，尽管天气很热，我仍然穿上西装，打好领带。现场有三个面试
官，问了我几个问题，例如你最自豪的一件事是什么？招聘方式是那么新
颖，这一定是一家新式的银行。

辛勤的小蜜蜂

后来我如愿进入了新式装修的青岛兴源城市信用社，开始了一年感觉新奇的工作经历。信用社是在筹备开业阶段，首先请了知性培训师培训我们待人接物、工作用语、工作方法等等。在工作的时候，我们的银行柜台抛弃了传统的封闭式玻璃柜台，改为全开放式，大堂放着冰箱，储户可以拿水和冰棍吃，办公桌座位是那种现代的带滑轮转椅，是从广东东莞运来的，我第一次见到这种转椅。同事中一大半是青岛市区女孩，大多挺漂亮的，气质也很好，这让我工作起来感觉相当愉快，相当有干劲。因为我以前接触的基本都是农村女孩，这让我有了不同的感觉，城市女孩有一种不是淳朴但是带点娇气、妩媚的感觉。我的珠算特别好，这次终于派上了用场，负责强化她们珠算，手把手教她们。那时，银行都没购买电脑，全用算盘，孙老板着急信用社尽快开业，要求我以最快的速度教会她们珠算，最后还要考试呢！那时候，由于银行工作是热门好工作，女孩们都怕自己打不好算盘会失去工作，因此学得很刻苦，半夜里都不让我睡觉，缠着我学算盘。

银行开业后，孙老板直接让我主管储蓄，记得 1993 年 11 月，我第一次在荧光灯下查处了一张 10 元的假钞并当场没收，假钞在荧光灯下，呈现特别的蓝色，仔细一模，手感也不对。听到发现了假钞，同事们都围了过来看个新奇，我记得当时那个储户就和我急了，说他不存钱了，让我把 10 元钱还给他，当然最后我还是根据规定没收了，只是给储户补了一点礼品。

我那时候还和出纳一起管着银行金库，每天见到几十万现金，都已经习以为常。因为我在实习期间就在银行储蓄上班帮客户数钱，天天接触大量现金，所以直到现在我对实物金钱一捆一捆的钞票都没啥兴奋的感觉，只对数字有感觉。

后来我又做了银行会计和外汇。老板如此信任我，甚至晚上让我兼职做保安，我和同事两个人每人一根催泪瓦斯警棍还有电棍。记得有一天傍晚，我好想试试这瓦斯警棍能喷出些什么，于是在银行门口对着天空摁了开关，只见一股烟雾喷出，尽管我站在顺风处，仍然刺鼻熏眼睛，质量不错。谁知这一幕恰好被老板看到，当场罚了我50元，要知道我晚上睡在银行兼职保安一个月补贴才给了我100

元，老板好会算账。有时候事情就是这么巧，老板那晚正在旁边停车，被他看到了。

1994年的银行存折我还留着一份，注意帐号是1013。经办人是我。

我们也经常试试电警棍，晚上我摁住电棍开关，只见火花噼啦哧啦苍蝇碰到立马电死过去了，是挺厉害的。这是我的保安经历，后来有一晚，半夜，警铃大作，我和另外一个同事很害怕，以为进来小偷了，出于职责，拿着警棍打开工作大厅，结果也没发现什么。第二天早晨我们给老板汇报后，他就联系了武警中队，派了两个武警代替我们每天来值班了。说到小偷，我以后在珠海中期工作的时候还真在宿舍碰到过，当时半夜我醒来，眯缝着眼睛，赫然发现床前2米远蹲着一个小伙子正在盯着我看，我很震惊，悄悄打开灯，同事们也都起来了，小伙子说他不小心走进来的，后来保安打了110，派出所来人把他带走了。我那时的珠海期货公司，因为晚上同事要盯外盘，所以半夜后回来可能忘了关门。时至今日，我晚上睡觉

前都要多看一遍门有没有锁好。

青岛的银行工作令人印象深刻，住在崭新的宿舍楼里，每天 8 点上班，然后打扫里外卫生，开门接客。我喜欢在银行的门口清扫，那时候我们在银行门口放了音箱，里面的 CD 唱着毛宁的《涛声依旧》：

带走一盏渔火 让他温暖我的双眼
留下一段真情 让它停泊在枫桥边
无助的我 已经疏远那份情感
许多年以后才发觉 又回到你面前
留连的钟声 还在敲打我的无眠
尘封的日子 始终不会是一片云烟
久违的你 一定保存着那张笑脸
许多年以后 能不能接受彼此的改变
月落乌啼总是千年的风霜
涛声依旧不见当初的夜晚
今天的你我 怎样重复昨天的故事
这一张旧船票 能否登上你的客船

那时候，这首歌让人感觉到工作是那么愉快，不错的薪水，合心意的工作，舒服的工作环境，仿佛毛宁都在为我歌唱。

我每天都主动加班，闲暇时主动到农贸市场找商户去拉业务。有一次，和一个卖烟的老板谈得很愉快，我替他把营业执照从墙上摘下来，直接拿着来到我们信用社开户了。还有一次，我们想到点子，移动电话大哥大那时候差不多要 3 ~ 5 万一部，话费都要老板自己去交，我们就帮他们开设大哥大专用储蓄账户，每个月替老板代缴。

早晨银行员工 20 多人站成一圈开早会，每个人谈点感想及对信用社未来的展望，然后去国有大银行跑跑交换。老板买了 3 辆木兰摩托，我们每次都是开着摩托去办事，感觉很好。记得有一次，我为了赶时间，启动木兰的时候，我操作失误，一手握着刹车，一手加油门，木兰瞬间像一匹野马，整个立起来了，吓得我够呛，差点摔到地上。但不管怎么说，那时候感觉自己的工作是高大上的，工作是那么充实。

周末的时候，青岛的同事都会坐班车沿胶州湾高速回青岛家里，有一次我跟着班车去青岛市区看望我同学，居然在青岛迷路了，绕来绕去怎么也找不到同学家。那时候感觉青岛是那么大，直到后来感觉珠海那么大，深圳那么大，香港那么大，美国那么大，经历了太多以后，我最后感觉世界其实是那么小。记得在2010年我再次从深圳沿着京珠澳高速大概2300公里长途奔袭开车去青岛开发区的时候，一路上我和表弟我们两个人换着开，那是一部新款奔驰300，不知为什么，坐在奔驰车里虽然行驶很稳当，但我总感觉有一种味道闻久了有点晕。4S店工作人员说那是新车的味道，过段时间就好了，可是味道总是不消散。后来实在不舒服，我就把车卖了，还挺保值的，原价110万卖了70万。其实开宝马坐奔驰那只是传说，刚开始没注意气味的问题，后来拉着上年纪的人都说有味。其实在百度一搜，好家伙，很多反映奔驰系列味道问题的人都在QQ群维权了，看来不是我的鼻子有问题。有很多德系车例如奔驰C级，味道大，关键是找不出原因，我朋友的保时捷帕拉米拉也是这样，味道很大，反正我不习惯。后来我开着雷克萨斯350却没有任何异味。难道真是德国人鼻子大味觉特别？

话说第一次开车两天一夜纵贯祖国南北，在韶关段电子狗吱吱响得厉害。到了湖北段，忽遇险情，路上大雾瞬间形成，能见度三米，那时情况相当惊人，就好象盲人开车一样，前车的双闪都看不到，好在最后没发生危险，3分钟后，穿越雾区。经由河南郑州后进入山东菏泽及郓城，然后到青岛，在山东境内又遇到险情，我们在高速超车时，前车忽然也要超车，急忙刹车打方向盘，谁知，前面还有一辆车，最后幸运两辆车之间穿越。各位在高速路开车切记小心呀。

到了青岛开发区后，我去了原来信用社的地址一看，银行都撤掉了，换做了一家餐厅，信用社的分部也被换做了政府部门。我忽然感觉一阵失落，往事一幕幕涌现，整个开发区好似也不再那么可爱，变得不是高大上，甚至有点庸俗了，附近的音乐也不再是毛宁的涛声依旧，而是周杰伦的什么喃喃自语的歌曲。是开发区变老了，还是我经历太多了，见识太多了？忽然感觉整个青岛是那么小。现在修好了世界最长胶州湾跨海大桥及亚洲最长胶州湾海底隧道，穿越海底隧道，从黄岛到青岛，10 分钟即可到达。

现在看来，那时候的老板孙智是个很聪明能干的人，他在一个刚刚起步的传统城市的开发区，用先进的经营理念开设城市信用社，进展迅速。他在日本留学，然后去了珠海证券，那时候我们感觉深圳珠海棒极了，简直就是令人向往的地方。在信用社工作的一年多里，我一直对孙社长充满感激和崇拜，他办事的严谨，工作的努力，为员工创造了当时最新式的工作环境和工作制度，提供了完善的生活环境，甚至雇厨师为我们做可口的一日三餐。记得 1993 年圣诞节前夕，孙社长组织举办了：兴源之夜，圣诞晚会。那是我第一次接触到圣诞节的气氛，感觉孙社长的一切是那么新潮和魄力，不知不觉令人向往。以至于 2015 年我开始转向股权投资时，我也在深圳福田皇庭 V 酒店举办了大型的丰之银圣诞之夜，那天晚会过来 400 多人贵宾，场内都坐不下了，除了外聘节目，我们的员工也表演了至少一半的节目量，现在 90 后的男孩女孩素质都不错，很早熟，唱歌、跳舞、主持等都很好，完全不像我们那个时代的孩子只会读死书，从这点来看，中国未来大有希望！实际上，从时间节点上看，那时的孙社长是抓住了政策的尾巴，他是 1993 年上半年申请的城市信用社牌照，而 1993 年 7 月 1 日国家就一刀切地停止了所有信用社牌照的审批。你看有多巧，我就是在 1993 年 6 月实习期间来到了孙社长的青岛兴源城市信用社，并见证了整个信用社的筹建过程。

回顾城市信用社的历史：

1990 年开始了城市信用社市联社的试点工作。

1992 年清理整顿工作结束，我国经济进入高速发展时期，各行各业申办城
市信用社的要求非常强烈。这一期间，城市信用社的数量急剧扩大，在绝
大多数县（市）都设有城市信用社。到 1993 年底，城市信用社数量近
4800 家，较 1991 年末增加了 1200 多家，总资产为 1878 亿元，职工 12.3
万人。

自 1993 年下半年开始，中国人民银行大力清理整顿金融秩序，总行责令各
省分行自 1993 年 7 月 1 日起一律停止审批新的城市信用社，已下达但未用
完的指标暂停使用，同时对越权超规模审批城市信用社的问题进行清理。
这一精神贯彻之后，绝大多数地方都没有审批新的城市信用社。

自 1995 年起，根据国务院指示精神，部分地级城市在城市信用社基础上组
建了城市商业银行。同年 3 月，中国人民银行下发《关于进一步加强城市
信用社管理的通知》，以文件形式明确："在全国的城市合作银行组建工作
过程中，不再批准设立新的城市信用社"。这个通知下发以后，全国基本
上完全停止了城市信用社的审批工作。

孙社长带领我们快速推进，那时候的开发区到处都是一片欣欣向荣的景
象，因为处于改革开放的初期，一切显得那么原始而热闹，粗放但信心百
倍，相对于国有大银行，我们是最领先的工作环境，我对兴源信用社的印
象至今还是那么美好。

很快，1994 年 4 月，孙社长在开发区管委会大楼华林大厦对面又开了一家
信用社分部。我相信如果国家没有一刀切地取消信用社，青岛兴源城市信
用社将成为远比招商银行更强大的银行，而孙智社长也将成为马蔚华式的
标杆性人物。可惜，我们有的政策抹杀了国人的创造性，包括现在的证券
公司，政策完全可以放开这种竞争性金融业务，放开证券公司的牌照，这
样证券公司越多，做市机构越多，企业融资也会越容易，北京股转中心新
三板的 7700 多只股票的流动性也会越来越好，中国的经济将被这一批上市
公司带动搞活。这批上市公司的股东及相关人群也会成为中国新一代的中
产阶级，并增加社会的活力和稳定性。可惜，有关政策宁肯让现有的国有

1993 年 10 月在青岛兴源城市信用社门前合影，后排右二是我。

证券公司动辄融资上百亿，也不学习香港把证券公司牌照彻底放开，让更多的证券公司更多的金融从业者获得机会来迅速搞活中国资本市场，证券公司和保险公司等属于高度竞争性的金融服务业，连这样的牌照有关政策都在垄断，这令人费解！由于无情地抹杀创造性，现在恶果开始呈现，随着移动互联网的快速推进，加上国有大银行的笨大臃肿及垄断，吲吃皇粮，不思进取，温水煮青蛙中，微信支付出现了，支付宝余额宝出现了，腾讯开银行了，阿里巴巴开银行了，现在去超市购物我们已经不再刷信用卡，支付也直接用微信支付，钱放在余额宝活期可以拿定期的利息，即使这样，银行还是无动于衷，例如活期利息还是那么少，为什么不学习余额宝呢？所以说现在股市的宇宙银行股们市盈率很低，但股价就是不涨，不是不涨，是大家对其垄断有看法吧。

再比如，截止到 2016 年 7 月，北京新三板已经 7700 多家挂牌了，作为中国三大证券交易所之一，为什么还要规定 500 万的投资开户限制呢？注册制下你警示风险就行了，然后放开资金进场不行吗？投资人的眼睛是雪亮的，他们会在市场中学会游泳和投资的。放开投资新三板后，交易量会活跃，中小企业直接融资就相对容易了，不必被银行无情拒绝甚至抽贷，不用再跪着给银行磕头了，这样中国的中小企业就活了，中小企业活了，中国的经济就将呈现无穷的创新和活力，企业的税收也会增加和规范，而北京证券交易所也会把首都的金融搞活。现在的中小企业主是多么艰难，好多人进退维谷，苦苦支撑，只为一份责任，而政策应该多关注支持，让资本来自由交易和选择。这不需要国家出一分钱，只需要出一个政策就可以，中国人很聪明，我们只需要一点政策的土壤就会感恩戴德了，给一点政策市场活力就会截然不同！有些事情我们想这辈子有机会做，我们不想来世投胎才有机会，人生苦短，真诚希望我们的经济金融改革步伐能快一点。

1996 年底开始城市信用社被重组成青岛市商业银行，孙社长的两个信用社也被征收纳入。2008 年 4 月，青岛市商业银行更名为青岛银行，而自 2001 年海尔集团入股至今仍为大股东。孙智社长的才华就这样被埋没了，我替他惋惜。

不是先见之明，也不是预见了美好的兴源信用社会被国有银行强行征收，而是我有了想去南方闯荡一番的念头，于是在 1994 年 8 月我离开了青岛兴源城市信用社，来到了珠海特区。

第八章

烟台商校学习

好好学习，天天向上。

——毛泽东

培养了我四年的山东烟台商校。

我的中学时代

1989 年 9 月，我以乡镇中学第一名的成绩考入烟台商校，考中专的人很多，特别是好学校好专业，完全是凭成绩一刀切。我不认为自己天性有多聪明，我只是比别人更用功，更刻苦。为了省下回家时间，我申请住校，那时候班级几十个同学睡通铺，夏天连电风扇都没有，说实话电风扇的样子我只是在书里见过，冬天没炉子。每次期中期末考试都是一种忘却不了的磨难冲刺，每次都是长达一个月的冲刺。我记得冬天为了期末考试一段时间，我总是最后一个下晚自习，回到宿舍没炉子，大家都睡了，冻得我瑟瑟发抖睡不着，但我又怕早晨睡过头被别的同学超越，怎么办？我灵机一动，想了一个办法，把隔壁床铺班长的裤腿子压在我的被窝下，这样他早晨起来肯定要穿裤子，一拽裤子肯定就把我拽醒了。这一招很奏效，班长他们刚起床到教室早自习，我后脚就赶到了。后来班长发现了我这一诡计，就故意抱着裤子睡觉，你看这为了学习成绩排名都竞争到啥程度了！我真不希望我们的后代学习到这份上，简直是遭罪呀，我希望他们将来能够快乐学习全面发展。

因为我是小学第 1 名的成绩，很荣幸在乡镇中心中学里成为了 1 班 1 号的学生，这三年里，我一直是学号 1 号的学生，这鼓励着我三年来始终不松气地刻苦学习，最终以第 1 名的成绩顺利考上烟台商校。

没办法，当时一个班就考上那几个人。很荣幸，我的付出现在看来在同学当中我过的生活最好，或许是我自己认为的吧，但无论如何我很知足。由于学习刻苦，我的考试成绩总能在级部排在前三位，我甚至把历史书背得滚瓜烂熟，考试时的历史年份填空等我几乎一气呵成答完试卷，别的学习不刻苦的同学就要抓耳挠腮想来想去。我从初一期中考试就考第一，得到了班主任的表扬，这种表扬一路激励着我三年。那时候的学生都很穷，学

初中的日子，是奋发的三年，班主任冷家新老师对我的鼓励铭记在心。（后排左三）

生的出路只有努力拼搏学习好考大学或者快速考中专，每个同学好似都至少有兄弟姐妹三四个，学生太多，竞争激烈得吓人，我的一个哥哥在高中学习前五名居然考不上大学，还要复读一年才考上，原因是一个班60个学生只录取了3个，高三课桌上书堆得好似小山一样，现在想想都吓人。就好像2016年4月23日，我顺利通过中国基金业资格考试，当时看着两本书都很发愁，不过我是个完美主义者，刻苦学习，考试必过，早在2008年我就通过了香港基金业五门考试，通过中国证券从业资格考试，最高考95分，能顺利通过，绝对不是聪明，而是我认真准备。

那时学习竞争激烈，机会除了升学外就是参军，但是我有个同学即使交了疏通费，参军也没参上，现在还在家种地。你说那个年代参军都是很奢侈的梦想，想报效国家都没门路。

每次期中期末考试后我都可以得到诸如三好学生、学习标兵、优秀班干部等称号的奖状，那个时候最开心的事，就是学期结束后拿几张奖状回家给父母看，然后父母贴在墙上，家里来客人后就指着给人家看，好似这样，可以慰藉一下父母农田辛苦劳作的疲惫的心灵。我理解这种农村劳作的极度辛苦，我干过各种农活，那时候为了省钱，机器也很少，都不舍得用机器，都用人工，简直不堪回首。例如给苞米上化肥，烈日当头，父亲走在前面在每棵1.8米高的结小穗玉米的根部用大镢刨个小窝，母亲就拐着满满一篮子化肥抓一把送到小窝里，我就在后面用脚把窝窝埋平，那时烈日当头，玉米地里密不透风，真是汗水禾下滴，加上化肥沫沫飘在脸上，煞得皮肤生疼，几亩地下来，人得累死，完了吃饭只能在田间地头啃饼子（不是白面馒头，是玉米面的）。想想现在，其实相当幸福。这也是我办公室为什么总是挂着一幅字：谋定而后动，知止方有得。时刻警醒着我体味眼前的幸福，制止贪欲。

值得安慰的是，我的父母现在70多岁，尚算健康，他们现在都在青岛城市居住，过着安逸的农民退休生活，早在2000年我就动员并协助二老坚决地彻底离开农村老家，彻底脱离几十年的重体力农活劳动。而他们的农村的同龄人，甚至年龄更小的人，已经纷纷去世，有各种情况，患病的、得癌症的、喝农药的、被生活折磨得、被子女气死的，每次听到老家的人谁谁谁去世的讯息，我的心都会咯噔一下，经历得太多，我明白，世界不是孤岛，我们彼此相连，不要问丧钟为谁而鸣，它就是为你我而鸣。

我一直认为，我国农村应该着力解决环境污染及净化饮用水，严控二手烟。设置农村心理辅导员制度，甚至每个村庄可以根据实际情况设立自己的佛堂、道观等精神场所。从幼儿园开始灌输儒家例如孔子的基本礼仪，逐步从精神和物质两个层面实现中华民族的伟大复兴。

我当了三年的卫生委员，那个时候我是以小学第一名的成绩考入初中，班主任把录取成绩前六名的同学叫出去开了个会，说你有威严做班长吧，你个头大做体育委员吧，你唱歌好做个文艺委员吧，你长得憨厚做个劳动委员吧，至于我，个头很小，只能做个卫生委员。由此，我一直做了三年的卫生委员，卫生委员的职责就是带头整理卫生，例如在老师带领下，为各个班级卫生评分，检查每个教室的垃圾、痰盂及宿舍卫生。说到每个教室的痰盂，现在我才明白为什么那时的小孩，这么多得鼻炎、中耳炎、扁桃体炎的，因为农村家长很多抽劣质旱烟。特别是冬天，灶火烟及家长的二手烟，在密闭的房间里，开始严重影响儿童及青少年的健康成长。不要小看二手烟的危害，因为二手烟，我小时候中耳炎导致的耳膜穿孔令我至今都无法体验深海潜水的乐趣。

我十几岁的样子，再往前的照片找不到了。我小时候都没钱没机会拍照。

我们86届是很幸运的，乡镇中学原来都是平房，到了我们这一届三层教学楼刚建好，记得那时我兴奋得一口气跑到三楼往下看，头居然有点晕。现在2016年春节我在美国曼哈顿最高的世贸大厦86楼看自由女神，一眼望下去居然神清气爽，一点都不晕。

烟台商校时代

烟台商校是一所全日制公办国家级重点中等专业学校，办学历史可以追溯到一九六五年。1989年~1993年我在这里度过了四年的岁月，专业：财务会计。其实我感觉就是读两年高中课程，读两年会计，整个给浓缩了。当时的我并不知道选什么专业什么学校，只是看到中学供销社主任的儿子填写了烟台商校的志愿，我也照葫芦画瓢填写了，后来我考上了，但他没录取，现在电影院做一个普通的员工，看来人的命运多数并不是自己主宰

197

的，是历史推动顺其自然的。

这四年里给我印象最深刻的就是，打了四年的算盘，是那种小算盘结合心算，我们在上面运算加减乘除，后来全部都练成了能手级。记得那个时候，每次珠算课，老师拿着一个秒表，说一声开始，霹雳啪啦的珠算声就开始了，你要知道珠算是需要极度集中注意力的，而且要极度小心的，否则哪根手指头稍带一拨拉肯定错，同时要结合心算。不过这也非常有用，后来我能够应聘进银行工作，能手级起到了作用。1993 年的银行，还没有普及计算机，计算器也很少，因此算盘派上了用场。同时我商校四年的班主任王维清老师，也让我常常记起，记得冬天，烟台很冷，每次王老师到班里巡察，都会在我身边小驻，轻轻捏捏我的衣服，问我冷不冷。从此以后有人问我贵姓，我就说姓冷，冷不冷的冷。

好多人说现在的校园暴力很严重，建议对 14 岁行使刑法。校园欺凌是指同学间欺负弱小、言语羞辱及敲诈勒索甚至殴打的行为等，校园欺凌多发生在中小学。近些年来在应试教育的冲击下，许多学校重视知识教育，轻视法制与规则教育，忽视生命、尊重与心理教育，由于我国实行的是九年制义务教育，受害者会长期受到欺凌。在欺凌过程中，欺凌者会对受害者构成心理问题，影响健康，甚至影响人格发展。这种情况下，我认为学校需要心理辅导员进行心理辅导，并和当地派出所结成连通机制，否则容易出问题，孩子可能因为恐惧而不愿意向家长或老师倾诉，我们应该珍惜重视每一个孩子，不但是他们的身体健康，更重要的是心理健康，只有这样，我们才实际上珍惜了中国的未来。

我很讨厌那种撒胡椒面式的表面的口号式的关怀，我喜欢个体的关怀，直击个体心灵的关怀！我那时的校园也充斥了暴力，我亲眼见到工商班学生把学生科老师眼角打破的殴打老师行为。我们是统招班，包学费包分配，而工商班即委培收费班大多是工商局所的子女，他们家庭条件好，个头大部分学生有点地痞作风。

记得有次晚自习下课后，我的舍友在宿舍举哑铃，弄出了动静，楼下工商班宿舍冲上来5个学生，上来就打了我的舍友，我刚想解释一番，也被当胸打了一拳，吓得我的舍友们都不敢动了，天蝎座的我好似骨子里有一种反抗精神，我越想越委屈，决定打回来。

第二天晚自习前，我约好自己班里的两个大个子男同学在教学楼门口埋伏好，打听好了打我的人是工商2班的团支书，真搞不懂他是怎么被评选上的团支书，他们总是一群人走来走去，我上前去留住了那个团支书，他个子比我大，但是因为不远处有两个同学站岗，我上去就是一巴掌打了他，我说你昨晚为什么无故打我，他哑口无言。

当晚下晚自习后，我去学校操场练习悠双杠，这时挨打的团支书带着一群学生冲过来，我一看形势不妙，扭头就跑，但是这伙人还是冲了过来，我一不小心滑倒在地上，被他们一阵拳打脚踢。后来，他们班上的地痞把我骗到宿舍又教训了我一顿。你看，多亏我有很好的心理调节能力，后来几个星期才慢慢走出阴影，后来听说那个学生毕业后还很嚣张最终进了监狱。有时候，面对那些蛮横的人，自有人去惩罚他们，你受了委屈假如没人帮你疏解心理压力，这个时候你一定要学会心理自我调节，就像被疯狗咬了一口，你去咬回来就不值得了。你可以学学20世纪最伟大的心灵导师和成功学大师戴尔·卡耐基在1936年出版的著作《人性的弱点》，70年代以来始终被西方世界视为社交技巧的圣经之一。我们上学那时候心灵受伤了，只能哼唱郑智化的《水手》来安慰自己。

苦涩的沙

吹痛脸庞的感觉

像父亲的责骂

母亲的哭泣

永远难忘记

年少的我

喜欢一个人在海边

卷起裤管光着脚丫踩在沙滩上

总是幻想海洋的尽头有另一个世界

总是以为勇敢的水手是真正的男儿

总是一副弱不禁风孬种的样子

在受人欺负的时候总是听见水手说

他说风雨中这点痛算什么

擦干泪不要怕

至少我们还有梦

我强烈建议现在的学校应该建立心理辅导专员，而老师和家长也要高度重视中小学生的心理疏导问题。学校也应该和当地派出所密切合作，例如经常带领学生参观一下拘留所或者监狱什么的以便将来养成遵纪守法好习惯。被地痞同学打这件事我一直耿耿于怀，2008 年我甚至在深圳报了一个跆拳道的班，整整跟教练练了一年多，考到了绿带。实际上中国武术如果也弄成这种可以进阶的课程该多好呀，我们就不用学习韩国的跆拳道了。

商校最大的一个事情练就了我的胆量，就是我和交通学校的老乡成为了好朋友，交通学校的校服就是那种和交通警察一样的服装——大盖帽，红肩章。那时候我们都是穷学生没钱坐车回家，我就借穿了交通学校同学的服装，一路拦车从烟台回青岛郊区的家里，一路上要拦五六辆车，基本拦的都是卡车，有的时候拦三轮摩托或者拖拉机，我也害怕人家看出我是个假学生警察。尽管锻炼了胆量，但现在的我还是要真诚道歉，我不应该这样，不应该冒充交通学校的同学。

在商校里我热爱隶书、写作及打乒乓球，我在《中国青年报》和《时代青年》都发表过作品，特别是《时代青年》，我仅仅写了一句话："当人生给我又酸又涩的山楂果时，我就把它们串成又鲜又甜的糖葫芦。"就收到了来自全国北自黑龙江南至广东的同龄同学们几百封来信，这里摘录一封：信写得很平淡，但是那个时代就是这么平淡，没有什么活力。我们都被压抑得厉害。

2008 年在美国金融危机的压力下，我加入了跆拳道的训练，挥洒汗水，舒缓工作压力。

信致山东烟台商校 89 财 2

冷立昌：

您好。因为不晓得您的性别与年龄，我只好暂且不礼貌地对您直呼姓名，请您原谅。

我是一个十七岁的女学生，首次给您写信可以说是一时的冲动，但我也的确非常渴望能够交一位笔友，向她（他）说一说心里话。

常跟我接触的同学都说我很怪，也许我真的有点怪，这"怪"就怪在我太倔强、太自尊、太敏感、又太爱把别人的善意变成恶意。也正因为这些，我曾失去了和放弃了好几位朋友。直到如今，还是独自一人品尝着孤独。此时的我心里很烦、有许多话想对别人说，可又找不到一个可以诉说的人，于是心血来潮，在 1991 年 12 期的《时代青年》"凡人妙语"一栏中选了您，给您写了这封信。虽然我没有诉（说）出太多的话，可我觉得心里轻松多了。对于您的那句话："当人生给我又酸又涩的山楂果时，我就把它们串成又鲜又甜的糖葫芦。"我也很喜欢。我觉得您似乎是一个很有个性且很自强的人。不知对不对。我真希望自己也能把又酸又涩的山楂果都串成又鲜又甜的糖葫芦，让口中的果子不再有酸涩的感觉，可我知道，我做不到，我是一个意志很弱的人，我没有足够的力量去那么做。

就写到这里吧，我是第一次正式写信，格式有可能不对，请别见笑。如果你有空，当然还得你愿意的情况下，请回信，好吗？我很希望能交一位异地的朋友，了解一下那里的生活。

此致

敬祝：学习愉快，万事顺利。

一九九二年二月二十五日草

来信请寄：吉林省通化市通钢二中三年三班 陈美娟 收

感谢商校的学习，四年的珠算训练，因为珠算特别好，我最终被一家新式银行录取。

那个时候，我爱读汪国真的诗歌，他在《走向远方》中写到：

不论生命经过多少委屈和艰辛，

我们总是以一个朝气蓬勃的面孔，

醒来在每一个早上。

后　记

古之立大事者，不惟有超世之才，亦必有坚韧不拔之志。

——北宋·苏轼

在股权投资的这几年里，我付出了超常的努力，丰之银已经在深圳前海股权交易中心挂牌（668194.QHEE），我的理想是打造属于中国人的伯克希尔。在每天晚上加班的日子里，困乏的时候打开 QQ 音乐，听一听老歌，例如高明骏的《我独自在风雨中》、胡彦斌版《北京的金山上》、汤晶锦版《酒干倘卖无》、Roxette 的《It Must Have Been Love》这些中英文经典老歌会突然给我一些力量。每次听眼前都会浮现出自己的某些人生片段，不由得更加感叹人生珍惜人生。

20 年的私募生涯，经常有朋友问起我的投资哲学，问我对各种股票及项目的看法，还有的朋友对正在兴起的 P2P、权证、虚拟货币、高回报理财、文交所的邮币卡、以及原油交易平台、贵金属期货的炒作等困惑不解，这本书正好可以作一个全面解答。本书的写成仅用一个月，遣词造句语法错误在所难免，引用的网络内容或许不太严谨，还请读者朋友见谅，但本书大部分内容皆是作者的亲身经历，真金白银地实战 20 年血汗经验而就。特别是后期的 12 年无亏损记录，更能给读者诸君一些股市运作的提醒和暗示。我利用休息日写成，吃点奥利奥和盼盼梅尼耶饼干，在办公室茶台泡点滇红或龙井，一个人写着写着就到了凌晨6点，也不感觉累。写到此处，我正在听着杨坤的伤感歌曲《兄弟》，腾讯新闻里，湖北重镇武汉正在承受严重水灾之痛，我们的总理此刻正站在齐腿深的雨水里指挥抗灾，我们的主席正在焦急地指示解放军武警部队全力做好防汛救灾工作，而我熬点夜算得了什么。

写作此书，需要整理材料，核实数据，尽量不误人子弟。慢慢地，我的思绪也逐渐得到净化和升华，我的同理心得到了强化，我联想到了自己20世纪90年代期货和早期私募的一些客户，我需要对他们的损失承担一些责任，尽管当时是无知者无畏的莽撞，但是人生苦短，何不珍惜彼此，觉醒后我更加懂得世界不是孤岛，我们彼此相连，本书的所有收入也将捐助于中小学贫困优秀学生及致力于禁止校园暴力，申请人可以发邮件给我：15039781@QQ.COM。我也暗下决心，若干年后，自己果真如大师所言积累到巨额财产，定将学习巴菲特将90%的财产回馈于社会。

中国从没有像现在这样政通人和，35年工业化过去了，注册制出台了，我们将第一次迎来真正属于中国的资本时代，以便宜估值坚持持有优质中小企业的股权，并与之一起成长，将是未来资本快速增值的唯一真实通路。毫无疑问，新三板的企业在资本市场的自由催化下，也将实现最快速最有效的供给侧改革。

注册制之下，资本市场全面开放将造就一大批优质的中小企业，而这批企业也将造就一大批相关股东成为真正富有的中产阶级。围绕着资本市场，众多的专业机构如律师、会计师、投行、证券公司、经纪人、交易所等也将实现蓬勃繁荣，中国社会将因大批中小企业的创新崛起而充满活力，因中产阶级的大量出现而更健康稳定。

星河灿烂，时空交错，此时此刻，丰之银无比珍惜这一难得的历史机遇，深圳丰之银信息服务有限公司，致力于打造未来的中国高盛，成为注册制下新平台，为优质企业提供财经公关、融资及投行服务。为投资人提供优质的路演项目。由丰之银美国团队组织的中国企业华尔街项目对接会正在紧锣密鼓地进行，我们组织了华尔街大型的风险投资及股权投资机构，证券直投机构将与中国优质企业进行资本对接，美国的资本市场已经高度成熟，美国国内金融回报开始下降，它们中的部分机构已开始关注中国的股权投资及正在到来的中国资本时代。相关合作，请关注丰之银微信公众号（丰之银）。

深圳丰之银股权基金管理有限公司，致力于打造中国人的伯克希尔，我们只投资拟上市的优质中小企业和已上市的优质企业定增，全面为优质企业发展提供资金。为此，我们在美国曼哈顿的美元基金也正在运作，全力支持中国企业发展壮大。相关合作，请关注丰之银股权基金微信公众号（丰之银股权基金）。

通篇本书，这是一个草根金融20年私募生涯奋进的故事，充满正能量。就像腾讯的故事一样，没有援助没有照应，在草莽中生长，没有任何背景，幸运的是可以继续见证中国资本时代的到来。愿与同道中人携手前行。请关注作者微信公众号（巴哥龙昌）。

我经常在崂山之巅东临碣石，俯看浩瀚的黄海，远处更是一望无际的太平洋，不由得为生长在伟大的祖国，为身处这样一个和平盛世而倍感自豪。作为金融从业者，更为身处在正在到来的中国资本时代而深感荣幸。

是为后记。

1969 年 7 月 20 日，美国宇航员阿姆斯特朗成功登月，率先踏上月球那荒凉而沉寂的土地
他缓缓地说道："这是个人迈出的一小步，但却是人类迈出的一大步。"①
（That'one small step for a man，one giant leap for mankind.）

2016 年 8 月 15 日丰之银登陆新四板，成功迈向中国资本时代之路。创始人龙昌先生在致辞中
有力地说道："新四板敲钟是个人的一小步，但却是丰之银迈向伟大伯克希尔之路的一大步。"

① 图片引自百度百科图集。

附录一　英国威尔士大学 MBA 股市论文

英国威尔士大学

工商管理硕士（MBA）论文

香港股市内地股选股策略及其长期回报研究

研究生姓名：冷立昌

论文导师姓名：孙向阳

提交时间：2010 年 7 月 30 日

声　明

本论文从未接受过任何等级的学位评审，目前也未用于申请其他任何学位。本论文谨用于申请工商管理硕士学位。除有特别说明外，本论文系本人独立工作及研究之成果，其他资料的来源亦有明确的说明并附有参考文献目录。本人谨此同意：本论文如蒙通过，可供复印和图书馆馆际借阅之用，论文题目与摘要亦可供其他机构使用。特此声明。

学生签名：冷立昌　日期：2010 年 7 月 30 日

导师签名：孙向阳　日期：2010 年 7 月 30 日

DECLARATION

I hereby declare that this work has not previously been accepted in substance for any degree and is not being concurrently submitted in candidature for any degree. This dissertation is being submitted in partial fulfillment of the requirements for the degree of MBA. It is the results of my own independent work/investigation, except where otherwise stated. Other sources are acknowledged by giving explicit reference and a bibliography is appended. I also give consent for my dissertation, if accepted, to be available for photocopying and for inter – library loan, and for the title and abstract to be made available to outside organizations.

Candidate：冷立昌　　　　　　　Date：July 30th，2010

Supervisor：孙向阳　　　　　　Date：July 30th，2010

鸣谢词

感谢深圳清华研究院培训中心和英国威尔士大学提供给我学习工商管理硕士学位（MBA）课程的机会。

首先，感谢我的论文导师孙向阳老师，在孙老师的指导下我完成了本次硕士论文撰写工作，从选题、构思、撰写、修改直至完成，都凝聚了老师的心血。老师用她渊博的知识和不辞辛劳地关注，指导我本次论文的整个研究过程，并推荐了各种适合本论文课题的书籍、期刊、网页供我阅读和查询，使我在整个论文写作过程中接触到了之前尚未深入的知识和研究领域，扩大了我的视野。

老师在我的论文准备过程中不断地帮助和鼓励我，并提出了很多建设性的意见，在此我再次对老师致以真挚和衷心的感谢！

感谢我的家人，特别是我的夫人，他们给了我极大的鼓励和支持，使我能在繁忙的工作之余抽出宝贵的时间，参加了全部培训课程并完成了本次学业。

最后，我要感谢所有关心我的同事、朋友和我的家人！

摘　要

国际证券交易所联合会统计数字显示，2009 年 7 月末中国香港股市的市值世界排名第七（中国内地总市值排名第三，流通市值和香港总市值相当）。中国香港股市相较于内地股市远为历史悠久，例如香港证券交易所前身香港股票经纪协会于 1891 年成立，而上海证券交易所于 1990 年成立，前后相差 100 年！而且目前，香港股市 60% 的股票来自内地企业，70% 的成交量也来自内地企业。长时间以来，香港股市经历了 10 余次暴涨暴跌的过程，特别是始自 2007 年 10 月的美国金融海啸，更让香港股市遭受沉重打击，很多股票短时间内跌幅高达90%！内地女首富张茵掌管的 2689. HK 玖龙纸业在此期间居然由 26. 75 元/股跌至 0. 71 元/股，跌幅 97%，令人心惊胆颤！

但是这期间有一些内地股却经受住了这些冲击，给予投资人以长期稳定的巨额回报，例如 00700. HK 腾讯控股、01044. HK 恒安国际、00322. HK 康师傅、00168. HK 青岛啤酒等，这些股票经过短暂下跌后甚至不断创出新高。因此，研究香港股市，特别是其中内地股的选股策略，可以对其长期投资回报率有一个明晰的观察和借鉴，如此，作为普通投资者，究竟怎样选股才更可能稳定取得 3~5 年乃至 10 年的长期正回报？那就是选择轻资产行业有护城河的企业股票长期投资。

面对香港上市的合计 800 多只内地股，投资者该采取怎样的选股策略以达到最佳的长期回报？本论文将呈现答案。

本论文的选股策略研究涉及：费雪选股策略、格雷厄姆选股策略、巴菲特选股策略。并由此延伸到香港股市内地股：通过观察周围超市，以调研闲聊法得出选择轻资产护城河式股票的选股策略。

本论文的长期回报研究涉及 10 年内的长期正回报，选取 258 家香港股市中的内地股即 H 股和红筹股，通过对这些典型公司近十年股票涨跌幅的比较研究及其与恒生指数近十年涨幅比较，得出了长期回报的排序。长期回报最高的股票，也印证了正确的选股策略的必要性。

论文结尾以 10 年内部分公司客户账户的选股及回报变化调查问卷得出进一步的结论：选择轻资产护城河式股票进行投资是获得长期回报的最有效选择。

预期研究结果为：

1. 轻资产护城河式股票是取得长期回报的最有效选股策略
2. 介入价位和集中投资将对长期投资回报率产生最大影响
3. 个人性格及是否长期持有将对股票投资产生重大影响
4. 尽量回避那些不熟悉的股票或者风险无法控制的衍生产品

关键词：香港股市内地股　选股策略 长期回报

Abstract

World Federation of Exchanges Statistics show that at the end of July of 2009, the market value of Hong Kong stock market ranked seventh in the world (ranked third in total market capitalization of mainland China, Hong Kong's total market capitalization and market value equivalent). But the stock market in the Mainland and Hong Kong stock market is far more than a long history, for example, the predecessor of the Hong Kong Stock Exchange of Hong Kong Stockbrokers Association was established in 1891, while the Shanghai Stock Exchange was established in 1990. Difference between before and after 100 years! And now, 60% of the Hong Kong stock market from Mainland enterprises, 70% of the volume but also from the Mainland enterprises. For a long time, Hong Kong stock market experienced a spike in more than 10 process, in particular, began in October 2007 of the U. S. financial tsunami, leaving Hong Kong stock market hit hard, a lot of the stock drop short period of time up to 90%! Zhang Yin, China's richest woman in charge of the Nine Dragons Paper 2689. HK actually from the 26. 75 yuan during the period / share dropped to 0. 71 yuan / share, down 97%! Very nervous!

But the mainland during this period some of these stocks have withstood the impact, giving investors a huge return on long – term stability, such as 00700. HK Tencent Holdings, 01044. HK Hengan International, 00322. HK Master Kong, 00168. HK Tsingtao beer, which After a brief decline after the stock hit a new high or even continued. Therefore, the study of Hong Kong stock market, in particular the Mainland stock selection strategy, return on investment for its long – term observation and a clear reference, so, as an ordinary investor, how to stock picking what is more likely to achieve long – term stability 3 5 years or 10 years of long – term positive return? — That is, select the asset light industry enterprises moat stocks long – term investment.

Through this paper, the sum of the face more than 800 Hong Kong – listed mainland stocks only, investors what the stock selection strategy adopted to achieve the best long – term return? The answer will show.

Stock selection strategy of this paper relates to: Fisher picking strategies, stock selection strategy Graham, Warren Buffett stock selection strategy.
And by extension to the Hong Kong stock market in the Mainland stock: by observing around the supermarket, chatting through the research method to get the selected asset light moat – style stock picking strategy.

This thesis research involves long – term return to the long – term positive returns in 10 years by selecting the Hong Kong stock market in the mainland part of the H shares and red chips stocks, typically through these 258 years of company stock in recent comparative study on the rise and decline in the Hang Seng index rose nearly a decade comparison, the sort of high and low long – term returns. Stocks with the highest returns through long – term, confirms the need for proper stock selection.

Paper at the end of a 10 – year period of time some of our customers account changes in stock selection and return the questionnaire drawn further conclusions: Select a moat – style stocks than assets long – term return on investment is the most effective choice.

Expected results are:

1. Light of assets is the moat – style stock returns over the long term the most effective stock selection

2. Intervention price and focus on long – term investment rate of return on investment will have the greatest impact

3. Personal character and the long – term holders will have a significant impact on stock investment

4. Try to avoid those not familiar with the stock or derivative products beyond the control of risk Keywords: China Hong Kong stock market strategies of stock selection stocks long – term return .

目　录

第一章　绪　论

1.1 研究背景

随着中国资本市场日益发展壮大，包括近期中国创业板启动，中国普通百姓投资股市的比例越来越高，大家越来越期待在股市中一展身手。有人探听内幕消息，有人不断花钱购买炒股软件，有人胡乱委托别人代为炒股，有人干脆想当然随机买卖，结果呢长期来看散户基本上是七亏两平一赚，也就是说 10 个人炒股票，长期来看 7 个人亏钱、2 个人打平、1 个人赚钱。这是为什么呢？因为散户频繁进出，导致手续费和印花税数额极为庞大，伴随着高换手率，深沪两市每年的印花税和手续费加起来甚至超过了所有上市公司总利润，散户炒作的平均损失可想而知。

据权威机构调查，股市始终有一小部分人赚到了长期回报。例如我们所熟知的美国股神沃伦·巴菲特，他单纯因为掌握了正确的选股策略投资于美国股票市场，由 100 美元赚到了 450 亿美元而成为世界首富。本人也是这样，我最近 10 年也是经由正确的选股策略于股市投资特别是 A 股及香港股市取得了长期稳定的正回报，才到达现在的财务自由。由此可见，普通人完全可以经在股市经由正确的选股策略取得长期稳定正回报。

以上经由股市而取得的财富，有些人会认为似乎唾手可得，因此而盲目开户入市，甚至连自己所买的股票对应的企业是做什么业务的都不甚清楚。股价上涨了就兴奋而杀进，股价跌了因害怕而杀出，如此反复几次，本金不但没有增值，反而越亏越少，最后黯然离开股市。更有甚者，因为借款融资融券买进卖出股票或者采取了股票的衍生工具，最后，本金亏光了，还倒欠银行和证券公司的钱而被追债，人生也由此跌入低谷一蹶不振。从此谈股色变，不再相信股票市场，甚至说股票是投机倒把不务正业的买卖。例如 2007 年 10 月开始的美国金融海啸中，香港演艺人协会主席、内地人熟知的香港演员曾志伟，在 2008 年 11 月上海一次采访中透露，自己和女儿曾宝仪曾投资美国雷曼股票及系列产品血本无归，而且他很后悔把这个股票项目介绍给张学友,导致其也亏了很多。谈及伤心事他不禁痛哭流涕,其女儿曾宝仪更在自己的博客上留言:"这次真的血本无归,恐怕连人生都要重新开始!"你看,连名人对股市也无可奈何。

不仅是名人,许多内地富豪在香港的累积购买股票挂钩票据中(Accumulator,俗称"I kill you later")损失惨重,内地客户薛女士2007年8月,在星展银行业务人员的游说下在户头存入8088万港元,买了上述挂钩股票产品。两个月不到,2008年10月底,星展银行给薛女士发来综合月结单显示,薛女士的存款不仅全部亏光,还倒欠银行9446万港元,也就是说亏了1.75亿港元!现在双方正在打官司,后来星展银行也在提起诉讼。其实类似于这样的内地客户还有很多,他们投资的股票品种及方式连他们自己都没有完全搞明白,亏了钱又怎能怪别人呢?

总之,对股票市场爱恨交织的心态每个人都曾经有过,如果我们能掌握正确的选股及投资方法并讲究投资策略,那么在股市上赚到长期的回报将不再是梦想。

1.2 公司简介

FY理财公司是本人创建的公司,2004年在中国香港成立,是专业投资香港股市的资产管理公司,有员工5人,本人兼职首席投资策略师。自1996年起本人在内地A股市场的投资经验,可以说本人及本公司在中国A股及港股市场有充分的经验。FY理财公司有客户300余名,60%的客户隶属深圳地区,20%的客户分布于中国各地,20%的客户分布于美国、英国、台湾、新加坡、香港、新西兰、澳大利亚等国家和地区。

1.3 研究意义

中国证券市场经过十几年的发展,规模从小到大,金融品种也越来越多,投资者可投资的对象由原来单一的银行存款变为银行存款、国债、企业债券、股票、认股权证等多种金融资产的组合。但金融市场风险与收益并存,尤其是目前中国证券市场上的股票由于历史原因及庄家的投机行为加剧了投资风险。如 2001 年 9 月银广厦的连续跌停板及因为国有股减持所带来的股市暴跌就证明了投资风险的存在，同时也说明了中国股票市场价格与其投资价值的背离非常严重。如何保护中小投资者的利益、如何使投资者在投资中规避风险而取得较高的收益，就成为中国证券市场健康发展必须面对的现实问题。

自 1986 年中国资本市场诞生以来，特别是 1990 年 12 月 19 日上海证券交易所及 1991 年 7 月 3 日深圳证券交易所成立以来，证券市场的参与者越来越多，2007 年 8 月 20 日，国家外汇管理局发布《开展境内个人直接投资境外证券市场试点方案》之后，中国银行天津分行也公告了即将推出的个人投资港股业务。中国国家外汇管理局（SAFE）宣布了"港股直通车"计划（through – train），旋即引发香港股市暴涨。在此消息影响下，港股恒生指数迅速上涨到 2007 年 10 月 30 日的 31958 点历史新高。

在此之前，很多内地投资人早已经注意到香港股市的股价比内地 A 股股价大幅偏低的事实，例如 2007 年 6 月 8 日香港上市 3988. HK 中国银行收报 3.3 港元/股，而同股同权的上海上市的 601988. SH 中国银行收报 4.75 元/人民币，以当时港元/人民币近似于 1：1 计算，二者折扣高 44%！（4.75 – 3.3）/3.3——当时几乎所有的 H 股和红筹股即所有内地在香港上市的股票，凡是与 A 股有可比的，同股同权的价格都相差惊人！因此"港股直通车"公布以后，香港股市大涨，内地投资者涌入香港股市，抱着捡便宜货的想法买入低价股，而不是从价值投资的选股策略出发精选个股，很快，国务院宣布因为时机尚不成熟，否决了当时国家外管局的可以投资港股的决定，结果，很多追高的投资人纷纷被套。其后更是受美国金融危机拖累，2008 年 10 月 27 日香港恒生指数暴跌至最低 10676 点，更多股票跌幅达到惊人的 90%！

直到现在，港股恒生指数尚徘徊在 19900 点附近，距离高位 31958 点仍有 37% 的距离。这一方面说明了盲目追风盲目投资股市的巨大风险，但另一方面，我们注意到有那么一小部分股票，其股价时至今日却早已冲破了

31958 点的历史高位，创下了新高！即使经历了美国金融海啸的冲击，仍然给精明的投资人以丰厚的投资回报！

对于中国证券市场的两大投资主体股票和债券来讲，在目前的情况下，股票价格的评估更具迫切性，原因是中国的债券目前品种并不是太多，尤其是缺乏风险较大的公司债，债券的主体主要是国债，作为中国的国债其到期还本付息一般来说不存在问题，所以购买决策并不难，评估也容易。而中国股票市场的股票目前有 1000 多种，分布于不同的行业。不同行业的上市公司其政策环境、市场环境都不一样，相同行业的上市公司经营管理水平也不一样，即便是同一公司由于其经营环境和资本结构的变化也会导致其收益的大幅变化，因此，投资这些股票所面临的风险都不一样，投资者投资股票是为了取得收益，但是收益与风险是时刻共存的，风险小，收益也小，收益大，风险也大。例如：0700. HK 腾讯控股，1044. HK 恒安国际，322. HK 康师傅，168. HK 青岛啤酒这其中的差距就成为了本论文的研究意义所在。

要研究股票价格就必须明确股票的投资价值和市场价格之间的区别和联系。股票的投资价是形成股票市场价格的核心和基础，但股票的市场价格不仅取决于股票的投资价值，还取决于股市中的供求关系以及其他许多因素。从理论上讲，在一个均衡市场中，股票市场价格理论上应该等于股票的投资价值。但在实际中，股价总是偏离其投资价值，并以投资价值为轴心上下波动。股票的市场价格之所以与投资价值不一致，是因为决定投资价值的因素有很多，并且都具有不确定性。投资者对各种因素预期值的不同理解，在市场上就表现为股价的高低不同。简言之，股票的市场价格受投资价值制约，由供求关系形成，并受多种因素影响。如果投资者在进行股票投资决策时，进行股票的投资价值分析，这样可以使投资行为更加理性和成熟，在投资时避免一些盲目性。而且，真正有价值的股票能吸引更多投资者的关注，得到更多的资金注入，对企业和社会的发展都有很大的益处。

1.4 研究目的

该研究的主要目的是通过香港股市内地股选股策略及其长期回报的关联研究，建议尽力避免股市中的陷阱包括那些投资者不熟悉的股票及衍生产品，从而在股市中做到长期赢家及获得长期稳定的投资回报。并指出

（1）选择具有轻资产行业中的带护城河企业将是长期投资致胜的关键

（2）3~5 年乃至 10 年期限的投资回报与正确的选股策略息息相关

（3）在自己能力的熟悉范围内选择正确的股票来投资

（4）在合适的价位波段操作即低买高卖是利润复利增长的完美手段

（5）在自己能力的调查范围内应该具有自信克服市场噪音并坚持自己的操作策略

1.5 研究问题

（1）取得长期稳定回报与之相对应的国外经典选股策略研究

（2）香港股市内地股的选股策略研究

（3）如何选择轻资产护城河的企业来达到长期稳定回报具有护城河的企业该如何理解及选择

（4）香港股市内地股的长期回报研究

1.6 研究假设

本次研究主要是总结及建议普通投资者应该放弃赌博心理，坚持采用正确的选股策略来获得稳定的长期投资回报率。为了使本论文具有更简单的表达，以本论文的标题即香港股市内地股选股策略及其长期回报研究来铺开阐述，借用我的十几年的炒股经验提出了以下的研究假设：

香港恒生指数的 10 年涨幅为 59%，超过此涨幅的为正回报。
所选取的 H 股和红筹股 10 年涨幅超过 30 倍为积极研究对象。
所选取的 H 股和红筹股 10 年跌幅超过 73% 为相对应负面的研究对象。
超市及平时所见到的快速消费品公司为目标行业及公司研究对象。

1.7 研究对象

香港股市中内地股即 H 股和红筹股，以及相关的 A 股美股。并结合本公司部分客户投资经历作为研究对象，统一研究时间段为 2000 年～2010 年 10 年时间跨度。

1.8 设计工具

结合香港联合交易所上市数据，特别是 H 股和红筹股的数据，采用钱龙交易软件统计出 258 只内地股 10 年以来的涨跌幅度，进行分类比较例证。以公司客户的调查问卷即账户内 10 年来的选股及回报变化调查得出进一步的结论

1.9 研究过程

股票市场上市公司越来越多，特别是美国金融海啸以来，香港股市巨幅波动，投资人如何选股获得长期回报？→→通过研究格雷厄姆，费雪，巴菲特选股策略延伸出→→轻资产护城河式选股策略→→通过内地股 258 只 H 股和红筹股的 10 年走势回报研究及 10 年时间段内公司客户账户内的选股及回报变化调查问卷得出结论→→轻资产护城河式选股策略才是获得长期稳定回报的最有效策略。

第二章　文献综述

2.1 综合理论研究

中国股票市场发育缺乏专门法律指导，政策性措施发挥着市场管理和建设的主要作用，在 1998 年 12 月底《证券法》诞生之前，股票市场行为主要通过法规制度来调节，政策性措不可避免地带有暂时性和片面性，政策的随意性和不完整性直接导致市场有用信息传递的不均等，使得部分投资者在信息的获取上无法享受公平的待遇。同时，计划性色彩浓厚的一级市场与富有市场色彩的二级市场存在较大差异，无法透明衔接，股票发行采用额度审批制，根据行业和地区的不同决定额度的分配，审批过程与额度分配过程不统一，加上行业差异和地区差异，使得发行决策过程缺乏透明度，经常出现"暗箱操作"。二级市场交易从制度上看更满足"公平、公开、公正"原则，但无法过滤掉在一级市场中形成的风险。所以，从股票交易一开始，投资者就无法准确辨认股票的风险程度，这显然会限制理性投资者的判断，市场效率也必然会受到限制。由于中国股票市场的种种缺陷造成了中国股票市场的低效率，并影响它发挥正常的经济功能，同时增加了投资者的风险，而在发达的证券市场中，投资主体相对成熟，投资活动也较为稳健，且有一套防范风险的自我保护意识。而在我国的证券市场中，大部分投资者欠成熟，防范风险的意识较差，投资行为也较盲目，"追涨杀跌"，"听庄跟风"是大部分中小投资者采取的投资方式。

我国股市运行具有活跃度高、独立性强、政策影响大、市场的规范度不高和投机性过强等特殊性，虽然这些特殊性并不是我国股市的全部，但可以说是主要内容。正是由于这些特殊性的存在，显示出研究股市运行、研究股票价格的必要性和紧迫性。同时，这些特殊性还提示我们在研究我国股票价格问题时，应注意以下几个方面的问题：首先，研究问题的时间跨度必须缩短，研究成果的应用必须注意适应性和阶段性；其次，现阶段研究股票价格可以主要考虑股票市场的系统内生变量，而不必求全。

股票投资一向有价值投资和技术投资之说，价值投资以美国巴菲特为代表人物，技术派则以各种趋势理论，移动平均线，RSI强弱相对指数，阻力线支持线等等为研究对象，由于技术派的研究历来只是一种押注式的买卖时机的选择，因此不在本论文讨论。

基本上来说价值型投资是指以企业的内在价值为衡量因素。企业的价值可以分为账面价值，清算价值和内在价值。账面价值是企业的净资产中反映在账面上的价值，只是一种理论价值。清算价值是指假如将企业清算后所得到的价值，一般会低于账面价值。而内在价值是指企业未来现金流的折算值，是企业的真实价值，也是股价涨跌的关键因素。

巴菲特是价值选股的坚定捍卫者。巴菲特学习融合了格雷厄姆和费雪的价值投资思想及选股策略，并且贯彻到实践中，成为长期来看全球投资收益率最高，赚钱最多，捐钱最多的投资人，被誉为20世纪最伟大的奥马哈先知。我们认为巴菲特的选择股票的哲学是最值得学习和借鉴的。

2.2 格雷厄姆选股策略

本杰明·格雷厄姆（Benjamin Graham，1894 – 1976），生于纽约市，毕业于哥伦比亚大学，是当时美国华尔街上的权威投资者，现代证券分析和价值投资理论的奠基人，对于许多投资界的传奇人物，如沃伦巴菲特、马里奥加百利、约翰乃夫、麦克普瑞斯和约翰波格等都产生过比较深刻的影响。

本杰明·格雷厄姆（1934）在1934年版的《证券分析》（security analysis）Benjamin Graham&David Dodd这部著作中，详细指出了自己研究出的关于选择投票的10大标准

（1）收益－价格比是3A级债券的2倍。如果3A级债券的收益率为8%，则满足条件的股票收益率为16%。

（2）本益比不低于最近5年最高平均本益比的4/10。计算方法是：平均本益比＝给定年份的平均股价/当年收益。

（3）股利率不低于 3A 级债券收益率的 2/3。不分配股利或无利润的股票不予考虑。

（4）股价应低于每股有形资产账面净值的 2/3。计算方法是：全部资产价值扣除商业信誉、专利权等无形资产后减去全部债务，再除以股份总数。

（5）股价不高于流动资产净值或速动清算净值的 2/3。计算方法是：速动清算净值＝流动资－总负债。

（6）总负债低于有形资产账面价值。

（7）流动比率不小于 2。计算方法是：流动比率＝流动资产/流动负债。

（8）总负债不高于速动清算净值。

（9）最近 10 年利润翻了一番。

（10）最近 10 年中，利润下降超过 5% 的年份不超过 2 年。

值得注意的是格雷厄姆身处的那个年代，正是美国股市繁荣后期 30 年代大萧条的年代，整个市场监管还有很多漏洞，内幕交易时常发生，监督管理体制还很不规范，但是在这种情况下，格雷厄姆还是讲究标准规范，他在努力的建立自己的选股标准及理性投资体系，他在自己投资股票发生巨额亏损的悲伤中反思，他认为上市公司的报表及年报都是经过修饰及掩盖的，投资者如何透过众多假象去分析发现整理它们，从而找到自己喜欢的符合标准的股票，这需要一些定量定性的方法，只有真实的信息才能够为我所用。其实格雷厄姆的选股方法是因为自己曾经发生过巨额亏损，因此变的非常小心，总想在公司的财务报表中寻求到心灵的安全感。这并不值得完全学习的，因为我们主要还是看企业的成长潜力。

因此我们虽然认可格雷厄姆的烟蒂式价值选股策略，但是并不机械执行，我们认为财务报表所反映的毕竟是过去的数据，而企业未来的成长性更值得我们去追寻。

2.3 菲利普．费雪选股策略

在选择企业的成长潜力方面，菲利普·费雪是领先者。

菲利普·费雪（Philip A. Fisher，1907～2004）：费雪1907年生于美国三藩市，被视为现代投资理论的开路先锋之一，擅长成长股价值投资策略，被誉为教父级的投资大师，是美国华尔街极受尊重和推崇的股票投资专家之一。

菲利普·费雪（Philip A. Fisher 1959）在他的名著《怎样选择成长股》中总结了如何选择优良普通股的15个要点：

（1）这家公司的产品或服务有没有充分的市场潜力—至少几年内营业额能大幅成长。

（2）管理阶层是否决心开发新产品或流程，在目前有吸引力的产品线成长潜力利用殆尽之际，进一步提升总销售潜力。

（3）和公司的规模相比，这家公司的研发努力，有多大的效果？

（4）公司有没有高人一等的销售组织？

（5）公司的利润率高不高？

（6）公司做了什么事，以维持或改善利润率？

（7）公司的劳资和人事关系好不好？

（8）公司的高阶主管关系很好吗？

（9）公司管理阶层深度够吗？

（10）公司的成本分析和会计纪录做得好吗？

（11）是不是有其他的经营层面，尤其是本行业较为独特的地方，投资人能得到重要的线索，晓得一家公司相对于竞争同业，可能多突出？

（12）公司有没有短期或长期的盈余展望？

（13）在可预见的将来，这家公司是否会因为成长而必须发行股票，以取得足够资金，使得发行在外的股票增加，现有持股人的利益将预期的成长而大幅受损？

（14）管理阶层是否报喜不报忧？

（15）管理阶层的诚信正直态度是否无庸置疑？

此外：他还总结了投资者十不原则：

（1）不买处于创业阶段的公司

（2）不要因为一支好股票未上市交易，就弃之不顾。

（3）不要因为你喜欢某公司年报的格调，就去买该公司的股票。

（4）不要因为一家公司的本益比高，便认为未来的盈余成长已大致反映在价格上。

（5）不要锱铢计较

（6）不要过度强调分散投资

（7）不要担心在战争阴影笼罩下买进股票

（8）不要忘了你的吉尔伯特和沙利文

（9）买进真正优秀的成长股时，除了考虑价格，不要忘了时机因素。

（10）不要随群众起舞

经历半个世纪的投资，费雪得出 8 点投资心得：摘自（Philip A. Fisher 1959）《怎样选择成长股》：

（1）投资目标应该是一家成长公司，公司应当有按部就班的计划使盈利长期大幅成长，且内在特质很难让新加入者分享其高成长。这是费雪投资哲学的重点。盈利的高速 增长使得股价格相对而言愈来愈便宜，假如股价不上升的话。由于股价最终反映业绩变化，因此买进成长股一般而言，总是会获丰厚利润。

（2）集中全力购买那些失宠的公司。这是指因为市场走势或当时市场误判一家公司的真正价值，使得股票的价格远低于真正的价值，此时则应该断然买进。寻找到投资目标 之后，买进时机亦很重要；或者说有若干个可选的投资目标，则应该挑选那个股价相对于价值愈低的公司，这样投资风险降到最低。费雪有过教训，在股市高涨的年代，买到一家成长股，但是由于买进的价格高昂，业绩即使成长，但亦赚不了钱。

（3）抱牢股票直到公司的性质从根本发生改变，或者公司成长到某个地步后，成长率不再能够高于整体经济。除非有非常例外的情形，否则不因经济或股市走向的预测而卖出持股，因为这方面的变动太难预测。绝对不要因为短期原因，就卖出最具魅力的持股。但是随着公司的成长，不要忘了许多公司规模还小时，经营得相当有效率，却无法改变管理风格，以大公司所需的不同技能来经营公司。长期投资一家低成本买进、业绩高成长的公司，不应因为外部因素而卖出持股，应该以业绩预期为卖出依据。因为外部因素对公司的影响很难精确分析和预测，同时这些因素对股价的影响亦不及业绩变动对股价的影响大。我们投资的是公司不是 GDP，亦不是CPI 或者定期存款利率。许多人信奉波段操作，但是至今没有一个靠波段操作成为投资大师的。波段操作企图提高赢利效率，所谓抄底底逃顶，这些乌托帮式的思维，实际可望而不可及。

（4）追求资本大幅成长的投资人，应淡化股利的重要性。获利高但股利低或根本不发股利的公司中，最有可能找到十分理想的投资对象。分红比例占盈余百分率很高的公司，找到理想投资 对象的机率小得多。成长型的公司，总是将大部分盈利投入到新的业务扩张中去。若大比例分红，则多数是因为公司的业务扩张有难度，所以才将盈利的大部分分红。不过，这是指现金分红，而以红股形式的分红则应该鼓励。

（5）为了赚到厚利而投资，犯下若干错误是无法避免的成本，重要的是尽快承认错误。一如经营管理最好和最赚钱的金融贷款机构，也无法避免一些呆帐损失，了解它们的成因，并学会避免重蹈覆辙。良好的投资管理态度，是愿意承受若干股票的小额损失，并让前途较为看好的股票，利润愈增愈多。好的投资一有蝇头小利便获利了结，却听任坏的投资带来的损失愈滚愈大，是不良的投资习惯。绝对不要只为了实现获利就获利了结。无论是公司经营还是股票投资，重要的是止损和不止盈。此处的止损是指当你发现持有的股票出现与当初判断公司基本面的情况有相当大的变化则卖出持股的做法。不止盈是即使持有的股票大幅上升但公司盈利仍将高速增长且目前股价相对偏低或者合理的情况下继续持股的做法。许多投资者往往是做反了，买进一只股票一旦获利，总是考虑卖出；相反，买进的股票套牢了便一直持有，让亏损持续扩大。

（6）真正出色的公司数量相当少，当其股价偏低时，应充分把握机会，让资金集中在最有利可图的股票上。那些介入创业资金和小型公司（如年营业额不到 2500 万美元）的人，可能需要较高程度的分散投资。至于规模较大的公司，如要适当分散投资，则必须投资经济特性各异的各种行业，对投资散户（可能和机构投资人以及若干基金类别不同）来说，持有 20 种以上的不同股票，是投资理财能力薄弱的迹象。通常 10 或 12 种是比较理想的数目。有些时候，基于资本利得税成本的考虑，可能值得花数年的时间，慢慢集中投资 到少数几家公司。投资散户的持股在 20 种时，淘汰一些最没吸引力的公司，转而持有较具吸引力的公司，是理想的做法。务请记住：ERISA 的意思是"徒劳无功：行动时思虑欠周"（Emasculated Results：Insufficient Sophisticated Action）。出色的公司在任何市场都只有 5% 左右，而找到其中股价格偏低的则更是千载难逢的好机会，应该重仓买进，甚至是全部资金买进。

（7）卓越的普通股管理，一个基本要素是能够不盲从当时的金融圈主流意见，也不会只为了反其道而行便排斥当时盛行的看法。相反的，投资人应该拥有更多的知识，应用更好的判断力，彻底评估特定的情境，并有勇气，在你的判断结果告诉你，你是对的时候，要学会坚持。

（8）投资普通股和人类其他大部分活动领域一样，想要成功，必须努力工作，勤奋不懈，诚信正直。

费雪说，股票投资，有时难免有些地方需要靠运气，但长期来说，好的运气，坏的运气会相互参半，最终归于平庸。想要真正成功的投资，是需要正确的技能和良好的原则，根据费雪上述 8 条原则，相信未来主要属于那些能够自律且肯付出心血的人。

我们极为欣赏费雪的投资理念，因此摘录了其著作，但是费雪的集中投资理念我们认为是不够的，他的意思是投资组合里持有 10 只以上的股票是比较理想的数目，而我们认为普通投资者如果遵循了正确的选股策略，持有三只股票就足够了。

2.4 沃伦．巴菲特选股策略

费雪被称为一代成长型投资大师的领路人，他与价值型投资领路人格雷厄姆一起被共同视为对早期股神巴菲特深具影响的的启蒙老师。巴菲特曾经推崇地说：我的血管里85％流着格雷厄姆的血，15％流着费雪的血。巴菲特融合总结了上述两者的思想和理念，为伯克希尔公司股东创造了可观的回报，也造就了一代股市传奇。

巴菲特作为格雷厄姆的学生在吸收发扬其投资哲学的同时，也深深体会到了这些投资哲学的不足之处，那就是不能一味的只按照财务数字来选择股票，很多时候企业的内在价值是用数字反映不出来的，例如其无形资产，其产品的竞争性独占特质，其产品的提价能力应付通胀的能力，其企业的护城河等等。因此，巴菲特创造出了自己独特的选股策略。

这些标准可以概括为：摘自刘建位 2010《巴菲特选股十招》

1. 心中无股：很多人是天天看股价，天天想股价，天天做差价，而我发现，巴菲特的做法则完全不同：不看股票看公司，不想价格想价值，不做投机做投资。与很多人眼里只有股价行情相比，巴菲特做的不是股票，而是像投资入股合伙做生意一样，是真正的投资："你买的不是股票，而是公司。"

2. 安全第一：很多人是要钱不要命，为了赚钱宁愿进行巨大投资，巴菲特却强调安全第一，赚钱第二，在赔钱可能很小、赢利可能性很大时才会出手。巴菲特说："安全边际是投资成功的基石。"而安全边际往往出现在股市大跌、优秀的公司股价大跌之时。一般人喜欢追涨杀跌，巴菲特正好相反，人弃我取，人取我予。

3. 选股如选妻：很多人选股十分轻率，频繁换股，巴菲特讽刺为股市"一夜情"，他本人却是选股如选妻："我们寻找投资对象的态度和寻找终身伴侣的态度完全相同。"我将其总结为三点：慎重的态度，严格的标准，极少的数量。

4. 知己知彼：知己知彼，才能百战百胜。巴菲特投资选股极少亏损，一个重要原因是他只选那些自己非常熟悉、非常了解、非常有把握的优秀公司股票。他一再强调投资的第一原则是能力圈原则："能力圈的大小并不重要，清楚自己的能力圈边界才是至关重要的。"我将其概括为三大选股戒律：不能不选，不熟不选，不懂不选。

5. 一流业务：巴菲特说："我们坚持寻找一流业务的公司。"而普通投资者判断公司业务是否一流的最简单有效的办法是抓住最核心的关键点：品牌。一流业务的核心体现是一流的品牌，而一流的品牌必须具备三个要素：名牌、老牌、大牌。

6. 一流管理：巴菲特寻找的公司不仅要有一流业务，还要有一流管理。他告诫我们："在收购公司和买入股票时，我们想要购买的目标公司不仅要业务优秀，而且还要有非凡出众、聪明能干、受人敬爱的管理者。"巴菲特很多时候是喜欢那个公司的管理者才购买该公司的股票的。我将巴菲特对管理者的要求归纳为德才兼备，尤其是道德方面要求很高，要诚实、真诚、忠诚，其实也就是我们常说的"三老"：说老实话，办老实事，做老实人。

7. 一流业绩：巴菲特说："我只喜欢那些事实证明具有持续赢利能力的企业。"推动股价长期持续上涨的，最终只有一种力量：赢利持续增长。我研究发现，业绩推动股价上涨的过程和运载火箭推动卫星上天的过程是非常相似的。一家上市公司的股价就像卫星，推动它的赢利就像运载火箭，而且也可以分为三级，第一级是毛利，第二级是净利，第三级是未分配利润。巴菲特要求的一流业绩要符合三个标准：高毛利率、高净资产收益率，高未分配利润股价转化率。

8. 价值评估：巴菲特有句名言："你付出的是价格，而你得到的是价值。"

价值投资的关键就是你得到的价值是否远远大于你付出的价格。而价值投资最大的困难是，价格很清楚，但价值却很不清楚，只能自己进行大概的评估。主要的价值评估方法一般基于三个方面：资产价值、赢利能力、现金流量。巴菲特认为，根据自由现金流量进行价值评估才是最正确的方法。

9. 集中投资：非常流行的投资方法是分散投资，不要把鸡蛋放在一个篮子里，而是要买很多股票，每只股票都只买一点儿，这样看上去似乎更稳健，赚钱会更多。而巴菲特却反对分散投资，主张集中投资："不要把所有鸡蛋放在一个篮子里，这种做法是错误的，投资应该像马克·吐温建议的那样，把所有鸡蛋放在同一个篮子里，然后小心地看好这个篮子。""我们的投资仅集中在少数几家杰出的公司身上，我们是集中投资者。"我认为巴菲特的集中投资原则类似于集中兵力的军事原则，通俗地说就是大赌大赢，但这需要三个条件：大赢需要大智，大赌需要大勇，大成需要大忍。

10. 长期投资：巴菲特开玩笑说自己用屁股赚的钱比用脑袋赚的更多，其实就是因为他比别人都更能拿得住："我最喜欢持有一只股票的时间是：永远。"长期持有，说起来容易，做起来很难。我总结巴菲特之所以能够长期持有一只股票几年甚至几十年的秘诀是三心：决心，死了都不卖；信心，不卖更赚钱；恒心，涨跌都不卖。但需要说明的是，巴菲特长期持有且一直不卖的只是极少数股票，很多股票巴菲特也会在持有几年后及时卖出。

此外巴菲特的 5 + 12 + 8 + 2 法则也十分经典，值得我们细细品味。

以下摘自《滚雪球（*THE SNOWBALL*）》爱丽丝·施罗德［美］2009

巴菲特的 5 项投资逻辑：

1. 因为我把自己当成是企业的经营者，所以我成为优秀的投资人；因为我把自己当成投资人，所以我成为优秀的企业经营者。

2. 好的企业比好的价格更重要。

3. 一生追求消费垄断企业。

4. 最终决定股价的是实质价值。

5. 没有任何时间适合将最优秀的企业脱手。

巴菲特的 12 项投资要点：

1. 利用市场的愚蠢有规律的投资。

2. 买价决定报酬率的高低，即使是长线投资也是如此。

3. 利润的复合增长与交易费用和税负的避免使投资人受益无穷。

4. 不在意一家公司来年可赚多少，仅在意未来 5 至 10 年能赚多少。

5. 只投资未来收益高确定性企业。

6. 通货膨胀是投资者的最大敌人。

7. 价值型与成长型的投资理念是相通的；价值是一项投资未来现金流量的折现值；而成长只是用来决定价值的预测过程。

8. 投资人财务上的成功与他对投资企业的了解程度成正比。

9. "安全边际"从两个方面协助你的投资：首先是缓冲可能的价格风险；其次是可获得相对高的权益报酬率。

10. 拥有一只股票，期待它下个星期就上涨，是十分愚蠢的。

11. 就算联储主席偷偷告诉我未来两年的货币政策，我也不会改变我的任何一个作为。

12. 不理会股市的涨跌，不担心经济情势的变化，不相信任何预测，不接受任何内幕消息，只注意两点：A. 买什么股票；B. 买入价格。

巴菲特的 8 项投资标准：

1. 必须是消费垄断企业。

2. 产品简单、易了解、前景看好。

3. 有稳定的经营史。

4. 经营者理性、忠诚，始终以股东利益为先。

5. 财务稳键。

6. 经营效率高、收益好。

7. 资本支出少、自由现金流量充裕

8. 价格合理

巴菲特的 2 项投资方式：

1. 卡片打洞、终生持有，每年检查一次以下数字：A. 初始的权益报酬率；B. 营运毛利；C. 负债水准；D. 资本支出；E. 现金流量。

2. 当市场过于高估持有股票的价格时，也可考虑进行短期套利。

值得注意的是：巴菲特作为一代股票投资大师，他因为对科技股不熟悉而放弃了科技股甚至是医药股的投资，而我们认为中国股市毕竟有我们的特色，例如 0700. HK 腾讯控股，这个企业的 QQ 是科技产品，但其实更是一种消费品，而且其 QQ 产品显示了巨大的潜力，因此应该值得我们关注。再比如 000538. SZ 云南白药是医药股，有的人难免因为不懂医药技术而忽略这个公司，其实当你意识到其正在向日化领域进军例如正在推广云南白药牙膏等，那这个公司就变成真正的消费股了，便完全值得我们跟踪了。所以说，不能生搬硬套巴菲特的思想，如果你真正熟悉这个企业，即使是科技股或医药股也可能是轻资产有护城河式的好股票。

总之，因为中国的股市历史尚短，我们只有借鉴有上百年历史的美国股市和香港股市的经验，这些投资大师的选股策略值得我们吸收及发展。

2.5 美国工业股 18 年分类回报率

下图可见：来自 value line 的统计显示，1978～1996 年间，美国工业企业各行业的平均经济利润是有明显差别的，由图表可以看出，化妆品，医药，软饮料，食品加工等轻资产行业长期资本回报率领先，而钢铁，航空运输，汽车，机械等重资产行业其长期资本回报率则垫底，甚至是负回报。

上图的统计逻辑很好的解释了为什么软饮料巨头可口可乐公司（Coca－Cola Co.）、化妆品及医药巨头强生公司（Johnson & johnson）、卡夫食品公

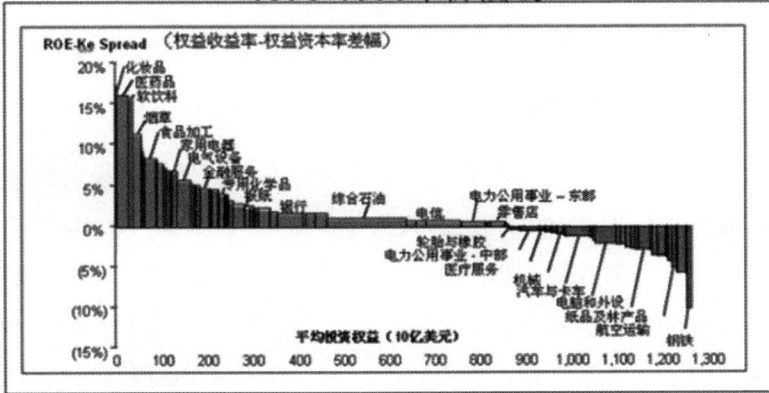

美国工业企业各行业统计显示：股票长期回报和行业股票挑选息息相关。

司（Kraft Foods）、箭牌公司（ Wm. Wrigley Jr. Company ） 等轻资产有护城河公司能够穿越经济周期股价数十年来不断创出新高的原因。

也很好的解释了重资产行业例如美国通用汽车公司近期（General Motors）股价跌至半个世纪（76 年来）新低，美国航空公司（American Airlines）美国钢铁（United States Steel）数十年来股价毫无起色的投资逻辑。

但是，需要指出的是，上图只是 VALUE LINE 的粗略统计，实际上，我们认为上述重资产行业的个别公司因为各种原因例如属小型股或被并购等也有可能有很好的股价表现。

延伸到香港股市内地股，我们也发现了这样的行业选股规律。

第三章　研究方法

本研究的主要目的在于帮助普通投资者熟悉一些普遍的选股方法。

3.1 观察周围超市调研闲聊法

这是一种最有效最实用的办法来帮助普通投资者去发现最值得投资的上市公司，例如本人上网时发现的 QQ 聊天及 QQ 游戏（00700.HK 腾讯控），在火车上吃方便面时发现的康师傅（00322.HK 康师傅控股），在家里用心相印纸巾时发现的福建恒安纸业（01044.HK 恒安国际），至于 A 股，你可以在刷牙时用到云南白药牙膏，也可以在平时给小孩子喝伊利奶粉，然后你再去观察四周，调研超市，和朋友闲聊等等来发现这些产品的市场占有率和产品品质的稳定性，以及周围人对该产品的评价，通过这些，你足可以判断出该公司的竞争力以及长期前景，因此在等到合适的价位时，你就要大胆重仓买入。

3.2 自上而下及自下而上选股法

自上而下是一种先从宏观考察经济基本面，再选择优势行业，然后在行业里确定目标公司投资，试图找到高于市场平均增长的上市公司。自下而上正好相反，先通过调研确定目标公司，然后倒推研究该行业，并进一步研究经济基本面来确认投资该股的时机与正确性。

图示如下：

3.3 其他的选股方法包括

（1）跟踪基金选股法；（2）消息辨析选股法；（3）红利选股法；（4）资产负债表选股法；（5）江恩理论选股法；（6）波浪理论选股法；（7）趋势理论选股法；（8）均线理论选股法；（9）涨停板跌停板选股法等等……由于上述选股方法及大部分之根据技术走势的选股方法不是基于基本股票长期价值的选股方法，因此不在本论文研究之列。

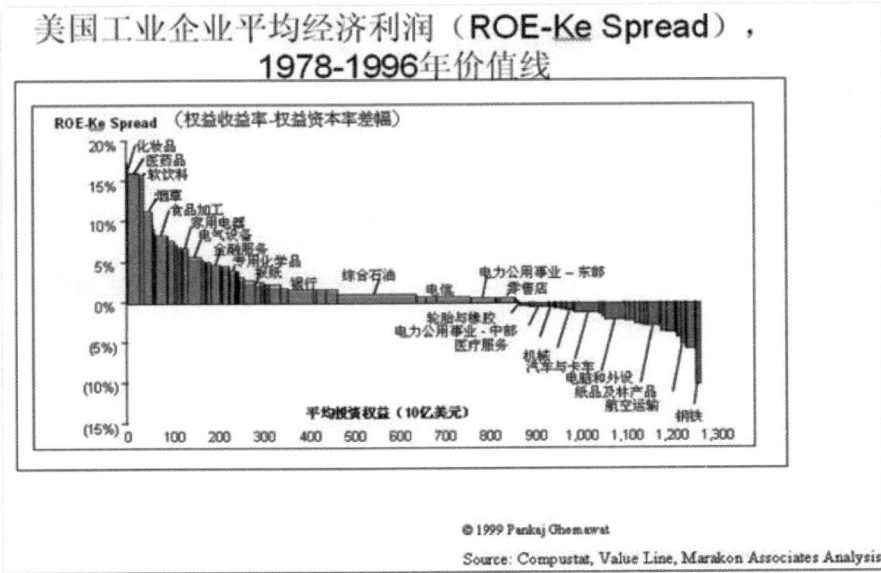

美国工业企业平均经济利润（ROE-Ke Spread），1978-1996年价值线

© 1999 Pankaj Ghemawat
Source: Compustat, Value Line, Marakon Associates Analysis

3.4 本论文采集数据

本论文的上市公司数据均来自香港交易所网站及钱龙股票交易软件。它们都是香港股市投资者常用的查询资料及股票走势的网站及软件。

截至 2010 年 6 月底，香港证券市场上市公司总数为 1344 家，总市值 17.1311 万亿港元。其中，H 股企业 156 家、红筹股企业 102 家、非 H 股内地民营企业 287 家，内地企业市价总值占整体市价总值58.6%，本论文选取的数据即为 H 股企业 156 家、红筹股企业 102 家合计为 258 家。占香港上市公司总数20%，占香港股市总市值35%，已经可以覆盖香港上市公司的内地股大部分。

本论文的投资者问卷调查均来自本公司的数百名客户代表及专业投资者随机的实际调查，由于其是证券行业内人士，因此其表述数据及内容具有可信性高，代表性强的的特征，在绪论里曾经简单介绍过目标公司 FY 理财公司，FY 理财公司旗下有客户 300 余名，60%的客户隶属深圳地区，20%的客户分布于中国各地，20%的客户分布于美国，英国，台湾，新加坡，香港，新西兰，澳大利亚等国家和地区。客户的职业包括了企业家，演艺界，律师，医生，政府公务员，自由职业，普通家庭妇女，普通白领等等各种界别，可以说涵盖的范围非常广泛。

这些客户及其他们周围朋友的投资故事，形成了一个个真实生动的投资案例，足以形成丰富的论文题材供本论文使用。

本论文将运用定量定性的研究方法，通过本公司在客户资产运作管理中的多年经验，以及本人的心得体会来有力论证本论文的研究结果。

3.5 名词解释

3.5.1 轻资产

轻资产，主要是指企业的无形资产包括企业的品牌，管理程序，企业文化，人力资源等各方面的整合能力。轻资产的核心是相对"虚"的东西，这些虚的东西占用的资金少，感觉上轻便灵活，所以称为轻资产。

资产的轻重是相对的概念，所谓重资产：例如一家生产汽车的公司就是重资产公司。汽车公司如果要扩大规模，则必须投资于新的生产设备和新的厂房及原材料，这需要消耗大量的资金和时间，如果过慢，则可能失去获利的机会，但是一旦汽车需求下降，重资产公司不仅盈利下降，而且单为了要计提这些新厂房和机器设备的折旧就要就要使盈利大幅下降。而且这些汽车公司等重资产类公司一旦产品售出，其新车买主基本不会在短时间内重复购买，一来新车使用寿命很长，二来车的品牌忠诚度也不太牢固。

相反，轻资产公司的规模一旦形成，其扩大规模的新投资就极其有限，而且可以无限供应，例如 0700.HK 腾讯控股，其 QQ 聊天系列产品就属于轻资产的类别，因为你 QQ 系列软件对应的服务器应用设备是相对有限的。

3.5.2 护城河

护城河的本意是指古代城池沿城墙周围挖掘的护城河，在敌人攻城时可以用来保护城池，护城河内也会有障碍物，甚至有鳄鱼，那样会更安全。这里借用护城河的概念来形容那些具有特别竞争力及产品提价能力，同行业其他公司的产品难以取代或超越的企业特质。

例如上述 0700. HK 腾讯控股，这家总部位于深圳的公司其产品就有着宽阔的护城河。目前，QQ 聊天工具有超过 80% 的用户选择使用，其他聊天工具包括微软 MSN 都难以同其竞争，因此 QQ 依托这一护城河得以迅速的在游戏，新闻门户，电子商务，广告等领域大显身手。

再如 1044. HK 恒安国际，这家总部位于福建的公司主营纸巾，卫生巾，心相印牌护理品等个人护理行业，其极大的市场占有率及稳定质量也让其企业的护城河牢固无比。

3.5.3 H 股

H 股是指公司注册在内地，在香港上市的公司。例如 3988. HK 中国银行 1398. HK 工商银行本身在香港上市，但是银行注册在内地，因此属于 H 股。

3.5.4 红筹股

红筹股是指主要业务来自于内地，注册在海外，在香港上市的公司。00992. HK 联想集团，本身电脑业务是在内地，但是上市集团注册在开曼群岛，在香港上市因此属红筹股。

3.6 研究说明

本论文所说的长期回报是指 5～10 年里所取得的回报，巴菲特曾经说过："投资第一条是：不要亏钱。第二条是：不要忘记第一条。"因此我们所说的回报是能够持续的正回报，不是暂时的回报。

很多投资者在短期里例如 3 到 5 个月里因为幸运或者恰好碰到牛市而赚的的回报不是本论文定义的高回报。

由于本论文的主题是价值选股与长期投资回报率研究，而且就总体上来说，那些凭借技术走势，例如 MACD，RSI，移动平均线，趋势线等技术工具来选择股票的投资者长期来看很难取得客观的长期回报，因此本论文把价值选股作为选股的主要途径。

本论文认为的轻资产护城河类的股票是具有易于理解和把握的，但是股票的种类是很多的，在一个牛市中，很多股票例如重资产股票地产股票航空股票等都会有客观的升幅，投资人可能会说，我选别的股票也可以赚钱呀，其实很多股票往往在具备一定的升幅后，过一段时间后又会跌回到原来的位置，甚至时过境迁后股价倒跌，本论文的潜在思想是：我们要在股市中赚到明明白白的钱，赚到大概率事件的钱，不能赚糊里糊涂的钱，有的时候你即使赚到了糊里糊涂的钱，很快也会糊里糊涂的输掉。

第四章 数据研究与讨论

4.1 数据研究

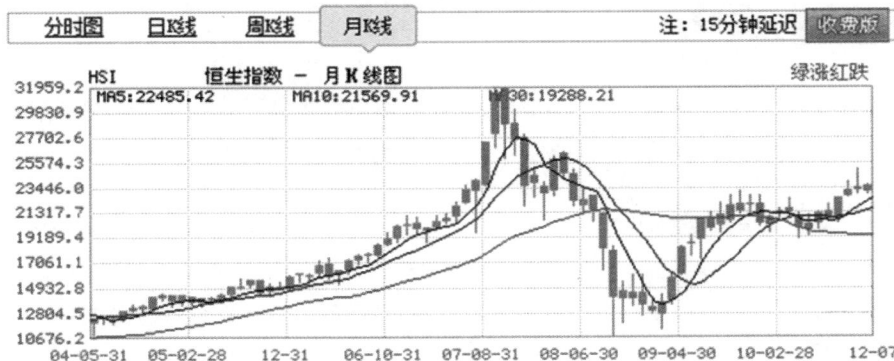

香港恒生指数月线图 2001 年 1 月～2010 年 7 月（12760 点～20378 点十年涨幅 59%）

我们再看下列内地股在香港上市至今的涨幅列表，按涨幅顺序排列：

H 股红筹股上市以来涨幅统计

序号	代码	名称	类别	最新价 2010/7/9	复权上市首月收盘	涨跌幅排行
1	1072	东方电气	（H 股）	23.85	0.09	26400.00%
2	322	康师傅控股	（红筹）	19.24	0.13	14700.00%
3	8199	威高股份	（H 股）	33.7	0.25	13380.00%
4	914	安徽海螺水泥股份	（H 股）	23.95	0.18	13205.56%
5	1044	恒安国际	（红筹）	63.8	0.68	9282.35%
6	995	安徽皖通高速公路	（H 股）	4.46	0.07	6271.43%
7	700	腾讯控股	（红筹）	139	3.39	4000.29%
8	2355	宝业集团	（H 股）	4.88	0.12	3966.67%
9	8058	罗欣药业	（H 股）	9.41	0.28	3260.71%
10	358	江西铜业股份	（H 股）	15.36	0.49	3034.69%
11	168	青岛啤酒股份	（H 股）	37.25	1.21	2978.51%

序号	代码	名称	类别	最新价 2010/7/9	复权上市首月收盘	涨跌幅排行
12	1211	比亚迪股份	（H股）	57.35	2.46	2231.30%
13	203	骏威汽车	（红筹）	3.77	0.17	2117.65%
14	317	广州广船国际股份	（H股）	11.4	0.57	1900.00%
15	941	中国移动	（红筹）	78.95	4.22	1770.85%
16	347	鞍钢股份	（H股）	10.2	0.55	1754.55%
17	966	中国太平	（红筹）	26.9	1.5	1693.33%
18	1133	哈尔滨动力股份	（H股）	5.89	0.33	1684.85%
19	300	昆明机床	（H股）	5.92	0.34	1641.18%
20	135	昆仑能源	（红筹）	9.98	0.6	1563.33%
21	8230	东江环保（二千）	（H股）	2.4	0.16	1400.00%
22	688	中国海外发展	（红筹）	15.4	1.05	1366.67%
23	1171	兖州煤业股份	（H股）	15.58	1.09	1329.36%
24	874	广州药业股份	（H股）	6.07	0.45	1248.89%
25	371	北控水务集团	（红筹）	2.41	0.18	1238.89%
26	1208	五矿资源	（红筹）	2.77	0.22	1159.09%
27	297	中化化肥	（红筹）	3.07	0.29	958.62%
28	1138	中海发展股份	（H股）	10.34	1	934.00%
29	144	招商局国际	（红筹）	26.15	2.85	817.54%
30	281	川河集团	（红筹）	0.36	0.04	800.00%
31	980	联华超市	（H股）	30.1	3.38	790.53%
32	1093	中国制药	（红筹）	4.5	0.52	765.38%
33	323	马鞍山钢铁股份	（H股）	3.52	0.42	738.10%
34	349	工银亚洲	（红筹）	20.55	2.48	728.63%
35	1065	天津创业环保股份	（H股）	2.36	0.3	686.67%
36	165	中国光大控股	（红筹）	18.54	2.42	666.12%
37	119	保利香港	（红筹）	8.6	1.14	654.39%
38	2302	CNNC Int'l	（红筹）	6.6	0.88	650.00%
39	2628	中国人寿	（H股）	35.25	4.82	631.33%
40	218	申银万国	（红筹）	3.13	0.45	595.56%
41	2318	中国平安	（H股）	64.35	9.47	579.51%
42	576	浙江沪杭甬	（H股）	7.29	1.09	568.81%

续表

序号	代码	名称	类别	最新价 2010/7/9	复权上市首月收盘	涨跌幅排行
43	2883	中海油田服务	（H股）	9.11	1.39	555.40%
44	107	四川成渝高速公路	（H股）	4.57	0.7	552.86%
45	177	江苏宁沪高速公路	（H股）	7.2	1.11	548.65%
46	1109	华润置地	（红筹）	15.52	2.4	546.67%
47	2338	潍柴动力	（H股）	55.9	8.71	541.79%
48	2600	中国铝业	（H股）	6.08	0.99	514.14%
49	1108	洛阳玻璃股份	（H股）	2.08	0.36	477.78%
50	392	北京控股	（红筹）	53.35	9.65	452.85%
51	133	招商局中国基金	（红筹）	16.28	3	442.67%
52	836	华润电力	（红筹）	17.1	3.22	431.06%
53	350	经纬纺织机械股份	（H股）	2.3	0.44	422.73%
54	222	闽信集团	（红筹）	3.5	0.67	422.39%
55	2319	蒙牛乳业	（红筹）	25	4.79	421.92%
56	2618	TCL 通讯	（红筹）	3.73	0.73	410.96%
57	489	东风集团股份	（H股）	9.92	1.95	408.72%
58	1088	中国神华	（H股）	28.7	5.82	393.13%
59	1666	同仁堂科技	（H股）	15.48	3.43	55.29%
60	171	银建国际	（红筹）	2.27	0.5	354.00%
61	305	俊山五菱汽车	（红筹）	0.68	0.15	353.33%
62	670	中国东方航空股份	（H股）	3.4	0.75	353.33%
63	161	深圳中航集团股份	（H股）	3.12	0.69	352.17%
64	85	中国电子	（红筹）	1.14	0.26	338.46%
65	1070	TCL 多媒体	（红筹）	4.3	1	330.00%
66	697	首长国际	（红筹）	1.17	0.28	317.86%
67	719	山东新华制药股份	（H股）	2.96	0.71	316.90%
68	1053	重庆钢铁股份	（H股）	1.94	0.47	312.77%
69	257	中国光大国际	（红筹）	3.48	0.85	309.41%
70	386	中国石油化工股份	（H股）	6.24	1.53	307.84%
71	1055	中国南方航空股份	（H股）	3.26	0.85	283.53%
72	187	北人印刷机械股份	（H股）	2.53	0.68	272.06%
73	3328	交通银行	（H股）	8.41	2.27	270.48%

续表

序号	代码	名称	类别	最新价 2010/7/9	复权上市首月收盘	涨跌幅排行
74	3323	中国建材	（H股）	12.62	3.45	265.80%
75	8290	天津天联公用	（H股）	1.56	0.44	254.55%
76	560	珠江船务	（红筹）	1.78	0.52	242.31%
77	338	上海石油化工股份	（H股）	2.89	0.85	240.00%
78	934	中石化冠德	（红筹）	3.66	1.12	226.79%
79	3968	招商银行	（H股）	19.36	6.06	219.47%
80	8329	海王英特龙	（H股）	1.1	0.35	214.29%
81	291	华润创业	（红筹）	28.9	9.21	213.79%
82	548	深圳高速公路股份	（H股）	3.46	1.11	211.71%
83	2328	中国财险	（H股）	7.91	2.58	206.59%
84	3366	华侨城（亚洲）	（红筹）	4.26	1.4	204.29%
85	378	事安集团	（红筹）	1.78	0.6	196.67%
86	992	联想集团	（红筹）	4.52	1.53	195.42%
87	553	南京熊猫电子股份	（H股）	1.85	0.63	193.65%
88	1052	越秀交通	（红筹）	4.02	1.37	193.43%
89	939	建设银行	（H股）	6.33	2.16	193.06%
90	506	中国食品	（红筹）	4.69	1.64	185.98%
91	753	中国国航	（H股）	8.18	2.88	184.03%
92	763	中兴通讯	（H股）	23.6	8.7	171.26%
93	694	北京首都机场股份	（H股）	4.32	1.6	170.00%
94	1033	仪征化纤股份	（H股）	1.66	0.62	167.74%
95	2388	中银香港	（红筹）	17.82	6.67	167.17%
96	1919	中国远洋	（H股）	7.93	3.06	159.15%
97	588	北京北辰实业股份	（H股）	1.99	0.77	158.44%
98	728	中国电信	（H股）	3.84	1.49	157.72%
99	570	盈天医药	（红筹）	1.08	0.43	151.16%
100	230	五矿建设	（红筹）	1.73	0.69	150.72%
101	1818	招金矿业	（H股）	18	7.18	150.70%
102	42	东北电气	（H股）	1.35	0.54	150.00%
103	8286	长城微光	（H股）	1	0.4	150.00%
104	2722	重庆机电	（H股）	1.92	0.81	137.04%

续表

序号	代码	名称	类别	最新价 2010/7/9	复权上市首月收盘	涨跌幅排行
105	8231	复旦张江	（H 股）	1.64	0.73	124.66%
106	1898	中煤能源	（H 股）	10.36	4.63	123.76%
107	2727	上海电气	（H 股）	3.49	1.56	123.72%
108	124	金威啤酒	（红筹）	1.72	0.78	120.51%
109	357	美兰机场	（H 股）	8.55	3.92	118.11%
110	2868	首创置业	（H 股）	2.39	1.1	117.27%
111	883	中国海洋石油	（红筹）	13.02	6.03	115.92%
112	1205	中信资源	（红筹）	1.43	0.67	113.43%
113	604	深圳控股	（红筹）	2.4	1.16	106.90%
114	8331	浙江世宝	（H 股）	2.41	1.17	105.98%
115	1199	中远太平洋	（红筹）	9.54	4.69	103.41%
116	123	越秀地产	（红筹）	1.83	0.91	101.10%
117	1202	成都普天电缆股份	（H 股）	1.31	0.66	98.48%
118	1766	中国南车	（H 股）	5.92	3.04	94.74%
119	1398	工商银行	（H 股）	5.72	2.94	94.56%
120	111	信达国际控股	（红筹）	1.57	0.83	89.16%
121	3898	南车时代电气	（H 股）	18.9	10.19	85.48%
122	152	深圳国际	（红筹）	0.48	0.26	84.62%
123	8287	三宝科技	（H 股）	9.25	5.06	82.81%
124	525	广深铁路股份	（H 股）	2.76	1.51	82.78%
125	606	中国粮油控股	（红筹）	9.17	5.04	81.94%
126	38	第一拖拉机股份	（H 股）	4.45	2.6	71.15%
127	2866	中海集运	（H 股）	2.93	1.74	68.39%
128	814	北京京客隆	（H 股）	8.51	5.06	68.18%
129	154	北京发展（香港）	（红筹）	1.55	0.93	66.67%
130	2357	中航科工	（H 股）	2.68	1.61	66.46%
131	8235	赛迪顾问	（H 股）	0.21	0.13	61.54%
132	3928	郑州燃气	（H 股）	14.28	9.19	55.39%
133	270	粤海投资	（红筹）	3.8	2.55	49.02%
134	8247	中生北控生物科技	（H 股）	3.18	2.14	48.60%
135	1099	国药控股	（H 股）	28.85	19.62	47.04%

续表

序号	代码	名称	类别	最新价2010/7/9	复权上市首月收盘	涨跌幅排行
136	3311	中国建筑国际	（红筹）	2.89	2.01	43.78%
137	308	香港中旅	（红筹）	1.71	1.22	40.16%
138	232	中国航空工业国际	（红筹）	0.33	0.24	37.50%
139	925	北京建设	（红筹）	0.66	0.495	33.33%
140	3988	中国银行	（H股）	4.08	3.1	31.61%
141	839	天大石油管材	（H股）	2.85	2.24	27.23%
142	8102	上海复旦	（H股）	2.88	2.33	23.61%
143	1135	亚洲卫星	（红筹）	11.8	9.7	21.65%
144	1193	华润燃气	（红筹）	11.38	9.49	19.92%
145	902	华能国际电力股份	（H股）	4.65	3.95	17.72%
146	8069	同仁堂科技	（H股）	15.3	13.05	17.24%
147	696	中国民航信息网络	（H股）	6.14	5.3	15.85%
148	1071	华电国际电力股份	（H股）	1.86	1.64	13.41%
149	8208	常茂生物化学工程	（H股）	0.82	0.73	12.33%
150	3300	中国玻璃	（红筹）	2.5	2.23	12.11%
151	828	王朝酒业	（红筹）	3.24	2.9	11.72%
152	730	首长四方	（红筹）	0.52	0.47	10.64%
153	517	中远国际控股	（红筹）	3.91	3.57	9.52%
154	629	悦达矿业	（红筹）	1.13	1.06	6.60%
155	1828	大昌行集团	（红筹）	4.72	4.46	5.83%
156	882	天津发展	（红筹）	4.81	4.55	5.71%
157	521	首长科技	（红筹）	0.45	0.43	4.65%
158	739	浙江玻璃	（H股）	2.48	2.375	4.42%
159	2777	富力地产	（H股）	10.76	10.44	3.07%
160	363	上海实业控股	（红筹）	32.15	31.28	2.78%
161	2601	中国太保	（H股）	31.5	30.9	1.94%
162	1800	中国交通建设	（H股）	7.48	7.34	1.91%
163	3378	厦门港务	（H股）	1.36	1.34	1.49%
164	8217	长安民生物流	（H股）	4.65	4.59	1.31%
165	1186	中国铁建	（H股）	10.56	10.51	0.48%
166	8379	东江环保（一万）	（H股）	2.45	2.45	0.00%

续表

序号	代码	名称	类别	最新价 2010/7/9	复权上市首月收盘	涨跌幅排行
167	8157	首都信息	（H 股）	0.42	0.42	0.00%
168	991	大唐发电	（H 股）	3.33	3.33	0.00%
169	3983	中海石油化学	（H 股）	4.48	4.49	−0.22%
170	1988	民生银行	（H 股）	7.19	7.26	−0.96%
171	1058	粤海制革	（红筹）	0.435	0.44	−1.14%
172	1812	晨鸣纸业	（H 股）	5.94	6.15	−3.41%
173	2333	长城汽车	（H 股）	15.16	15.87	−4.47%
174	2899	紫金矿业	（H 股）	5.58	5.92	−5.74%
175	857	中国石油股份	（H 股）	8.76	9.32	−6.01%
176	8258	西北实业	（H 股）	0.148	0.16	−7.50%
177	1122	庆铃汽车股份	（H 股）	1.85	2.01	−7.96%
178	8301	明华科技	（H 股）	0.275	0.3	−8.33%
179	1313	华润水泥控股	（红筹）	3.41	3.73	−8.58%
180	2626	湖南有色金属公司	（H 股）	2.5	2.79	−10.39%
181	2009	金隅股份	（H 股）	8.8	10.02	−12.18%
182	552	中国通信服务	（H 股）	3.87	4.44	−12.84%
183	8236	宝德科技集团	（H 股）	0.26	0.3	−13.33%
184	817	方兴地产	（红筹）	2.26	2.63	−14.07%
185	8189	泰达生物	（H 股）	0.4	0.47	−14.89%
186	2880	大连港	（H 股）	3.23	3.84	−15.89%
187	811	新华文轩	（H 股）	4.05	4.83	−16.15%
188	8243	大贺传媒	（H 股）	0.39	0.47	−17.02%
189	568	山东墨龙	（H 股）	7.41	9.01	−17.76%
190	2337	上海复地	（H 股）	2.1	2.58	−18.60%
191	906	中粮包装	（红筹）	6.36	7.9	−19.49%
192	998	中信银行	（H 股）	5.07	6.31	−19.65%
193	598	中国外运	（H 股）	1.8	2.25	−20.00%
194	597	华润微电子	（红筹）	0.325	0.41	−20.73%
195	8273	浙江展望	（H 股）	1.29	1.65	−21.82%
196	735	中国电力新能源	（红筹）	0.73	0.94	−22.34%
197	916	龙源电力	（H 股）	7.6	10	−24.00%

序号	代码	名称	类别	最新价 2010/7/9	复权上市首月收盘	涨跌幅排行
198	8348	滨海泰达物流	（H股）	1.57	2.07	-24.15%
199	8298	安捷利实业	（红筹）	0.3	0.4	-25.00%
200	8253	天元铝业	（H股）	0.12	0.16	-25.00%
201	438	彩虹电子	（H股）	1.05	1.41	-25.53%
202	3399	南粤物流	（H股）	2.02	2.72	-25.74%
203	3382	天津港发展	（红筹）	1.7	2.29	-25.76%
204	267	中信泰富	（红筹）	14.86	20.7	-28.21%
205	1618	中国中冶	（H股）	3.52	5.26	-33.08%
206	1883	中信集团	（红筹）	2.09	3.24	-35.49%
207	762	中国联通	（红筹）	10.2	15.91	-35.89%
208	549	奇峰化纤	（H股）	0.83	1.3	-36.15%
209	74	长城科技股份	（H股）	3.22	5.05	-36.24%
210	103	首长宝佳	（红筹）	0.79	1.24	-36.29%
211	908	九洲发展	（红筹）	0.7	1.1	-36.36%
212	31	航天控股	（红筹）	0.95	1.5	-36.67%
213	8271	环球数码创意	（红筹）	0.4	0.64	-37.50%
214	8251	上海栋华	（H股）	0.33	0.53	-37.74%
215	747	浔阳公用发展股份	（H股）	0.65	1.07	-39.25%
216	618	方正数码	（红筹）	0.365	0.61	-40.16%
217	2698	魏桥纺织	（H股）	4.72	8.1	-41.73%
218	2380	中国电力	（红筹）	1.7	2.93	-41.98%
219	8205	交大慧谷	（H股）	0.375	0.65	-42.31%
220	8045	南大苏富特	（H股）	0.46	0.81	-43.21%
221	1893	中材股份	（H股）	5.29	9.44	-43.96%
222	3377	远洋地产	（红筹）	5.92	10.69	-44.62%
223	3330	灵宝黄金	（H股）	2.68	4.93	-45.64%
224	921	海信科龙	（H股）	3.5	6.45	-45.74%
225	3808	中国重汽	（红筹）	6.49	12.04	-46.10%
226	596	浪潮国际	（红筹）	0.71	1.35	-47.41%
227	390	中国中铁	（H股）	5.42	10.74	-49.53%
228	2006	锦江酒店	（H股）	1.83	3.65	-49.86%

续表

序号	代码	名称	类别	最新价 2010/7/9	复权上市首月收盘	涨跌幅排行
229	8049	吉林长龙药业	（H 股）	0.8	1.6	−50.00%
230	2345	上海集优	（H 股）	1.37	2.77	−50.54%
231	8197	东北虎药业（H 股）	0.175	0.36	−51.39%	
232	8277	物美商业	（H 股）	13.6	28.68	−52.58%
233	368	中外运航运	（红筹）	3.03	6.57	−53.88%
234	1185	中国航天万源	（红筹）	0.8	1.82	−56.04%
235	8227	海天天线	（H 股）	0.28	0.65	−56.92%
236	181	闽港控股	（红筹）	0.58	1.38	−57.97%
237	1203	广南（集团）	（红筹）	1.48	3.85	−61.56%
238	840	天业节水	（H 股）	1	2.66	−62.41%
239	3993	洛阳钼业	（H 股）	4.51	12.16	−62.91%
240	8188	牡丹汽车	（H 股）	0.345	1	−65.50%
241	8196	元征科技	（H 股）	2.05	6.08	−66.28%
242	8211	浙江永隆实业	（H 股）	0.077	0.24	−67.92%
243	217	中国诚通发展集团	（红筹）	0.43	1.35	−68.15%
244	8115	上海青浦消防	（H 股）	0.19	0.63	−69.84%
245	1045	亚太卫星	（红筹）	2.88	10.45	−72.44%
246	3833	新疆新鑫矿业	（H 股）	3.88	14.09	−72.46%
247	8106	浙大兰德	（H 股）	0.25	0.92	−72.83%
248	8249	屹东电子	（H 股）	0.135	0.5	−73.00%
249	1000	北青传媒	（H 股）	4.8	21.49	−77.66%
250	8178	中国信息科技	（红筹）	0.101	0.58	−82.59%
251	8016	中华数据广播	（红筹）	1.07	6.3	−83.02%
252	3355	先进半导体	（H 股）	0.31	1.93	−83.94%
253	8259	安德利果汁	（H 股）	0.395	3.73	−89.41%
254	1114	华晨中国	（红筹）	2.79	28.85	−90.33%
255	418	方正控股	（红筹）	0.455	4.75	−90.42%
256	241	中信 21 世纪	（红筹）	1.06	13	−91.85%
257	8035	滨海投资	（红筹）	0.475	5.95	−92.02%
258	8095	北大青鸟环宇	（H 股）	0.52	13.13	−96.04%

从上面得到数据可以比较出：香港恒生指数十年涨幅只有 59%。一般来说恒生指数作为一个基本的指数，在长时间内，将只是一种缓慢的增长，任何一种短时间翻几倍的指数涨幅都将面临沉重的回调压力。我们可以把恒生指数看成是一只股票，那么任何期望从这只股票获得快速增长的梦想都将破灭。同样，上证综合指数和深证综合指数在以 10 年计算的周期内，都将面临一种温和的上升，指数的暴涨不可以持续。所以指数期货的赌博基本都将以失败告终。

那么既然指数不可以获得暴利，要想在 5～10 年内获得持续的高回报怎么办？答案是逢低买进轻资产有护城河的价值型股票。

由上述本论文统计的 258 只股票可以看出，它们作为内地股依托庞大的内地市场，理应走出强于大盘恒生指数的涨幅。事实不然，数据显示，258只股票中只有 131 只 10 年里跑赢大盘的回报 59%，占比 50%，还有 50%的股票跑输大盘，更加令人惊讶的是有 89 只在 10 年里录得负回报！占比 34%，甚至很多跌幅超过 6 成～9 成，相当惊人。这说明股票风险很大，任何不加选择妄图在股票市场取得高回报的投资者很有可能将本金亏光。

可以看到，有 26 只股票 10 年内涨幅超过 10 倍，占比 10%。在前 11 只 10年涨幅超过 30 倍的股票中，按照我们的逻辑居然可以选择出 4 只股票（322. HK 康师傅控股，1044. HK 恒安国际，700. HK 腾讯控股，168. HK 青岛啤酒）这充分说明了本文论点，即选择轻资产有护城河的股票投资，是获得长期高回报的唯一道路！

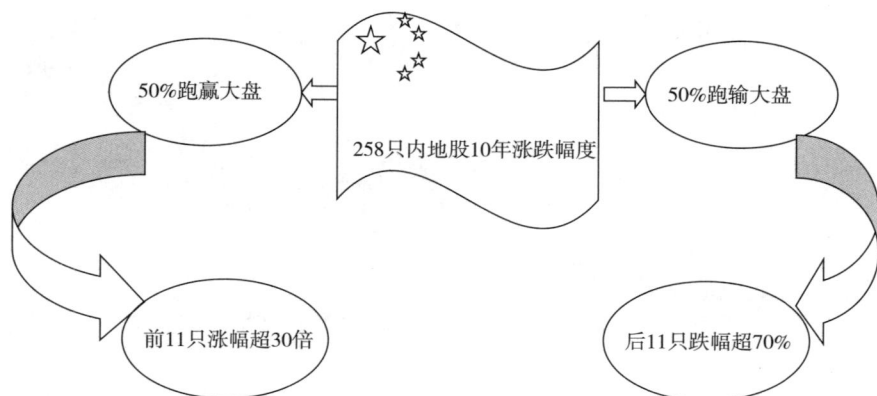

序号	代码	名称	涨幅排行	序号	代码	名称	跌幅排行
1	1072	东方电气	26400%	1	8095	北大青鸟环宇	−96.04%
2	322	康师傅控股	14700%	2	8035	滨海投资	−92.02%
3	8199	威高股份	13380%	3	241	中信 21 世纪	−91.85%
4	914	安徽海螺水泥股份	13205%	4	418	方正控股	−90.42%
5	1044	恒安国际	9282%	5	1114	华晨中国	−90.33%
6	995	安徽皖通高速公路	6271%	6	8259	安德利果汁	−89.41%
7	700	腾讯控股	4000%	7	3355	先进半导体	−83.94%
8	2355	宝业集团	3966%	8	8016	中华数据广播	−83.02%
9	8058	罗欣药业	3260%	9	8178	中国信息科技	−82.59%
10	358	江西铜业股份	3034%	10	1000	北青传媒	−77.66%
11	168	青岛啤酒股份	2978%	11	8249	屹东电子	−73.00%

从上面得到数据可以得出，如果你选择了轻资产护城河类型的股票，长期回报惊人：

10 年前投资 100 万，买进康师傅可变成 1.47 亿

10 年前投资 100 万，买进恒安国际可变成 9282 万

10 年前投资 100 万，买进腾讯控股可变成 4000 万

10 年前投资 100 万，买进青岛啤酒可变成 2978 万

上述几只股票都可以在你的能力熟悉范围内买进，例如，你坐火车的时候可能经常吃康师傅方便面，你在家里可能用的心相印纸巾是恒安的产品，

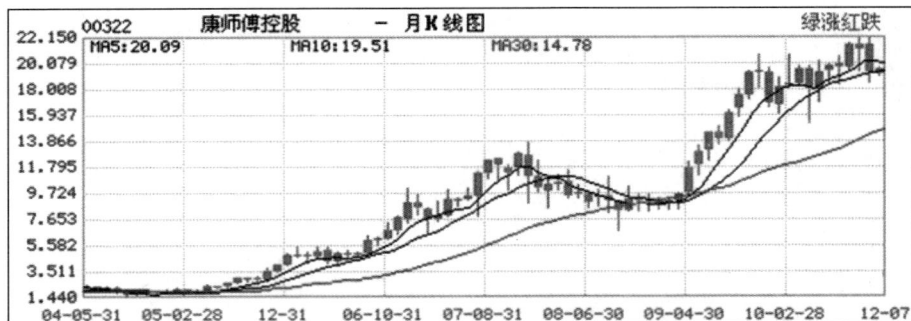

上图康师傅控股（十年涨幅 147 倍）

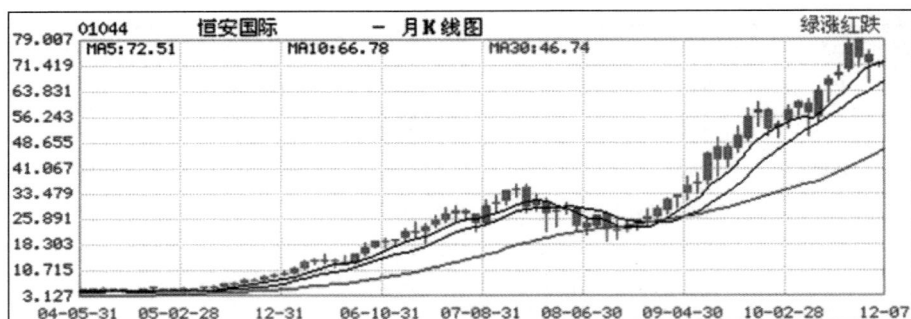

上图恒安国际（十年涨幅 92 倍）

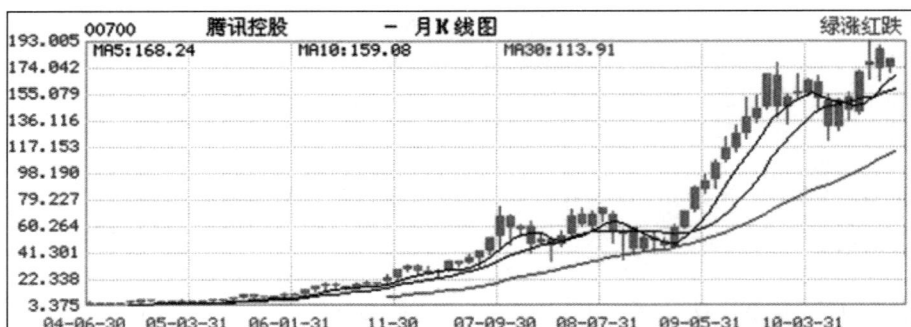

上图腾讯控股（六年涨幅 40 倍）

你上网聊天游戏时用的 QQ 是腾讯的产品，你周围的朋友在饭店里吃饭也会喝青岛啤酒。

相反，虽然东方电气涨幅 264 倍，威高股份涨幅 133 倍，罗欣药业涨幅 32

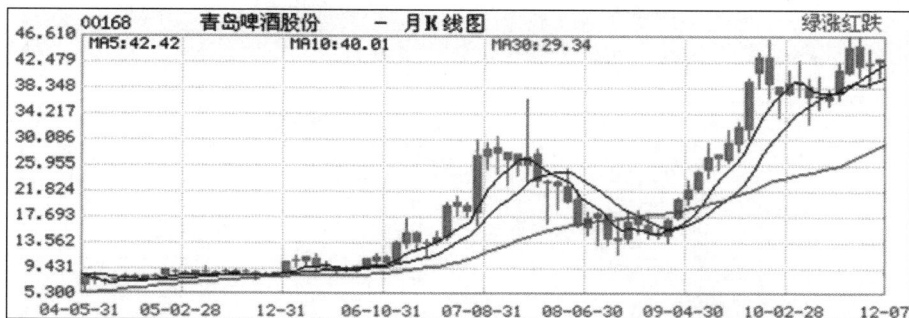

上图青岛啤酒股份（十年涨幅 29 倍）

倍也很多。但是这些企业相信不在你的能力与视野范围，除非你是这些公司的内部人士或者行业内人士可能抓住这些机会，否则你根本不可能熟悉并抓住这些企业的股票，更难以长期持有。

我们再来看，如果你选择的不是轻资产护城河类型的股票，投资回报可能会很差劲：

假如你 10 年前投资 100 万，买进屹东电子将变成 27 万！

假如你 10 年前投资 100 万，买进北青传媒将变成 23 万！

假如你 10 年前投资 100 万，买进先进半导体将变成 17 万！

假如你 10 年前投资 100 万，买进滨海投资将变成 8 万！

假如你 10 年前投资的股票现在摘牌了，你的投资将变 0！

对比前者，你将发现巨大的差别，这就是 10 年里因为选股导致的财务回报的巨大差别！

你会看到我们一直赞成选择的 322. HK 康师傅，1044. HK 恒安国际，0700. HK 腾讯控股，168. HK 青岛啤酒等都是拥有广泛市场的消费股，腾讯控股的 QQ 虽然是电子产品的软件，但是其实质也是日常消费品，这些企业拥有广泛的市场和快速的消费过程，因此其公司股票的市值日渐增长，反映到股价方面也就屡创新高，而且这些股票的成交量也往往维持在适中的水平。

如上图：在股东回报排名前十的公司当中，有五家公司来自中国大陆，两

#	Company	Location	Industry	TSR[2] (%)	Market value[3] ($billions)	Sales growth (%)	Margin change (%)	Multiple change[4] (%)	Dividend yield (%)	Share change (%)	Net debt change (%)
								TSR Decomposition[1]			
1	Tencent	Hong Kong	Technology and telecom	106.3	39.5	70	4	37	1	-1	-6
2	Jindal Steel & Power	India	Mining and materials	88.2	14.3	57	9	19	2	0	2
3	Suning Appliance	China	Retail	81.4	14.2	52	15	16	0	-2	1
4	OCI	South Korea	Chemicals	70.9	4.4	7	24	8	2	-4	34
5	Sany Heavy Industry	China	Machinery and construction	67.4	8.0	50	1	13	1	-1	4
6	Tingyi	Hong Kong	Consumer goods	67.3	13.8	33	14	13	5	0	2
7	Changsha Zoomlion Heavy Industry	China	Machinery and construction	66.4	6.4	49	3	13	2	0	0
8	Kweichow Moutai	China	Consumer goods	63.4	23.5	30	5	29	2	0	-3
9	TBEA	China	Machinery and construction	62.3	6.3	37	7	6	1	-1	12
10	Perusahaan Gas Negara	Indonesia	Utilities	61.7	10.3	36	9	10	5	-2	5

Sources: Thomson Reuters Datastream; Thomson Reuters Worldscope; Bloomberg; annual reports; BCG analysis.
Note: n = 712 global companies.
[1]Contribution of each factor shown in percentage points of five-year average annual TSR; any apparent discrepancies in TSR totals are due to roun
[2]Average annual TSR, 2005–2009.
[3]As of December 31, 2009.
[4]Change in EBITDA multiple.
[5]As of June 30, 2010.

上图为过去五年全球公司股东回报排名［波士顿咨询集团（Boston Consulting Group）］
配图

家来自中国香港，印度、印度尼西亚和韩国各有一家公司入围。按照股东
回报计算，排名前十的公司依次为腾讯（中国香港）、印度金达尔钢铁和
电力公司（Jindal Steel & Power，印度）、苏宁电器、韩国最大多晶硅厂商
OCI、三一重工、康师傅控股（中国香港）、中联重科、贵州茅台、特变电
工和印度尼西亚天然气配送公司 PT Perusahaan Gas Negara。

《全球五年股东回报排名：腾讯居榜首，前十均在亚洲》。上述文章中讲：
波士顿咨询集团（Boston Consulting Group）日前发布报告称，在对全球 14
个产业的 712 家上市公司进行调查后发现，2005 年至 2009 年期间，股东
回报位居前十的公司均在亚洲，其中中国公司占据了七个席位，腾讯名列
榜首。

就上图而言，我们欣喜的看到 0700. HK 腾讯控股及 0322. HK 康师傅股票
2005～2009 期间股东回报位居全球前十，这些明显是轻资产护城河式的股
票，更加印证了本论文的选股逻辑，充分证明正确选股与长期回报之间存
在最大的正相关性！

4.2 案例分析

本文希望通过五个访谈案例，集中 FY 理财客户以及业内资深人士的意见，获取第一手资料进行阐述，希望能从访谈中找到符合我们命题的进一步论据。

案例一：首先我们访问了 FY 公司的客户康丽：

1. 您自己买卖股票时，是如何选股的？

答：都是那个证券公司的业务员帮我介绍，基本上介绍我做短线的，买了股票第二天赚了一点就让我卖出，甚至当天就让我卖出。亏了就让我等一等，他告诉我的股票都是听到什么好消息说马上会上涨到什么什么位置，可是我一旦进去，行情稍微波动，他就建议我出来先看看，后来我琢磨，他可能想让我炒手续费。

最后一次，我的账户被他介绍买了一只 3988. HK 中国银行的权证，权证价格是 0.10 元/份，行权价是 5.2 港元/股，到期日 2010 年 2 月 1 日，但当时中国银行正股 3.8 港元/股，权证是 1：1 行权，后来由于中国银行的股价一直没到 5.2 港元/股，所以我买的权证到期后，账户全亏光了。

2. 你知道投资权证的风险吗？

答：当时不懂呀，听经纪人说权证赚钱快，他说看好中国银行的股价，如果中国银行股价上涨超过行权价 5.2 港元，以后正股每涨 0.1 元，我的账户就可以翻一倍，如果中国银行的股价能涨到 6.2 元/股，我的账户就可以翻十倍。

3. 那你没问如果中国银行 2010 年 2 月 1 日没涨到 5.2 元/股，你的账户怎么办呢？

答：经纪人没说风险，没提醒我到时间中国银行的正股如果涨不到 5.2 港元/股，我的账户会亏光，他只是说赚钱的事情，后来我的那个账户全亏光了，我找他们公司，公司说那个经纪人已经辞职了。我好后悔呀，40 多万全亏光了。当时真不懂权证的风险。

4. 你现在有什么体会？

答：我分了两个账户，一个账户全亏光了，一个账户就是委托给你们 FY 理财公司，你们的价值选股长期持有方式这几年给了我的账户很丰厚的回报，我感觉你们做得对，我不应该再单独设个账户自己做股票。

通过访谈，我们得出以下结论：

1. 价值选股方法和介入价位将对长期投资回报率产生最大影响。

2. 个人性格及情绪稳定性将对个人股票投资产生重大影响。

3. 尽量回避那些不熟悉的股票或者风险无法控制的衍生产品。

案例二：在第一次访谈的基础上，我们又走访了第二位 FY 企业的客户王月：

1. 你前几年的回报如何？是怎么买股票的？

答；我是跟风型的，有时候在证券网站上看到有好的介绍而且涨得好我就买进去了，有时候在报刊等媒体上看到 XX 股票最近宣传得厉害或者有什么新项目我就会跟进去，赚了一点我就跑出来了，亏了就等等，如果跌得快了我可能会跑，如果慢慢跌我就等着解套，以至于越亏越多。这几年账户回报亏了不少，而且投资的过程一直担惊受怕。因为买了不熟悉的股票老是担心会下跌，晚上常常睡不好觉。

2. 你对价值型选股有何看法？

答：最近两年我受贵公司的影响，开始在超市里寻找股票，我有点贫血，因此经常去超市买东阿阿胶，我看到周围有很多女性朋友也吃这个补品，咨询了那里的促销员，发现东阿阿胶一直卖的不错，而且该公司生产的阿胶有 2000 多年的历史，效果明显，我就查询了股票发现东阿阿胶 000423. SZ 是一家上市公司，于是我就在 2009 年 5 月份以 18 元/股的价格买进了东阿阿胶，现在看来效果不错，东阿阿胶 000423. SZ 现在报价 36 元，我都翻一倍了，这期间 2008 年 2009 年美国金融危机都对我的投资没产生影响，上证综合指数在这期间倒跌了 3%，但是我可是翻了一倍，而且每天都睡着觉了，再也不担惊受怕了，你想想，2000 年来东阿阿胶 000423.SZ 都是传统的滋补佳品，这个公司的护城河有很深呢，而且掌握了全国 90% 的驴皮资源，我一点都不担心。

通过访谈，我们的结论为：

观察周围超市调研闲聊法是获得好股票的有效途径。

买进轻资产有护城河的企业股票是令人放心的长期投资。

案例三：我们第三次访谈的对象是香港联交所的资深经理人陈见华，和他的交流也进一步证实了我们的论据：

1. 你这几年投资回报如何？

答：我是很谨慎的，这几年我主要是看上市公司的财务报表来投资，比如说我投资了 1207.HK 上置集团，这是一家上海的房地产开发商，现在它的股价是 0.8 港元/股，我大概是 0.6 进去的，我仔细研究了它的报表，发现它的每股净资产很高，现金流也很不错。我其实也是在学习巴菲特，买进价值被低估的股票，巴菲特的老师格雷厄姆就是我这样的投资者，财务报表一定要经受得住审阅。但是我很奇怪我这样谨慎的投资虽然超越了大盘的回报，但是却不是太高，我还是不太满意我的投资回报。

2. 你知道巴菲特从没投资过地产股吗？

答：这个我没研究，我感觉大家都是价值型投资者。

3. 巴菲特投资的是轻资产有护城河的股票，你投资的 1207.HK 上置集团是一家房地产开发公司，本身是一家重型公司，需要很多资金需要银行贷款，而贷款是要成本的，遇到国家宏观调控就很麻烦，再说，房地产并没有核心竞争力，缺乏护城河，只要有钱，理论上谁都可以拿到好的地皮来发展物业，就这个角度来讲，市场给 1207.HK 上置集团很低的估值也就不奇怪了。你认为呢？

答：你说的有道理，我也感觉我本身是会计师，已经够谨慎的了，这几年的回报却不是很多，看来不能只寻找有内在价值的股票，还要找轻资产有护城河的股票。

总结他的观点，我们可以看出：

单纯看财务报表买卖股票是有缺陷的。

买进轻资产有护城河的企业股票是令人放心的长期投资。

案例四：我们第四次访谈的对象李剑——国内资深投资人，得到进一步论据：

问：如何从行业角度严格选股？

答：简单来讲就是回避三高企业，回避五类天花板企业，选择五消型企业

回避三高企业：

人到中年，常常体检，主要目的是早日发现和躲避危害健康的"三高"杀手：高血压、高血脂、高血糖。

其实，投资也要尽量避免"三高"型的企业：高投入、高负债、高能耗。它们往往制约着行业的高成长。当然，这里讲的是"天然三高"。专指行业本身固有的，与生俱来、终生伴随的特性，而非单个企业主观的个别的行为。

我把 A 股和港股近四千家上市公司按行业中类分别研究，发现有些行业二十年来一只大牛股也未产生过，有些行业牛股产生甚少，有些则牛股成群。原因当然是多种多样的，比如产品售价受管制，产业规模受限制等等。但其中重要一点，还是与行业是否命犯"三高"有关系。

从长远来讲，但凡成长性不太强的行业，多多少少属于"一高"或"三高"。

例如属于"高投入"的钢铁、汽车、发电、航空、高铁、高速公路、机场、港口、采矿等行业，创建时一次性投入就是巨大的数字，以后还贷都是艰难的任务，何况还要收回成本再转向盈利。它们同时又是重装备型，需要不断地更新设备，如建新高炉、买新飞机，等等。为了维持再生产，

它们的资本性开支又很大。长此以往，成本如山一般压在背上，利润自然就很难跑快了。

银行不属于"高投入"，也不属于"高能耗"。但它与地产业一样是天然"高负债"行业。虽然它在世界上有诸如"永远的朝阳行业"、"万业之母"等响亮的名号，在中国又属于垄断型行业，但"高负债"的宿命是"高风险"，也意味着资本金总是不足，贷款规模一大，就要向股东圈钱。可别小看了配股集资，你的很多分红很多回报又被它变相拿回去了。从成长性来说，从严格意义上来说，牛股是有一些，但并不是最好的投资品种。它和大多数地产公司一样，看起来很美，实际股东赚的并不多。长期数据是有力地说明。

"高能耗"行业中的化工业，竟然大部分是成长性"劣马"。不仅在油价、煤价飙升时是如此，能源价格平稳时这个行业的表现也不怎么样。它是那种"三高"俱全的行业。

可能有朋友会说，"三高"型行业大多数是周期性行业，它们有些在短期内牛得不得了。这是事实，如果你有本事做好周期性股票，那就又当别论。然而即便如此，周期性投资也绝不轻松。

回避五类天花板企业：

审视 20 年来股票市场行业发展数据，再加以思考，除了命犯"三高"（高投入、高负债、高能耗）的行业成长性不高外，还有一些行业一直表现不佳。它们属于那种注定有"天花板"的行业。

我把这些有"天花板"的行业分作五类：

一、售价天花板。这一点比较好理解，就是价格受限制。很多行业就是没有自主提价能力。水电燃气公交车和公园等公用事业是一大块。价格受到政府的严格管制。除了香港地铁以外，你在公用事业行业中找不到一只长期大牛股。而香港地铁之所以傲视群雄，那是香港政府特许它开发地铁上盖物业。除此之外，报纸也没有涨价能力，它只能在广告上向企业提价。

自行车和低档手表等也是提价弱势群体，价格涨幅远低于30年通货膨胀的升幅。以上还不是最惨的，汽车、家电、电脑、手机、电话费等，它们的售价一直在下降！

二、容量天花板。这一点也比较好理解，就是规模受限制。公路隧道桥梁，名山名水名塔，你就是通行者如云，旅游者如雨，毕竟容量就是那么大，要在这些行业产生几十年涨几十倍的大牛股概率较低。黄金地段的百货公司和餐馆也是如此，除非你走上连锁的道路。

三、产量天花板。有些企业的产能就是物资储量，非常固定，除非你对外收购。巴菲特一直不喜欢矿业股，他说："我很难想象一座矿山采掘三五十年后变成一口空洞的样子"。油煤会挖光，金银会采光，只有人的创造性最为宝贵和恒久。当然，这是超长期投资者才会遇到的问题。我们在有限的投资生涯中遇到的具有产能瓶颈的行业，受制于稀缺原料者居多。例子应该不少。

四、需求天花板。可以分成两种情况。一种是本来就没有很大的需求，有点象一则中国老笑话所说的屠龙技，学会了屠龙却找不到龙可杀。很多高端处方药没有OTC药赚钱，原因就在于此。所谓"卖原子弹的不如卖茶叶蛋的"。很多细分市场的龙头企业长远而言也不适合长期投资。另一种情况是需求中断，这是最为致命的天花板，可称之为夕阳天花板。只要想一想保龄球馆自己不保龄、黑白、彩色胶卷突然被遗弃、传呼机不再"BB"鸣叫，养路费收费行业的四万名员工突然随着费改税一下子失业、全行业消失，都会让长期投资者不寒而栗！经济上的自然选择让新产品和新服务不断涌现，又让它们中的一大部分最终消亡。奥地利经济学家熊比特的"创造性毁灭"思想时时提醒我们注意需求的变迁和产业的变迁。也让我们时时对高科技行业心存敬畏。

五、成长天花板。又可戏称为恐龙天花板。指的是企业自身发展过大造成的效应。有些企业在行业中发展成了巨无霸，把企业变成了行业。例如某一企业在世界集装箱领域占据了百分之七十以上的份额之后、某一企业在世界港口装卸机械占有百分之九十以上份额之后，成长性就大大削弱。缺乏后劲，缺乏市场空间。美国企业策略委员会对世界 50 强进行了分析，发现百分之九十以上的 50 强企业进入 50 强以后，增长速度就由原来的高增长降为百分之三到四。它们必须靠并购来保持高增长。

选择五消型企业：

最好的快乐的投资应是如下所说的"五消"型行业或企业，它们是"一高"也不高的。

1. 消费独占（有顶尖的品牌）；

2. 快速消费（有重复的需求）；

3. 大众消费（有广阔的市场）；

4. 奢侈消费（有提价能力）；

5. 成瘾消费（有忠实的客户群）。

说明：

用了两个多月时间，把 1990 年以来 A 股和港股约四千家上市公司，按照中国证监会 2001 年 4 月公布的《上市公司行业分类指引》中的 288 个中类的行业区分，逐个检验每个行业中类长期持有的投资回报. 进一步确认了：短期炒做无行业规律可依，可能有市值大小区分；但从长期投资而言，不同行业的投资回报有很大的差别。

这一工作的起因，是因为前些时候有朋友提问："投资的关键在于选股。你提出了从产品角度严格选股的标准（产品独一无二、产品供不应求、产品量价齐升、产品永不过时），为什么不能概括一下从行业角度严格选股的标准呢？"这是一件苦差事。我不能贸然总结，必须象《投资者的未来》的作者西格尔一样做大量功课。

当然，下这么大力气还有自身的原因。我虽然极力推崇和坚定实践价值投资的理念和方法，但仍对持有最多八年之久的主要股票贵州茅台、张裕、洋河股份、云南白药、东阿阿胶、同仁堂科技、双汇发展、第一食品、蒙牛、李宁、耐克、爱尔眼科以及中石油、招商银行、浦发银行、港交所、中国人寿这样一个投资组合心存疑虑：我对那么多股票不屑一顾，会不会有重大遗漏？我的行业如此集中，我是不是选到了最佳的行业？在这些寥寥无几的行业中，为什么还是有些行业的回报远不尽人意？

这次深入研究，得到的数据很多，受到的启发也很多。我没有精力和能力设计大量表格来说明问题，还是抽象地概括性地分次表达一下自己的感受吧。相信有多年投资实践的朋友能够从这些句子里得到回味。

总结他的观点，我们可以看出：

结论：尽量回避那些重资产企业，选择轻资产企业来投资

案例五：最后第五次我们访谈了了张化桥——瑞银投资银行中国区副总经理：

问：上市企业的护城河如何理解？

答：公司就象一个城堡，它需要有护城河。不然的话，它很容易被攻破。你可能会说："我很机灵，我会在敌人攻破这个城堡之前弃城逃脱，换到另外一个城堡里去生活"。很多不愿做长期投资的股民，就抱有这个想法。最近，我重读了一本好书，有了一点点新的理解。这本书是 2008 年美国晨星公司的股票研究主管 Patt Dorsey 写的"创富小册子"（The Little Book That Builds Wealth）。他认为，从根本上讲，世界就是不公平的。行业有好有坏，它们的发展阶段有好有坏。在好的行业营商，就像顺水行舟（事半功倍），在坏的行业营商，就象逆水行舟（事倍功半）。

是陷阱，还是护城河？

Dorsey 认为，好公司能够持续创造比别人高的回报。这样的公司有护城河，不容易在短期内被敌人打垮。他说，人们最常犯的错误是把"产品好"，"市场份额高"，"执行力强"，"优秀的管理团队"当作护城河。这都是投

资的陷阱，而不是护城河。

先谈"产品好"。克莱斯勒汽车公司在八十年代初首次推出小型货车（minivan）时赚了太多钱。可是好的产品没有用，其他的汽车厂蜂拥而来，也开始生产 minivan。克莱斯勒马上失去了优势。生产奶酪饼的 Krispy Kreme 在刚刚推出 doughnut 时，风靡美国，没想到别人也可以生产 doughnut，而且消费者对 doughnut 的热情很快就消失了。Tommy Hilfiger 的时装曾经如日中天。可是今天它在哪里呢？前几年，美国政府大举推动用玉米提炼乙醇，认为这既环保，又减少了对海外高价石油的依赖。由于 2006 - 07 年玉米收成好，价格低廉，所以厂商们大赚其钱。这些公司的股票也飙升。大家认为这个产品太酷了。可是一年后，新的厂商加入，乙醇生产的产能大增，玉米又不再那么丰收（价格大涨），石油价格也不再那么高企，结果大量乙醇厂商欲哭无泪。

中国地产公司个个说自己的产品是一流，但实际上的区别未必那么大，而地点好象更重要。各种电视机，彩电，电脑，手机和冰箱真的有特别大的质量差别吗？各种衬衣和套装的质量好坏差别很大吗？

再让我们来看看市场份额。纽约时报的名气很大，但是它的股票价格这几年大跌，经常面临财务危机。香港一些报纸的股价也很差，虽然它们在香港的江湖地位很高。海尔，戴尔，通用汽车，科达及大量的建筑工程公司等在各自的产品线上的市场份额都很大。但是看看他们的利润如何吧。有时候，市场份额大是个优势，但并不一定。只要潜在的竞争者存在，这就足够让你的利润率很低，因为门口有人"叫板"。你的公司永远在"拾之无谓，弃之可惜"的收益率之间运转。有些产品会因为规模大而降低成本，有些不见得（比如律师，审计师，理发师，美容院，系统集成，建筑，研究咨询，物业管理，甚至地产开发）。一般而论，"市场份额高"不是一条可持续的护城河。

我们再来看看"执行力强"和"优秀的管理团队"。这两个优点经常被人们一并提到，因为执行力强主要来源于两个因素。一是管理团队在一起工作的年数长，磨合得不错，工作上比较顺手，团队里面没有明显捣蛋的人。二是因为团队里面有个德高望重的领袖。这两个因素都有些偶然，可遇不可求，而且可以随时变化。如果领袖生病了或者死了或者换工作了，怎么办？有些领袖不自量力，在退休之后又重出江湖（原因是他创办的公司好像缺了他不行）而把他辛辛苦苦（当然也是运气好）积累下来的名气再丢掉。比如，美国一家曾经很大的电脑公司 Gateway 的创始人就是如此。他重出江湖之后，回天乏力，大失所望。其实，他当年的成就与当年他的行业的高增长很有关系。此外，管理层好坏往往只有在事后我们才能看出来，而不是事前。可是，事后的判断对于投资者来讲没有太大的实际意义。

既然这样，我们如何判断一个公司有没有护城河呢？

1. 品牌被认为优秀或者可靠，公司的产品可以卖出高价，因此公司利润率高于同业。
2. 它的产品无法替代，或者客户很难离弃。如果离弃，客户需要付出不小的代价。
3. 有些公司有明显的网络效应（互相照应，或者众星捧月的好处）。
4. 有些公司的业务由于地点，工艺方法，规模，营销网络，或者某种长期协议而使得成本便宜很多。

品牌和专利有多大用处？

Dorsey 认为，在绝大多数情况下，公司的出身决定一切。他完全不相信公司文化和团队在长期的决定性作用。我本人喜欢投资懒汉和傻瓜也能管理得不太差的公司。

很多公司都说自己有品牌，专利和特许经营权。但是，很多专利和品牌完全不能给你带来收入或者好处，它无法在生意上和产品上真正显现出优越性，比如提供别人无法替代的产品和服务。品牌是需要花钱来建立和维护的。如果你的品牌那么好，你能创造出超额利润吗？如果不能，那凭什么证明你的品牌值钱呢？名气大不等于好品牌，不等于你的产品可以高出市场定价。

另外，一个品牌如果能够减少顾客的"搜寻成本"，比如，麦当劳，可口可乐，KFC，那它们很有价值，虽然它们的产品价格不见得可以高于市场价。说起专利，大家可能注意到，有些专利没有商用价值，而且专利可以受到挑战。在国外，债券评级公司很赚钱，因为他们的生意需要得到政府的特许，而政府又很难授予这样的许可，所以进入门槛很高。

在国外，公用事业公司一般受到产品价格和企业回报率方面的监管。这类公司可以是很不错的投资对象：风险低，回报率很稳定。在中国，这方面的监管机制还很原始和带有随意性。所以我们的供水，供电和供气公司可以很赚钱。多年来，人们对中国燃气公司的投资价值有怀疑。我是这样看的：他们的燃气销售量会增长很快，而且未来的单位成本会因此下降（因为公摊的固定费用增加不大）。他们其实是建筑安装公司，他们把燃气管道接驳到你的厨房。与普通的建筑安装公司所不同的是，他们有特权：在他们经营的城市内，只有他们才能做这项业务，别人不可以做，而且他们的安装收费特别高。

客户的叛逃成本？

谈起客户的叛逃成本，大家想想你会经常换银行吗？你需要填写很多表格，改换工资自动转账的指令，注销按期支付水电费（和小孩学费，会所的会费，和有线电视使用费）的指令。你如果有住房按揭，即使银行对你有点不友好，你会换银行吗？太麻烦了。保险公司也是如此。当然抱怨归抱怨。

同样，基金公司的日子也很好过，因为一旦你把钱交给他们管，你不太容易抽逃。抽逃有费用，也很麻烦。而且你敢说下一个基金公司（或者基金经理）的水平会高出很多吗？况且，在你抽逃的同时，另一个基民（投资人）也许会把钱从别的地方转过来（就象公共汽车一样，有的人下车，有的人上车）。他转过来的原因可能是他对原来的那家基金公司极为不满，所以想在这家公司试试运气。你们俩正好换了个位置。

另外，你使用的会计软件系统（或 ERP 系统）可以随便换吗？谁也不想多花时间学一个新的软件，除非新的软件有巨大的优越性。中文输入法也是如此。当你会用五笔字型输入法之后，你可能不想学习和转换到仓吉方法。

上市公司一般要注意形象，不愿意换审计师。换审计师需要董事会批准，需要公告，还给人留下做假账的嫌疑。在香港，各个单位的强积金（强制的退休金供款）都要由外部专业机构来管理，但是一旦选定，大家谁也不愿意换机构，因为那样太麻烦和浪费钱。换一家也不一定就好到哪里去。

成本低，规模大，或者自然垄断？

国有企业养着一大批人，这就导致高成本。而且，办事的程序繁多也会加大业务成本。民营企业没有这些麻烦，而且对跑冒滴漏的控制比较好。因此总的成本就低。欧美的企业在成本控制方面，经常遇到工会的阻力。小电视台跟大的电视台（比如英国的 BskyB）相比，因为观众不多，所以没有实力转播大型的足球赛，从而形成了恶性循环。

有些行业前期投入巨大（固定成本高），因此形成一条很宽的护城河。比如，收费公路，港口，机场，和快递公司等等。

还有一类企业实际上是自然垄断。比如，华盛顿邮报集团在美国一些中小城市（Boise 和 Idaho）经营的有线电视业务就很有钱赚，因为这些城市不大，只能容纳一个有线电视运营商。

Dorsey 认为，零售企业和餐馆是个很不容易做的生意，因为他们没有护城河的保护。客户叛逃的成本太低。不错，星巴克很成功，但这只是例外，而不是规律。股票投资是一个概率游戏，明智的人不应该把钱押在小概率的事件上。这些年，中国的零售企业的表现都很优秀，但这在很大程度上是因为水涨船高：当全国零售额每年以双位数增长的时候，你很容易取得好的成绩。但这不等于你拥有一条宽宽的护城河。这也就好象张先生去年买股票赚了 50% 的回报一样。运气跟水平还是有点不同的：水平可以理解成为长期持续的运气。十年前，有些电脑和手机的生产商大赚其钱，大家误以为那些行业有很高的进入门槛（护城河）。现在，我们明白了他们只是运气好。

Dorsey 认为，有护城河的公司理所应当有很高的资本回报率。如果没有，我们要找原因，也许他根本就没有护城河的保护。反过来，有些公司在最近几年有很高的回报率，但这也许完全是因为阴差阳错或者运气，或者因为某个正在消逝的原因。我们一定要把那个实实在在的原因找出来。否则就是骗自己。总之，高回报率是判断有没有护城河的必要条件，但不是充分条件。

寻找有护城河保护的公司很重要。但时过境迁，我们要注意护城河的干涸。如果优势在消逝，我们要勇于承认，甚至弃城逃跑。监管制度的变化，消费者胃口的改变，替代产品的出现都可以摧毁护城河。

一个公司有没有护城河，护城河究竟有多宽，这是一个很主观的判断。仁者见仁，智者见智。但是这种思维方法和逻辑对投资很有用。分析护城河只是为了帮助长期投资者，对于短期炒作的人没有帮助。作者 Dorsey 有一句话对我很有启发：读公司的年报比分析联邦储备局主席的讲话重要 100倍。看报纸和因特网对股市和新闻的评论没有太大的意义。

总结他的观点，我们可以看出：
选择有护城河的上市公司来投资是相当重要。

第五章 结论与启示

5.1 研究结论

本论文在研究了香港股市 258 只内地股长期回报率及我公司部分代表客户的投资调查后得出结论如下：

中国证券市场是一个年轻的市场，要评析中国证券市场，需要有一个基本的出发点和合理的立足点。投资者在作出理性的投资决策之前，必须正视几个方面的历史问题。

一、中国证券市场实质是计划经济的产物

在中国股市诞生之初，不但存在着计划经济的观念和意识，而且这些观念仍在潜移默化地发挥着作用，比较典型的是：证券市场的主要功能还被归结为为国企改革服务，使股票市场的资源配置功能发生扭曲；把上市公司的股票按投资者的出身分为国有股、法人股和个人股，导致股票市场上大量非流通股的沉淀；股票发行与上市长期采用计划经济的额度控制模式，致使一些公司为"圈钱"而上市，出现了大量"伪装"等造假现象，财务报表一片虚假"繁荣"。

二、中国证券市场只有 14 年的短暂历史

Eugene F. Fama Jr 在 "Asset Management：Engineering Portfolios for Better Returns" 一文中对美国的证券市场所作的研究表明，美国的证券市场是一个有效市场，股票的回报率能用财务数据进行解释。美国作为最发达的市场经济国家，股市已经有 200 多年的历史并且法律制度也相对完备，而中国的股票市场只有短短 14 的时间，法律法规还有待完善，我们所能用到的数据资料也极为有限，数据的缺乏也会影响模型的有效性和投资者的判断。

三、上市公司信息披露制度还不完善

证券市场是是典型的信息市场，上市公司信息披露的准确程度和透明程度直接影响着市场的价格和回报率。信息披露制度的不健全和不完善不可避

免地使关联交易和内幕交易在市场中盛行，受损害的自然是中小投资者的利益。而且信息的不完备也使得我们的模型中不能将一些对股票回报率有着重要影响的因素纳入模型，造成拟合度不高。

从本论文的研究来看，由于中国股票市场的复杂性，政府干预等非市场行为，造成了对于中国股票市场价格研究的困难，因此，一些在成熟的股票市场成立的经典结论在中国的适用性都很差。源于这种种困难，我们进行了三种不同方法的探索研究，每一种方法都有自己的长处和不足。对于层次分析和因素分析的综合法，投资者可在进行股票选择时使用，这种方法提供了一种较好的收益性、成长性的分析，针对不同偏好的投资者可以有不同的评判及选择；对于 CAPM 模型，投资者可以用于决定何时买进及卖出；对于多因素回归方法，比较适用于作长期投资的中小投资者。投资者在进行投资决策时可以因时置地，综合分析，作出最优的决策判断。

本论文的研究成果：

一、论证了中国的股票市场存在一定的可预测性。正确利用，它能帮助我们发现投资机会、回避投资风险，但在应用过程中要坚持全面考虑，多方法验证。从长期来看，价格是由内在价值决定的，但从短期来看，价格可能与股票市场的大的走势关系很强。特别是作长期趋势分析，要结合基本面和政策面作综合分析，不可陷入唯技术论的误区。

二、将评估中的因素分析与层次分析结合，构造出了一种新的方法，用于投资决策分析，同时，拓展了股票的应用领域。

三、通过对中国股票市场价格和股票投资价值的研究，为我国的投资者从作为股票市场的投机者向理性的投资者转变提供了理论及方法上的依据。克服了目前股票市场上投资者股票选择所依据理论与方法的局限性，使投资者的股票选择方法更加符合当前我国股票市场实际情况，从而更加有效地为投资者服务。本文所研究的理论能够引导投资者从质上来考虑一个企业的股票，全面地看待一个企业的环境、经营状况、成长性，同时，也能够引导经营者以投资者的利益最大化来经营，从而给经营者以客观的评价以及给经营者以鼓励，克服了以前股票价格与经营业绩无关的状况。它对我国上市公司的规范运作起到了一定的作用，同时也推动了股票市场的发展。进一步的研究可以将大盘指数加入进去，作一个重要的自变量因素，研究它对价格的影响作用，在以后的工作，我们将进行更深入的研究。我们可以预测未来，但我们无法完全掌握未来，这是股票市场的有限可预测性带给我们的新视角，恰当运用股票市场有限可预测性可以帮助我们捕捉未来的投资机会和警示风险。

5.2 商业价值和启示

5.2.1 轻资产护城河式股票是取得长期回报的最有效选股策略

通过本论文，面对香港上市的合计 800 多只内地股，投资者该采取怎样的选股策略以达到最佳的长期回报？那就是——选择轻资产护城河式股票逢低买进长期投资！

例如生产电视电冰箱电话机的企业就是重型企业股票，应该回避。为什么呢？你可以这样理解：消费者买了一台电视可以用至少几年，但是喝一包牛奶两分钟就可以，牛奶可以重复消费，电视机就不可以，这就是电视机企业和乳制品企业的本质区别。

再比如，带轮子的企业的股票应该回避（汽车摩托车公司轮船业航空业等）这些企业更新换代需要大量投资，折旧惊人，而且企业同质化，缺乏有效的护城河。假如你要出差，你会为究竟选择乘坐南方航空（1055. HK）还是东方航空（670. HK）的飞机而头痛吗？我想大多数人不会特意去选择的，因为机票价格差不多，服务也差不多，企业同质化，而且往往竞争激烈，机票折扣越来越多，加上油价上涨，企业利润可想而知。但是有护城河的企业就不一样了，例如你去超市，这么多牙膏，我就是要买云南白药牙膏，因为它的止血消炎功能，尽管很贵我还要买，而不会因为别的品牌便宜就去买别的品牌牙膏，就是这个道理，因为云南白药有国家保密配方，有护城河，产品无可替代。所以它的股价就屡创新高。云南白药（000538.SZ）1993 年上市以来涨幅 419 倍！股价一直在创出历史新高。而南方航空（1055.HK）1998 年上市以来涨幅只有区区 3.8 倍，东方航空（670.HK）自 1998 年上市以来至今也仅有 4.5 倍涨幅。400 倍和 4 倍这是多么巨大的差别！其实就是护城河的差别！

在这次始自 2008 年的美国金融危机中，2008 年 11 月 11 日美国最大的汽车厂商通用汽车在纽交所就跌至新低 3.33 美元/股，股价创出 60 年新低！60 年新低……这是什么概念？这就是重型企业的最终归宿吗？

好多散户喜欢银行股，感觉银行比较稳健，但请注意，银行股同质化竞争太过激烈，你会为选择去工商银行还是建设银行存款而头痛吗？就这意义上来说，随着各地区城商行的崛起，银行间业务竞争将更加激烈，我们并不认为投资银行股票可以取得超值回报。

挑选到好的股票，即使你暂时被套，也无需担心，一段时间后股价也会上涨超过你买进的价位。你晚上睡觉的时候，也可以高枕无忧。因为你对你精心挑选的股票非常有信心，也容易一路持股到很高的价位。相反，如果你买的股票你自己都不甚熟悉，那无论涨跌相信你都会难以入睡，因为你心里没底，这样赚往往只赚一点蝇头小利，一亏就可能亏个大的，这就是挑选股票的根本差别。

5.2.2 观察超市闲聊法是挑选股票最有效最实际的应用方法

例如：2004 年你在上网聊天用 QQ 软件，你发现周围很多人在用 QQ 聊天，玩游戏，你就应该知道这家公司前途光明，如果你知道腾讯控股 2004 年 6 月 16 日在香港上市了，在 3.7 元你就有机会买进，那恭喜你，2010 年腾讯控股上涨到了 176 元，投资 33 万，就可以变成 1320 万，回报 40 倍。这是你观察周围网吧的回报。

当然这里面腾讯控股股价会有很多波折甚至暴涨暴跌出现，你要坚定你的持股信心，你的信心来自于哪里？来自于你对周围的判断，你会看到周围

80%的朋友都在用QQ聊天玩游戏，其实我自己是在2000年使用QQ，那时间同时在线人数只有300多万用户，2004年大概有1000万用户，此后2000万，3000万，4000万，5000万，6000万，7000万，8000万。。。现在腾讯QQ全国用户突破1亿同时在线人数，这是何等惊人的数量和业务飞跃，依托这巨大的客流量，腾讯飞速超越微软的MSN，同时在门户网超越了国内老大新浪网，在电子商务拍拍网也跃居第二，在网络游戏跃居全国第一，在各方面，腾讯都体现了惊人的发展潜力，如果你在这期间清楚的看到这些变化，那么你的持股信心就会极大的增强，而不会在腾讯股价上升中途被震仓出局。

记得在0700. HK腾讯控股上市当日，我和很多客户就在3~4元附近买进了该股，正是基于对该股在网吧里的用户认真的观察加之自己的切身使用感受，我们持续买进该股，在股价到达6元附近，我们就基于腾讯的用户增长情况展望了其QQ. com门户及未来网络游戏的潜力，提出了长期持有的目标价50元，这时候，香港汇丰银行的一位分析师打电话给我说：要我卖出腾讯，我说为什么？他说：我们香港人都用MSN，雅虎通聊天，不用你们内地的QQ聊天！我对他说：你不懂，你们香港才多少人？600万总人口，整个大陆多少人，13亿人，不用说大陆，就是深圳一个城市就有1200万人口，80%的适龄人口都在用QQ软件聊天玩游戏。

总之，我们坚持己见，否定了汇丰银行香港分析师的意见，继续买进0700腾讯控股，从而获得了全面性投资回报！

通过这个例子我们可以感受到，即使你通过认真的观察在合适的价位买进了正确的股票，也会不断面临股价暴涨暴跌的折磨和流言股评的困惑，这时候更加要求你有强烈的信心，根据自己的观察和切身体验坚持持股才能最终享受到巨额长期回报的神奇魔力！

再例如你去超市调研，你会发现产福建的"安尔乐"和"心相印"牌个人护理卫生用品卫生纸，湿纸巾等十分畅销，质量稳定，你家里的卫生用品也是这家福建恒安的产品，那么你就应该注意这家公司了，1998 年 1044. HK 恒安国际以复权价 0.7 元/股在香港上市，2010 年 6 月 23 日创出了股价的历史新高 65.1 元/股，涨幅 93 倍！并且在 2008 年开始的美国金融危机中股价完全不受影响，充分体现了超市调研的选股哲学的奥妙。

同样你去超市还会发现 2319. HK 蒙牛乳业和 600887. SH 伊利股份产品的畅销，你会发现 000538. SZ 云南白药的云南白药牙膏的销售额令人惊讶的提升，其市场占有率在竞争激烈的牙膏市场罕有的在短短 5 年内上升到第 5 位，同时我也联想到了自己在练习跆拳道脚踝扭伤时教练熟练的拿出云南白药气雾剂给我止痛，我自己也经常用云南白药创可贴，在和超市促销员的闲聊中我体会到，云南白药依托百年的保密配方正在向日化及个人护理领域进军，其市场前景豁然开朗，因此我开始加仓 000538. SZ 云南白药，也获得了意料中的丰收。这也说明了在超市调研和朋友闲聊中所发现股票的价值是何等重要！

同样，你可以思考你经常喝青岛啤酒（168. HK）吗？你周围的朋友也经常喝吗？啤酒今天喝明天也可以喝的！

这些哲学在美国股市也同样适用。例如你咀嚼过口香糖吗？那你一定买过绿箭或者黄箭或者益达或者劲浪口香糖，你周围的朋友也吃过吧，超市的收银出口就有很多它的产品对吗？当你发现这些后，你就应该搜索它的股票，美国箭牌糖果有限公司（Wm. Wrigley Jr. Company）它的代码是 WWY，美国纽交所上市，在 2008 年 4 月收报 64.25 美元/股之前，它的股价总是屡创新高！基于这些判断我自己也买过它的股票，当时我就纳闷为什么有股神之称号的巴菲特不买它的股票，事后不久，奇迹发生了，2008 年 4 月 30 日周一美国大型糖果商玛氏公司表示，将联手巴菲特以每股 80 美元的价格现金收购箭牌股份，这一交易价格较箭牌股票上周五收盘价 62.45 美元溢价 28%！你看，这完全无惧当时正在发生的严重金融危机的做法说明了什么？说明了 WWY 美国箭牌糖果有限公司的确是一家好公司，这样的公司经受的住任何金融危机和宏观经济的挑战！

5.2.3 介入价位和集中投资将对长期投资回报率产生最大影响

例如牛奶业在三聚氰胺事件后，蒙牛乳业，伊利股份等股价大幅暴跌，是建仓的最佳时机。2319. HK 蒙牛乳业和 600887. SH 伊利股份分别从三聚氰胺事件后的 6 元/股快速上升到现在的近 30 元/股，回报超值。对于普通投资者，集中投资的意思是根据你的信心集中持有 2～3 只股票就可以。

5.2.4 个人性格及是否长期持有将对股票投资产生重大影响

很多投资者手里一旦有了一点钱，在听说股市可以赚钱的情况下，就马上入市，错了不肯认输，一错再错，往往深度套牢。而在侥幸赚钱的情况下，基于兑现赚钱的自豪感而往往过早卖出获利了解。因此散户往往牛市只赚到一部分，熊市中却惨遭整个亏损过程。这就是个人性格的问题了，因此善于学习，能够自律自控的性格在股票市场比较适用。而长期持有的信心则来自你对所选择股票的熟悉程度，如果你选择了轻资产护城河式股票长期持有 3～10 年将回报客观。

5.2.5 尽量回避那些不熟悉的股票或者风险无法控制的衍生产品

如果你投资了你并不熟悉的股票例如听到消息或者按照技术走势选择的股票等等将十分危险，因为你并不真正了解这些企业，一旦走势有风吹草动你就会十分害怕而逃之夭夭。也就是说你的持股信心将十分脆弱。三番五次后手续费和亏损将折磨你的炒股心态。

另外对于衍生产品，普通投资者一旦上瘾，随着杠杆的扩大，风险将变得无法控制，投资者的心态将起伏巨大，无论你是否赚过很多，最终将还给这种衍生产品。

另外，任何企业，特别是缺乏护城河的企业，当市值达到一定程度也就是说企业膨胀到一定程度都将面临股价滞涨甚至下跌的威胁。你就需要落袋为安。例如 00992. HK 联想集团，1998 年联想电脑在香港上市，那时电脑正是普及的年代，其股价很快由 1 元上涨到 2000 年的 70 元，这时候你就要警惕了，因为一则其市值已高达 1200 亿，二则股价短期升幅惊人，三则其属于重型企业，所以应该获利了结。其实直到现在 2010 年其股价也只有 4.52 元/股。金融及广泛消费品企业市值庞大到 1000 亿以上也需要警惕。尽量选择小型和中型市值的股票投资。避免热门股票。其实这很好理解，人的寿命平均才 80 多岁，何况企业？所以我们在选好中小市值的企业的股票后，也尽量把握其 5 ~ 10 年的高速成长期，这就足矣。例如符合各种优秀特征的美国可口可乐公司 COCA – COLA（KO. NYSE），在市值突破 1000 亿美元后最近五年股价也出现了滞涨的状态。

即使熟悉的企业，有些行业也不适合长期持有其股票。举个例子来讲，地产股好多朋友感觉不错，其实不然，你想，只要有足够的资金谁都可以投资地产，其代表竞争力的护城河何在？地产商买了地皮盖好房子卖出了就结束了，难道会有源源不断的好的地皮供应下去吗？因此逻辑不言而喻，地产股长期来说实难有好的表现。

热门股票基本上指经常被股评人士或者媒体提及的市场极为活跃的股票，这些股票经常是陷阱而不是金矿。例如 601857. SH 中国石油 2007 年 11 月 5 日上市前，媒体就在欢呼大蓝筹的到来，很明显铺天盖地的评论及广泛看好让中国石油成为了最大的热门股，其股价也在 47.9 元开盘后一路跌到现在 10.53 元/股，套牢了所有的人！有的专家说等多 5 年股价就会涨上去，我看未必，假如 5 年后石油新开发枯萎呢？假如 5 年后新能源大量开发应用呢？所以避开热门股通常就是避开了风险。

5.2.6 下列情况卖出持股

a. 企业市值开始极为庞大，产品市场日渐饱和

b. 企业或者其产品整体竞争力下降且难以改善

c. 找到新的更好投资目标

5.2.7 波段操作难以完美施行

就经验来看，波段操作的确可以放大复利投资回报率，是锦上添花的事情。但是非常困难做到这一点，或许可以这样做，在股价急速大幅上涨

后，卖出部分持股，待其股价回落一段后补仓买入。或者在长期持股的基础上，在股价受突发消息重挫的情况下，趁机逢低加大买入持仓。

5.2.8 香港股市有效跟踪美国股市，其股票走势将对内地 A 股产生预见性影响

很明显，和香港股市一样，内地真正符合优秀持股特征的企业股价将继续坚挺下去，那些单纯炒作或者不适合长期持股的重型企业其股价将最终衰落。结合到香港创业板正在日渐失去融资功能的落寞，我们预期深圳创业板也不会这么疯狂下去，其大多数股票在上市的数量达到一定数量级别后，其股价将告别动辄 80 倍的市盈率，而恢复到其本来的面目，这需要我们提高警惕。优秀的公司屈指可数，大多数公司将随波逐流。那种单凭代码持赌博心态炒股的人将最终得不偿失。

5.2.9 个人投资者如果无法把握股市，可以将资金委托给专业的基金经理人

在附录中的记录表显示，很多散户投资者显然难以弄懂基本的价值选股方法，他们（她们）往往急切的想要赚到快钱，听到一个消息就杀了进去，平时去买菜为了几元钱都会挑拣一下，但是数十万的股票投资却仅仅因为朋友的一个消息就买了进去，更有甚者，运用了衍生工具，例如指数期货，股票期货，股票权证等等，最后往往输个精光，在此建议这些投资者可以将资金委托给专业的基金经理人。

参考文献

［1］Benjamin Graham and David Dodd（1934），Security Analysis（The Classic 1934 Edition）.
本杰明·格雷厄姆/多德 合著，证券分析［M］，1934.

［2］Philip A. Fisher（1959），Common Stocks and Uncommon Profits.
菲利普·费雪，怎样选择成长股［M］，1959.

［3］安迪·基尔伯特里克，投资圣经·巴菲特的真实故事［M］. 民主与建设出版社，2003.

［4］安德烈·科斯托拉尼，大投机家的证券心理学［M］. 重庆年出版社，2007.

［5］简军，投资港股的指南针：港股直通车［M］. 机械工业出版社，2008.

［6］洛温斯坦，巴菲特传：一个美国资本家的成长［M］. 中信出版社，1997.

［7］. 刘建位，巴菲特选股十招［M］. 中央电视台出版社，2010.

［8］吴丁杰，港股全攻略［M］. 广东经济出版社，2007.

［9］林清源，新编深沪股市实战手册［M］. 中国华侨出版社，2009.

［10］俞业安，掘金美国股市［M］. 企业管理出版社，2007.

［11］大卫·罗杰，在股市赢得高额回报的解决方案［M］. 中国青年出版社，2007.

［12］爱丽丝·施罗德，滚雪球 THE SNOWBALL［M］. 中信出版社，2009.

附录二 投资者访谈记录

访谈一

访谈时间：2010 年 7 月 5 日

地点：FY 理财有限公司会议室

访谈者：FY 理财有限公司董事长龙昌

被访谈者：康丽，演员。自幼习舞，现为影视公司副总。业余有两个账户投资股票，一个是自己操作，一个是委托 FY 理财公司操作。

访谈目的：2000～2010 十年间业余投资时如何选股？回报如何？

访谈内容：

1. 您自己买卖股票时，是如何选股的？

答：都是那个证券公司的业务员帮我介绍，基本上介绍我做短线的，买了股票第二天赚了一点就让我卖出，甚至当天就让我卖出。亏了就让我等一等，他告诉我的股票都是听到什么好消息说马上会上涨到什么什么位置，可是我一旦进去，行情稍微波动，他就建议我出来先看看，后来我琢磨，他可能想让我炒手续费。

最后一次，我的账户被他介绍买了一只 3988. HK 中国银行的权证，权证价格是 0.10 元/份，行权价是 5.2 港元/股，到期日 2010 年 2 月 1 日，但当时中国银行正股 3.8 港元/股，权证是 1：1 行权，后来由于中国银行的股价一直没到 5.2 港元/股，所以我买的权证到期后，账户全亏光了。

2. 你知道投资权证的风险吗？

答：当时不懂呀，听经纪人说权证赚钱快，他说看好中国银行的股价，如果中国银行股价上涨超过行权价 5.2 港元，以后正股每涨 0.1 元，我的账户就可以翻一倍，如果中国银行的股价能涨到 6.2 元/股，我的账户就可以翻十倍。

3. 那你没问如果中国银行 2010 年 2 月 1 日没涨到 5.2 元/股，你的账户怎么办呢？

答：经纪人没说风险，没提醒我到时间中国银行的正股如果涨不到 5.2 港元/股，我的账户会亏光，他只是说赚钱的事情，后来我的那个账户全亏光了，我找他们公司，公司说那个经纪人已经辞职了。我好后悔呀，40 多万全亏光了。当时真不懂权证的风险。

4. 你现在有什么体会？

答：我分了两个账户，一个账户全亏光了，一个账户就是委托给你们 FY 理财公司，你们的价值选股长期持有方式这几年给了我的账户很丰厚的回报，我感觉你们做得对，我不应该再单独设个账户自己做股票。

访谈结论：

1. 价值选股方法和介入价位将对长期投资回报率产生最大影响。
2. 个人性格及情绪稳定性将对个人股票投资产生重大影响。
3. 尽量回避那些不熟悉的股票或者风险无法控制的衍生产品。

访谈二

访谈时间：2010 年 7 月 9 日

地点：FY 理财有限公司会议室

访谈者：FY 理财有限公司董事长龙昌

被访谈者：王月，经营一家票务公司。股票投资经历 5 年。

访谈目的：2000～2010 十年间如何选股及做令人放心的投资？

访谈内容：

1. 你前几年的回报如何？是怎么买股票的？

答：我是跟风型的，有时候在证券网站上看到有好的介绍而且涨得好我就买进去了，有时候在报刊等媒体上看到 XX 股票最近宣传得厉害或者有什么新项目我就会跟进去，赚了一点我就跑出来了，亏了就等等，如果跌得快了我可能会跑，如果慢慢跌我就等着解套，以至于越亏越多。这几年账户回报亏了不少，而且投资的过程一直担惊受怕。因为买了不熟悉的股票老是担心会下跌，晚上常常睡不好觉。

2. 你对价值型选股有何看法？

答：最近两年我受贵公司的影响，开始在超市里寻找股票，我有点贫血，因此经常去超市买东阿阿胶，我看到周围有很多女性朋友也吃这个补品，咨询了那里的促销员，发现东阿阿胶一直卖的不错，而且该公司生产的阿胶有 2000 多年的历史，效果明显，我就查询了股票发现东阿阿胶000423. SZ 是一家上市公司，于是我就在 2009 年 5 月份以 18 元/股的价格买进了东阿阿胶，现在看来效果不错，东阿阿胶 000423. SZ 现在报价 36元，我都翻一倍了，这期间 2008 年 2009 年美国金融危机都对我的投资没产生影响，上证综合指数在这期间倒跌了 3%，但是我可是翻了一倍，而且每天都睡着觉了，再也不担惊受怕了，你想想，2000 年来东阿阿胶000423. SZ 都是传统的滋补佳品，这个公司的护城河有很深呢，而且掌握了全国 90% 的驴皮资源，我一点都不担心。

访谈结论：

观察周围超市调研闲聊法是获得好股票的有效途径。

买进轻资产有护城河的企业股票是令人放心的长期投资。

访谈三

访谈时间：2010 年 7 月 10 日　　地点：香港联合交易所

访谈者：FY 理财有限公司董事长龙昌

被访谈者：陈见华　专业投资者　会计师 股票投资 15 年 港股投资 10 年

访谈目的：2000～2010 十年间投资回报如何？有何体会？

访谈内容：

1. 你这几年投资回报如何？

答；我是很谨慎的，这几年我主要是看上市公司的财务报表来投资，比如说我投资了 1207. HK 上置集团，这是一家上海的房地产开发商，现在它的股价是 0.8 港元/股，我大概是 0.6 港元/股进去的，我仔细研究了它的报表，发现它的每股净资产很高，现金流也很不错。我其实也是在学习巴菲特，买进价值被低估的股票，巴菲特的老师格雷厄姆就是我这样的投资者，财务报表一定要经受得住审阅。但是我很奇怪我这样谨慎的投资虽然超越了大盘的回报，但是却不是太高，我还是不太满意我的投资回报。

2. 你知道巴菲特从没投资过地产股吗？

答：这个我没研究，我感觉大家都是价值型投资者。

3. 巴菲特投资的是轻资产有护城河的股票，你投资的 1207. HK 上置集团是一家房地产开发公司，本身是一家重型公司，需要很多资金需要银行贷款，而贷款是要成本的，遇到国家宏观调控就很麻烦，再说，房地产并没有核心竞争力，缺乏护城河，只要有钱，理论上谁都可以拿到好的地皮来发展物业，就这个角度来讲，市场给 1207. HK 上置集团很低的估值也就不奇怪了。你认为呢？

答：你说的有道理，我也感觉我本身是会计师，已经够谨慎的了，这几年的回报却不是很多，看来不能只寻找有内在价值的股票，还要找轻资产有护城河的股票。

访谈结论：

单纯看财务报表买卖股票是有缺陷的。

买进轻资产有护城河的企业股票是令人放心的长期投资。

访谈四：

访谈时间：2010 年 7 月 20 日　　　地点：电话访谈及报纸摘录

访谈者：FY 理财有限公司董事长龙昌

被访谈者：李剑　国内资深投资人

访谈目的：如何从行业角度严格选股？

访谈内容：

简单来讲就是回避三高企业，回避五类天花板企业，选择五消型企业．

回避三高企业：

人到中年，常常体检，主要目的是早日发现和躲避危害健康的"三高"杀手：高血压、高血脂、高血糖。

其实，投资也要尽量避免"三高"型的企业：高投入、高负债、高能耗。它们往往制约着行业的高成长。当然，这里讲的是"天然三高"。专指行业本身固有的，与生俱来、终生伴随的特性，而非单个企业主观的个别的行为。

我把 A 股和港股近四千家上市公司按行业中类分别研究，发现有些行业二十年来一只大牛股也未产生过，有些行业牛股产生甚少，有些则牛股成群。原因当然是多种多样的，比如产品售价受管制，产业规模受限制等等。但其中重要一点，还是与行业是否命犯"三高"有关系。

从长远来讲，但凡成长性不太强的行业，多多少少属于"一高"或"三高"。

例如属于"高投入"的钢铁、汽车、发电、航空、高铁、高速公路、机场、港口、采矿等行业，创建时一次性投入就是巨大的数字，以后还贷都是艰难的任务，何况还要收回成本再转向盈利。它们同时又是重装备型，需要不断地更新设备，如建新高炉、买新飞机，等等。为了维持再生产，它们的资本性开支又很大。长此以往，成本如山一般压在背上，利润自然就很难跑快了。

银行不属于"高投入"，也不属于"高能耗"。但它与地产业一样是天然"高负债"行业。虽然它在世界上有诸如"永远的朝阳行业"、"万业之母"等响亮的名号，在中国又属于垄断型行业，但"高负债"的宿命是"高风险"，也意味着资本金总是不足，贷款规模一大，就要向股东圈钱。可别小看了配股集资，你的很多分红很多回报又被它变相拿回去了。从成长性来说，从严格意义上来说，牛股是有一些，但并不是最好的投资品种。它和大多数地产公司一样，看起来很美，实际股东赚的并不多。长期数据是有力地说明。

"高能耗"行业中的化工业，竟然大部分是成长性"劣马"。不仅在油价、煤价飙升时是如此，能源价格平稳时这个行业的表现也不怎么样。它是那种"三高"俱全的行业。

可能有朋友会说，"三高"型行业大多数是周期性行业，它们有些在短期内牛得不得了。这是事实，如果你有本事做好周期性股票，那就又当别论。然而即便如此，周期性投资也绝不轻松。

回避五类天花板企业：

审视 20 年来股票市场行业发展数据，再加以思考，除了命犯"三高"（高投入、高负债、高能耗）的行业成长性不高外，还有一些行业一直表现不佳。它们属于那种注定有"天花板"的行业。

我把这些有"天花板"的行业分作五类：

一、售价天花板。这一点比较好理解，就是价格受限制。很多行业就是没有自主提价能力。水电燃气公交车和公园等公用事业是一大块。价格受到政府的严格管制。除了香港地铁以外，你在公用事业行业中找不到一只长期大牛股。而香港地铁之所以傲视群雄，那是香港政府特许它开发地铁上盖物业。除此之外，报纸也没有涨价能力，它只能在广告上向企业提价。自行车和低档手表等也是提价弱势群体，价格涨幅远低于30年通货膨胀的升幅。以上还不是最惨的，汽车、家电、电脑、手机、电话费等，它们的售价一直在下降！

二、容量天花板。这一点也比较好理解，就是规模受限制。公路隧道桥梁，名山名水名塔，你就是通行者如云，旅游者如雨，毕竟容量就是那么大，要在这些行业产生几十年涨几十倍的大牛股概率较低。黄金地段的百货公司和餐馆也是如此，除非你走上连锁的道路。

三、产量天花板。有些企业的产能就是物资储量，非常固定，除非你对外收购。巴菲特一直不喜欢矿业股，他说："我很难想象一座矿山采掘三五十年后变成一口空洞的样子"。油煤会挖光，金银会采光，只有人的创造性最为宝贵和恒久。当然，这是超长期投资者才会遇到的问题。我们在有限的投资生涯中遇到的具有产能瓶颈的行业，受制于稀缺原料者居多。例子应该不少。

四、需求天花板。可以分成两种情况。一种是本来就没有很大的需求，有点象一则中国老笑话所说的屠龙技，学会了屠龙却找不到龙可杀。很多高端处方药没有 OTC 药赚钱，原因就在于此。所谓"卖原子弹的不如卖茶叶蛋的"。很多细分市场的龙头企业长远而言也不适合长期投资。另一种情况是需求中断，这是最为致命的天花板，可称之为夕阳天花板。只要想一想保龄球馆自己不保龄、黑白、彩色胶卷突然被遗弃、传呼机不再"BB"鸣叫，养路费收费行业的四万名员工突然随着费改税一下子失业、全行业消失，都会让长期投资者不寒而栗！经济上的自然选择让新产品和新服务不断涌现，又让它们中的一大部分最终消亡。奥地利经济学家熊比特的

"创造性毁灭"思想时时提醒我们注意需求的变迁和产业的变迁。也让我们时时对高科技行业心存敬畏。

五、成长天花板。又可戏称为恐龙天花板。指的是企业自身发展过大造成的效应。有些企业在行业中发展成了巨无霸，把企业变成了行业。例如某一企业在世界集装箱领域占据了百分之七十以上的份额之后、某一企业在世界港口装卸机械占有百分之九十以上份额之后，成长性就大大削弱。缺乏后劲，缺乏市场空间。美国企业策略委员会对世界50强进行了分析，发现百分之九十以上的50强企业进入50强以后，增长速度就由原来的高增长降为百分之三到四。它们必须靠并购来保持高增长。

选择五消型企业：

最好的快乐的投资应是如下所说的"五消"型行业或企业，它们是"一高"也不高的。

1. 消费独占（有顶尖的品牌）；
2. 快速消费（有重复的需求）；
3. 大众消费（有广阔的市场）；
4. 奢侈消费（有提价能力）；
5. 成瘾消费（有忠实的客户群）。

说明：

用了两个多月时间，把1990年以来A股和港股约四千家上市公司，按照中国证监会2001年4月公布的《上市公司行业分类指引》中的288个中类的行业区分，逐个检验每个行业中类长期持有的投资回报．进一步确认了：短期炒做无行业规律可依，可能有市值大小区分；但从长期投资而言，不同行业的投资回报有很大的差别。

这一工作的起因，是因为前些时候有朋友提问："投资的关键在于选股。你提出了从产品角度严格选股的标准（产品独一无二、产品供不应求、产品量价齐升、产品永不过时），为什么不能概括一下从行业角度严格选股的标准呢？"这是一件苦差事。我不能贸然总结，必须象《投资者的未来》的作者西格尔一样做大量功课。

当然，下这么大力气还有自身的原因。我虽然极力推崇和坚定实践价值投资的理念和方法，但仍对持有最多八年之久的主要股票贵州茅台、张裕、洋河股份、云南白药、东阿阿胶、同仁堂科技、双汇发展、第一食品、蒙牛、李宁、耐克、爱尔眼科以及中石油、招商银行、浦发银行、港交所、中国人寿这样一个投资组合心存疑虑：我对那么多股票不屑一顾，会不会有重大遗漏？我的行业如此集中，我是不是选到了最佳的行业？在这些寥寥无几的行业中，为什么还是有些行业的回报远不尽人意？

这次深入研究，得到的数据很多，受到的启发也很多。我没有精力和能力设计大量表格来说明问题，还是抽象地概括性地分次表达一下自己的感受吧。相信有多年投资实践的朋友能够从这些句子里得到回味。